Heinz Ratz

Tourgeschichten

Verlag Edition AV

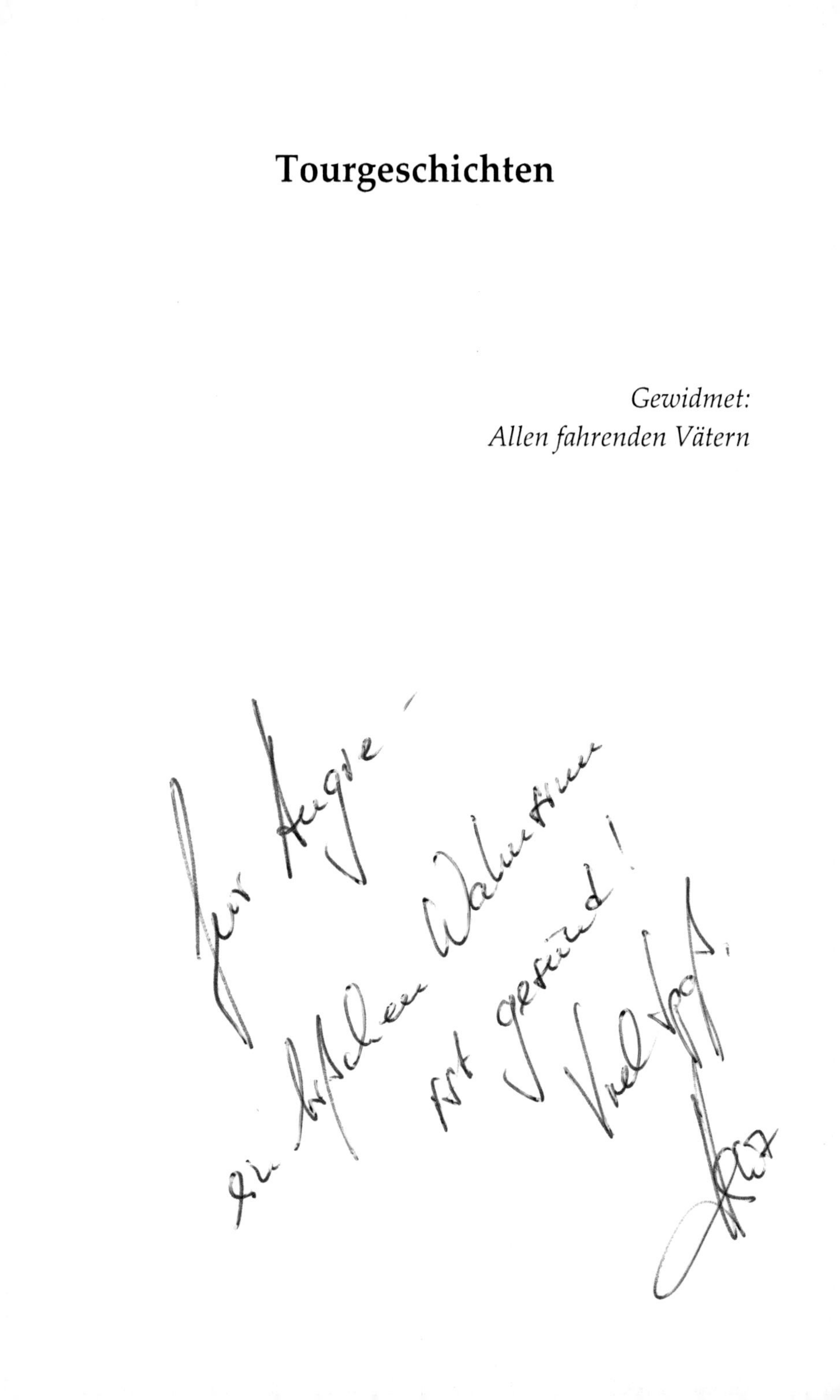

Tourgeschichten

Gewidmet:
Allen fahrenden Vätern

CIP-Titelaufnahme der deutschen Bibliothek
Ratz, Heinz:
Tourgeschichten – Heinz Ratz.
1. Auflage 1. Tsd., 2006, Lich / Hessen., Verlag Edition AV

ISBN 3-936049-74-2
ISBN 978-3-936049-74-9

Das Titelbild und Illustrationen stammen von **Torsten Bähler**
(torte@tortearts.de)

Der Verlag bedankt sich bei Torsten Bähler für die kostenlose Überlassung der Grafiken.

1. Auflage 2006

Satz: Alles Selber KG / Frankfurt a.M.
Druck: leibi, Neu-Ulm

Printed in Germany

ISBN 978-3-936049-74-9

Inhalt

Vorwort

Üblicherweise sind die Vorstellungen vom Tourleben weit romantischer, als die Wirklichkeit. Die Vorstellung übergeht zum Beispiel gleich mal die Tatsache der stundenlangen Anreise, sie beginnt in dem Augenblick, da der erste Ton aus den Instrumenten schlüpft und das erste Grinsen das Publikum erreicht. Daß für gewöhnlich bis zu diesem Zeitpunkt jeder Musiker von den Reisestrapazen, dem Instrumenten- und Backlineschleppen, der maroden Technik und dem daraus folgenden katastrophalen Soundcheck, dem Entsetzen über unterlassene Werbung, verlorengegangene Plakate und merkwürdige Zutaten des Abendessens völlig zerrüttet ist, gar nicht zu sprechen vom sonstigen Schlafmangel, der Nikotin- und Alkoholverseuchung – das weiß man in der Regel nicht.

Die Vorstellung geht davon aus, daß nach den Auftritten eine wahre Flut an bezaubernder Weiblichkeit über uns hereinbricht, Frauen aller Altersklassen, aller Haar- und Hautfarben, erfahrene und unschuldige, raffinierte und romantische, verruchte und verliebte. Selbst wenn dem so wäre, würde diese lodernde Weiblichkeit unweigerlich verblühen müssen, denn erst muß man ja Cds verkaufen, dann mit betrunkenen Männern Gitarrentechniken diskutieren, dann abbauen, dann mit dem Veranstalter abrechnen, dann erfahren, daß ein Hotel leider nicht drin ist, also muß man noch telephonieren, organisieren, das Auto laden – und das schönste erotische Feuer wäre vor Langeweile zu Asche geworden.

Die Vorstellung setzt an dieser Stelle aus – um erst wieder am nächsten Tag auf der Bühne mit dem ersten Ton einzusetzen, der aus den Instrumenten tönt. Die Wirklichkeit setzt jetzt erst so richtig ein. Die Hotelübernachtung kostet mehr als die Abendgage hergibt, der schlecht gelaunte Veranstalter hätte noch n Kumpel, den er herausklingeln könnte, aber der wohnt am anderen Ende der Stadt, außerdem sitzen im hinteren Eck zwei völlig zugesoffene Nachtlebenlingusten, die sich anbieten, sie hätten noch eine Couch und einen gemütlichen Teppich. Man beschließt, sie nett zu finden, obwohl sie das ganze Konzert über unpassend in die Balladen hineingegröhlt haben.

Das Zimmer sieht noch schlimmer aus, als die Wracks ahnen ließen. Der Teppich ist voller Speisereste, das Sofa krumm- und schiefgevögelt und -gesessen, was da alles zwischen den Polsterritzen liegt, möchte man nicht wissen. Gefeiert werden muß natürlich auch noch. Bier ist immer vorrätig in solchen Häusern. Und das Allerschlimmste: man ist ja Musiker – also wird die höchst fragliche Cd-Sammlung abgeledert, bis man endlich nicht mehr kann, die Biologie Erbarmen zeigt und man in einen komaähnlichen Zustand fällt.

Beim Erwachen dann nicht etwa den Körper zwischen herrlichen Damen gebettet, vom samtweichen Hotelbett springend, der würzige Duft von Kaffee, der Hotelboy, der die Gitarren zum Taxi trägt – nein, liebste Vorstellung, nicht du, sondern du, Wirklichkeit, schreckliche Furie: der eine Gastgeber hat direkt neben das Sofa gekotzt, der rallige Hund stürzt sich auf den am Teppich Liegenden, Frühstück könnte man sich aus den Kühlschrankresten basteln, man verzichtet aber dankend, Kaffee findet man, aber natürlich fehlen Milch und Zucker. So schreibt man also irgendwohin: „Danke für die Gastfreundschaft, war toll bei euch!", verläßt fluchtartig den Raum und wundert sich später auf der Autobahnraststätte, daß man noch vollzählig ist und sogar noch in Besitz aller benötigten Instrumente.

Dennoch ist es natürlich so, daß man sich beständig in einer Welt aus Verführung, Rausch, Ausgelassenheit und Selbstinszenierung bewegt. Bei zur Zeit 160 Auftritten im Jahr stehen wir nahezu jeden zweiten Tag im Mittelpunkt, wir sind durchaus Ziel von Sehnsüchten, Interessen, Gedanken, intellektueller und emotionaler Auseinandersetzung. Wenn man sein Herz öffnet, trifft man hinterher auf andere offene Herzen, man erfährt viele Geschichten, lernt Menschen ohne Vorbereitungszeit kennen, erfährt Tragisches, Komisches, Skurriles. Es ist kein schlechtes Leben. Wenn eben die Wirklichkeit nicht so unbarmherzig wäre. Um nur ein Beispiel zu nennen, rein fahrstreckentechnisch: - ich wohne in Kiel ... Auftritt Donnerstag in Frankfurt, Freitag in Ulm, Samstag in Nürnberg. Fahrtzeit nach Frankfurt sechs Stunden, muß noch Peer in Hamburg abholen, Berufsverkehr, Elbtunnelstau: acht Stunden. Nach neun Stunden sind wir da, spielen, haben keinen Schlafplatz, rufen Andreas, Julia und Dieter an, meine Verleger in Lich, dürfen auch um 2 Uhr morgens eintreffen, stiefeln aus dem Club: zwanzig Zentimeter Schnee – viel Spaß mit Sommerreifen! Rutschen auf der A 7 herum, dann Vollsperrung, umgekippte LkWs, vier Stunden Warten, um 5 Uhr 30 kommen wir an, um zehn ist Frühstück, Proben, der „Panzerfahrer Jupiter" entsteht, auf nach Ulm, Stau, der Wagen stottert, der Hals kratzt, statt drei Stunden acht Stunden Fahrt, kommen viel zu spät an, ohne Essen auf die Bühne, spielen vor zwanzig Leutchen, schlafen bei Obi, Peer in suspekter Begleitung im Keller zwischen Gummireifen und Waffenarsenal, ich mittlerweile mit 39 Fieber und Dauerhusten, ohne Stimme im Wohnzimmer. Früh auf, bekomme zwischen Hustenanfällen kaum noch Luft, Apotheke, Kaffee, auf nach Nürnberg, dort pünktlich am Club vorgefahren, Aufbauen, mit einem krächzenden Kehlkopf spielen, mehr hustend als singend, zu krank, um im Massenschlaflager zu übernachten, Rückfahrtversuch endet um vier Uhr morgens mit Kraftfahrzeugzusammenbruch in Göttingen Süd.

So erst letzten Monat geschehen, Ende November 2005. Das wäre also die Wirklichkeit, zugegeben nicht bei jeder Tour, aber so oft immerhin, daß man nicht von Ausnahme sprechen kann. Will das jemand lesen? Selbst wenn: darüber schreiben will keiner, jedenfalls nicht ich. Das ist schon so öde genug. Wenn da nicht – siehe oben – diese viele Wartezeit wäre. Warten auf der Autobahn, Warten vor und nach dem Soundcheck, Warten aufs Essen, Warten, während die Vorband spielt (oder, wenn man selbst Vorband ist: Warten, während die Hauptband spielt), dann Warten auf den Veranstalter, um abzurechnen, Warten auf die Mitmusiker, die sich festgequatscht haben – Warten! Diese Wartezeit sinnvoll auszufüllen, das war immer eine Sehnsucht meines Tourlebens und so kam ich denn eines Tages auf die Idee, kleine Tourgeschichten zu verfassen, in denen ich die vielen Orte und Clubs skizzieren könnte, die Stationen sind unserer ewigen Odyssee. Diese Geschichten, denen auch ein paar andere Reiseerlebnisse und Eindrücke beigemischt sind, beruhen bei all ihrem surrealen Charakter doch auf handfesten Tatsachen, sind in den geschilderten Orten entstanden, sind aus Gesprächen mit den geschilderten Menschen entsprungen, sind Ideen, die mir beim Anblick von bestimmten Gebäuden, Landschaften oder Personen gekommen sind. Meine Mitmusiker kommen vor, allen voran Peer Jensen, mit dem ich ja nun auch die meiste Zeit unterwegs war, aber auch Fee Stracke, Antun Opic und Steffen Faul. Konstantin Wecker spielt eine Rolle, mit dem wir die Bühne ebenso teilen durften wie mit Götz Widmann – alle, wie sie mir durch die Phantasie gelaufen kamen. Man kann also schon davon ausgehen, daß durch alle Absätze und Zeilenbrüche schelmisch die Wirklichkeit hindurchschaut, märchenhaft verfremdet natürlich, weil das so meine Art ist, mit dem Leben klar zu kommen: in dem ich es so bunt male, daß es mir auch mit all seinen faden Erscheinungen schmackhaft wird. Ich wünsche also viel Spaß mit all diesen skurrilen Wartezeitnotizen von Flensburg bis Lindau, von Aachen bis Zwickau, die nun tatsächlich ein kleines Buch ergeben haben.

Oktober 2006
Heinz Ratz

Rauchen in Friedberg

(07.01 – 07.02 05)

Bevor ich geboren wurde, trat einer an mich heran, ich konnte nicht erkennen, ob mit Flügeln oder Hörnern bewaffnet, ob dick, dünn, groß, schmächtig, mächtig, pervers oder gütig, denn ich spielte gerade ein intergalaktisches Ballerspiel mit echten Kometen und stand kurz vor meinem Rekord.
„Hee...!", sagte der Undefinierbare. „Heinz!"
„Hmmmm?", nuschelte ich.
„Es nahet die Zeit, da du eine sterbliche Hülle über deine fragliche Existenz gestülpet kriegest, um auf Erden zu wandeln, daß der Kreislauf des Lebens sich wiederhole und erfülle an allen kleinen und großen Kreaturen, daß nicht der Staub obsiege über den Strahl und daß auch du ..."
„Scheiße!", rief ich. „Arschkacke! Wieso hat dieser Müllficker mein Schiff getroffen? Zehn Punkte vor meinem Rek..."

An mehr erinnere ich mich nicht. Vermutlich, weil die Strafe für mein Fluchen augenblicklich folgte. Diese sah so aus, daß ich in eine strapazierfähige, stets in Bewegung befindliche Hülle hineingeboren wurde mit dem Zwang: ewiges Reisen, Umzüge am laufenden Band, eine Obdachlosenvisage und extremen Hämorridenbefall, sollte ich es wagen, mehr als zwei Stunden schlafend oder sitzend zu verbringen.

So reise ich also herum in der Weltgeschichte, mit wechselnden Partnern und in letzter Zeit immer häufiger mit dem Liedermacher Götz Widmann, was wir beide bedenklich finden, aber auch cool, und spaziere auf und ab und hin und her, esse Salbeibonbons und Marzipan, trinke Bier und Kamillentee, während Götz im Augenblick verschiedene Arten von Fleischwaren mit bombastischen Cocktails verbindet.

Den Schlaf, den ich nicht kriege, weil ich ja spazieren muß, den schläft Götz für mich, dafür mische ich, wenn er nicht hinschaut, die äußeren Schichten meiner dunklen Seele in sein Bier, aber anscheinend kann man sich heutzutage auf nichts mehr verlassen, denn statt der zu erwartenden psychopathischen Augenringe hat Götz in letzter Zeit gewaltige Oberarme entwickelt, mit denen er wahlweise Boxbeutel und Kongas zerschlägt.

Seit gestern sind wir nun in Friedberg. Das ist eine Stadt mit Turm, in der hübsche Frauen hübschen Männern eine gewisse angenehme Aufmerksamkeit schenken, ein Club namens Kaktus alles andere als stachelig ist, der Journalist der örtlichen Zeitung alle Lieder von Götz mitsingt und man auf den öffentlichen Pissoirs das Halbfinalspiel Deutschland-Frankreich nachspielen kann. Wer der Meinung ist, ich übertreibe, soll hinfahren und sich überzeugen.

In Friedberg läßt sich gut rocken. Kollege Pensen und ich ratterten also unser halbstündiges Vorprogramm hin, dann betrat Götz die Bühne, ich mischte wie bekloppt die Hautschichten meiner Seele in seine Cocktails und betrachtete dann erschrocken seinen Bizeps. Um 5 Uhr morgens empfing uns das Hotel, um 5 Uhr 10 wurde an der Straßenecke jemand abgestochen, um 5 Uhr 25 schliefen wir. Um 7 Uhr 25 erhob ich mich pünktlich, um spazieren zu gehen.

„Mal sehen", sagte ich, „ob Götz schon da ist!"

Ich horchte an seiner Zimmertür, kramte meinen Dietrich aus, öffnete, schritt rein, guckte auf und unterm Bett nach und im Bad – er war nicht da.

„Geh ich mal im Kaktus schauen!", dachte ich. Fehlanzeige. Götz war verschwunden.

„Nanu-nana!", murmelte ich moralisch.

Dann kam ich auf die Idee, auf der Friedberger Hauptstraße hin und her zu laufen, bis die Sonne komplett am Himmel stand. Das kommt bestimmt gut, dachte ich, mit besorgter Miene auf und ab gehen, das ist echte Männerfreundschaft, und vielleicht ist ja zufällig ein Journalist hier oder einer vom Deutschlandfunk und führt ein Interview über die tiefen Sorgen, die sich Heinz über Götz zuweilen macht.

Ansonsten aber war ich ganz ruhig: was sollte schon sein? Götz schlief sicher – entweder zwischen den leeren Cocktailgläsern Backstage oder in den Armen einer brünetten Schönheit – er schlief erst seinen, dann meinen Schlaf und würde abends frisch und gesund und mit stählernen Oberarmen wieder auf der Bühne stehen, während ich arme Socke: Ach, die Leidensmiene stand mir so gut!

Ich lief also bis 9 Uhr 30, dann klingelte mein Handy und alles wurde anders.

Götz war dran!

„Na, Ratzenberger, alter Blauwal", sagte er. „Was machste?"

Jetzt ist er wahnsinnig geworden, dachte ich. Schläft nicht seinen Schlaf, schläft nicht meinen Schlaf – und klingt nüchtern! Um 9 Uhr 30!
„Du bist doch nicht etwa wach, Götz?", rief ich verzweifelt ins Telephon und beschleunigte meine Schritte aufs Dreifache.
„Klar, Mann!", sagte Götz. „Ein wenig frische Luft schnappen!"
„Aha!", sagte ich.
„Komm doch mal vorbei. Ich hab hier etwas ungeheuer Interessantes gefunden!"
„Echt?", sagte ich.
„Nimm ein Taxi, fahr immer nach Osten. Ich stehe an der Biegung des Flusses!"
„Logisch!", sagte ich und in einem Zustand höchster geistiger Verwirrung tat ich wie geheißen.

Ich fand ihn tatsächlich. Es dauerte zwar eine Weile, aber dann stand ich neben ihm und starrte auf ein zusammengeschrumpftes Ding in seinem Handteller, das aussah wie eine versteinerte Dörrpflaume.

Götz betrachtete mich neugierig.

Ich zuckte die Achseln.
„Keine Ahnung", sagte ich. „Vielleicht ein Stück Soldatenhirn von 1437?"
„Unsinn!", sagte Götz. „Soldaten haben kein Gehirn!"
„Ach ja", machte ich ratlos. „Dann vielleicht – hm, bei allem Respekt, Götz, es sieht aus wie ein Hundehaufen!"
„Ist es aber nicht!", betonte Götz ruhig.

Er ist auf jeden Fall wahnsinnig geworden, dachte ich, ließ mir aber nichts anmerken, sondern lächelte ihn idiotisch an.
„Das hier", sagte Götz, „ist sozusagen eine historische Sensation. Es handelt sich eindeutig um die Nabelschnur des Teufels!"
„Ehrlich?", fragte ich.
„Ich muß sie natürlich genau untersuchen lassen, aber ich glaube jetzt schon sagen zu können, daß sie so ungefähr – 2005 Jahre alt ist!"
„2005 Jahre!", rief ich verblüfft. „Aber das hieße ja ..."

„Daß sich nicht nur Gott, wenn es denn überhaupt so war, auf Erden wiedergeboren hätte, sondern auch der Teufel!"
„Na ja gut ...", rief ich. „Aber wer war denn dann --- also, Pilatus war ja eigentlich zu alt, oder ...und Judas – nee, vielleicht sogar der, der ihn damals ans Kreuz ..."

„Ach was!", winkte Götz ab. „Das Wesen des Teufels ist nicht so, daß er sich viel um Politik kümmern würde. Er hat diesen Propheten und seine Jünger einfach machen lassen und in der Zeit tüchtig gesoffen und gevögelt, die Leute von der Arbeit abgehalten und 300 uneheliche Kinder gezeugt – so eine Art Liedermacher eben!"
„Meinst du wirklich?", fragte ich, aber es klang verdammt logisch und ich sah Götz an, daß er absolut davon überzeugt war.
„Die Frage ist nur: was tun damit?", sann er weiter.
„Bringt bestimmt Unglück!", verzog ich das Gesicht.
„Im Gegenteil!", sagte Götz. „Wenn du felsenfest an die Lehre der Kirchen glaubst – was passiert? Du sitzt allein vor der Tagesschau, während deine Nachbarn feiern und saufen. Du onanierst voll Schamgefühl. Du bleibst dein Leben lang deiner Frau treu, hast vier Mal im Jahr Geschlechtsverkehr mit ihr, während sie mit deinen sämtlichen Berufskollegen, dem halben Tischtennisverein, den Lehrern deiner Kinder und deiner Schwester im Bett war. *Das* bringt Unglück, Mann! Aber die Nabelschnur des Teufels – die muß einfach Glück bringen!"

Ich sah ihn an. Seine Logik war schlichtweg umwerfend.
„Und nun?", fragte ich.
„Ich werde einen Joint daraus machen. Den rauchen wir zur Feier des Tages nach dem Konzert!"

Gemächlich gingen wir ins Hotel zurück.

Das Konzert verwandelte den friedlichen Ort in eine Stätte des Lasters. Peer war zu Grönemeyer gefahren, um in Düsseldorf zu spielen, daher heute mal kein Strom-und-Wasser-Wahnsinn, sondern ich allein auf der Bühne. Ich las eine Geschichte vor, in der ein Gymnasiast von Brüsten erdrückt wird, ein Gedicht, in dem ein Student seine Kollegen zu Wurst verarbeitet, noch eine Geschichte, in der ein Idealist und Menschenfreund seinen langen Penis gegen einen kurzen tauscht und seine muskulösen Beine gegen die Stampfer einer übergewichtigen Gouvernante. Das Publikum war aus dem Häuschen. Dann betrat Götz die Bühne und brachte das Volk vollends in Ekstase. Ich stand derzeit an der Bar, trank Bier mit dem und sprach übers Leben mit jenem, fummelte hier, knutschte dort. Vorn hockte die Meute, sang Götzens Lieder mit, brüllte nach Zugabe, tobte und schrie. Einzelne Wünsche wurden laut. Die Frau neben mir schlug meine Hand von ihren Brüsten und rief laut: „Ich will Eduard hören!"

Eduard ist einer der größten Hits von Götz, ein Lied, in dem die Wandlung eines scharfen Grenzhundes in einen haschrauchenden Hippieköter besungen wird.

„Mit meinen alten Liedern ist es so", erklärte Götz. „Ich spiele sie sehr gern, aber von Zeit zu Zeit kommt es vor, daß ich sie nicht mehr spielen mag. Dann schicke ich ein paar von ihnen in Urlaub. Eduard ist gerade in Jamaika. Ein idealer Urlaubsort für einen Haschischhund! Dem geht's gut!"

Dann spielte er sein Lied von der sterbenden Blume und mir wurde so weh ums Herz, daß ich glatt meine Casanovarolle vergaß. Ich sang mit und starrte auf die Bühne. Da saß Götz auf einem Barhocker und spielte. Auf einem zweiten Hocker neben ihm lag unschuldig und weiß der Joint mit der zerkrümelten Nabelschnur.

Bei Götz muß man aufpassen. Er entwickelt bisweilen einen abartigen apokalyptischen Humor. Ich erinnerte mich, wie er während unserer kleinen Schottlandtournee auf den Gedanken kam, gemeinsam mit Peer die „Backpipe-Smokers" zu gründen, um gigantische Mengen Marihuana durch Dudelsäcke zu rauchen – was bei dem ausgeprägten schottischen Patriotismus locker den dritten Weltkrieg ausgelöst hätte.

Mit gemischten Gefühlen blickte ich also auf den Joint.

Die Zuschauer in den ersten Reihen, insbesondere die jungen männlichen und älteren weiblichen, befanden sich bereits im hormonellen Ausnahmezustand, während die jungen weiblichen und älteren männlichen sich noch den Schnaps- und Eierlikörانschub gaben.

In diesem Moment geschah etwas Außergewöhnliches. Nämlich trat durch die gläserne Eingangstür Eduard ein – kläffte zur allgemeinen Begrüßung einmal nach rechts, einmal nach links und mischte sich selbstbewußt ins Publikum. Respektvoll wurde ihm Platz gemacht.

„Eduard ist zurück!", ging ein Raunen.

„Schau mal, Max!", flüsterte ein Kerl seinem Freund zu. „Der Haschischhund!"

Eduard war noch ganz jamaikanisch. Er trug ein Blumenhöschen, aus dem fröhlich und ein bißchen obszön sein Schwanz herauswedelte. Während er mit triefenden Hundeaugen bereits nach diversen Frauenaufmerksamkeiten Ausschau hielt, begann sich plötzlich seine Nase zu kräuseln und Witterung aufzunehmen. Er hatte den Joint auf dem leeren Bühnenbarhocker gerochen!

Götz entging das alles. Er sang mit geschlossenen Augen das Lied von der Hautkrankheit der Erde, homo sapiens genannt, und so konnte er auch nicht eingreifen, als Eduard sich plötzlich zur Bühne vordrängelte, den Joint lässig vom Hocker nahm, sich dafür selbst auf diesen setzte und das Wunderwerk mit der zerkrümelten Nabelschnur zwischen seine saftigen Hundelippen schob, anzündete und zu rauchen begann.

Gespannt verfolgte ich, was nun geschehen mochte. Denn immerhin würde Eduard jetzt erleben, was eigentlich Götz und mir vorbestimmt war.

Ich erwartete natürlich, daß er explodierte oder fürchterlichen Ausschlag bekam, daß sein Gesicht sich in einen Penis verwandeln oder ihm zumindest das blümerante Höschen platzen würde – aber weit gefehlt!

Eduard wurde mit jedem Zug, den er von dem Joint nahm, schöner, männlicher, ja so derartig umwerfend, daß selbst in mir ein bis dato unbekannter homoerotischer Magnetismus zu wirken begann. Ein Brat Pitt mit Mopsgesicht, mit Oberlippenbart, Silberkettchen, muskulösem Körper – und kaum hatte Eduard den letzten Zug gemacht und lässig die Kippe auf die Bühne geschnippt, wurde er auch schon begraben unter zahllosen nackten Frauenleibern.

Im gleichen Augenblick hatte Götz sein Lied beendet und starrte nun verständnislos auf die Orgie neben ihm. Der Leiberhaufen war bis fast zur Decke gewachsen und aus der Tiefe hörte man das lüsterne Schmatzen und Schnaufen Eduards. Der Einzige, der noch schockiert im Zuschauerraum stand, war ich. Götz starrte mich an und ich starrte Götz an. Und beide starrten wir auf die wippenden Hüften.

Dann packte Götz die Gitarre ein und ging schweigend aus dem Raum und ich lief ihm schweigend hinterher und wir redeten kein Wort mehr diesen Abend, sondern saßen nur philosophisch in den Hotelsesseln, starrten durch das Fenster in den unendlichen Nachthimmel und stellten uns vor, wie es gewesen wäre, wenn nicht Eduard, sondern wir diesen herrlichen Joint geraucht hätten.

Der Mond über Pforzheim

(29.08 04)

Wenn sich der Blick erst ans Dunkle gewöhnt hat, taucht etwas Helles überraschend hervor. Das klingt wohl mehr nach einer Weisheit, als es tatsächlich eine ist. In einer Stadt wie Pforzheim spielt das aber keine große Rolle, da ist es gut, überhaupt einen Gedanken zu fassen, der frei ist von Melancholie.

Während ich also nachdachte, weshalb mich in dieser Stadt stets das Gefühl überkommt, zwischen einander bösartig belauernden Nachbarn zu sein, geizige, bittere, ausgedörrte Menschen, - und alle Kenntnis des Lebens und alle Unbekümmertheit nicht ausreicht, um gegen dieses unangenehme Gefühl anzugehen, ging also der Mond auf.

Er stand zunächst als verschmierte Scheibe hinter einem Dunstschleier und sein Licht gab dem Himmel eine sonderbare Tiefe, in der Hunderte von zarten Wölkchen wie verstreute Wollknäuelchen schwammen. Der Mond schien noch zu zögern, ob er sich lustlos hinter den Horizont fallen lassen sollte oder mächtig in die Himmelsmitte steigen, entschied sich dann aber für letzteres und verspottete nun voll und fett die Kunstlichter der Stadt. Mißlungene Kopien, kümmerliche Kompromisse schienen sie zu sein, unzulängliche Funzeln, von der einzig nennenswerten Lichtquelle der Nacht förmlich zerdrückt.

Ich stand zwischen den Betonquadern Pforzheims und bewunderte den Mond – so triumphiert die Natur über den menschgemachten Trübsinn, dachte ich, und wartete darauf, daß mir das Herz nun luftig und leicht wie eines der angestrahlten Wölkchen werde.

Stattdessen aber war mir, als spreche der Mond – ohne Laut natürlich, nur durch seine herrische Fülle, als lasse er gleichsam seine Worte und seine Gedanken in mir aufwachsen, als lege er mir einen Monolog ins Gehirn.

„Was stehst du und glotzt mich an?", tönte es in mir. „Ich bin so alt und so kalt und so hart und so fern, daß nur die flammende Sonne mich als Spiegel benutzen kann. Du suche Trost in anderen Dingen. Daß ihr seid, wie ihr seid, ihr Menschen, mit eurem ganzen so genannten Errungenschaften, eurem Wissen und eurem technischen Fortschritt, das verdankt ihr doch nur einem ganz jämmerlichen Gefühl der Verlorenheit. Nur das unterscheidet euch von euren Mitgeschöpfen und bringt diese Unruhe in euch. In Nächten wie dieser ahnt ihr, was für winzige Staubkörner ihr für das gleichgültige Weltall seid und wie sinnlos euer verzweifeltes Bemühen ist, euch irgendwie Bedeutung zu beweisen.

Ich umkreise die Erde seit Milliarden Jahren – es war kein Wasser und noch lange kein Leben, da kreiste ich schon, wie ich es jetzt tue. Und ich werde genauso weiterkreisen, wenn ihr und alles Leben auf der Erde ausgelöscht ist und verschwunden.

Was ist das schon für mich?

Was bin ich für euch, daß ihr mich in Liedern besingt und in Büchern, mich zum Zeugen eurer Liebesschwüre und anschließenden Betrügereien macht? Und was stehst du noch immer, Menschlein und glotzt mich an und bildest dir ein, ich spräche zu dir?

Ich schweige wie jeder Stein. Und Stein bin ich, ein riesiger Kiesel – hart und alt und kalt und fern!"

So sprach der Mond durch mich zu mir und ich überlegte, was er damit wohl meinte – vermutlich, daß etwas so Unwesentliches wie Geist und Gefühl, Atmung und Verdauung nicht der einzige Maßstab für Leben und Nicht-Leben sein könne. Erst recht nicht für ihn, für den mein ganzes Leben, mein Entstehen und Vergehen vergleichsweise ein Sekundenbruchteil war.

Was konnte ich ihm antworten?

„Gestatte mir, deine Schönheit zu sehen, lieber Mond, damit ich deine Schrecklichkeiten nicht sehen muß!"

Und sehr zufrieden lief ich weiter, denn ich hatte das gute Gefühl, etwas überaus Kluges gesagt zu haben.

Chopin reist nach Bremen

(18.05 – 05.08 06)

So einer wie ich, der sich die Gosse groß auf die Fahnen geschrieben hat, der mit Rattenaugen in jeden dunklen Winkel des Lebens hineinblinzelt, der will dann zu allem Überfluß auch noch stets eine Extrawurstbehandlung.

Der Anästhesiebeauftragte des Krankenhauses seufzte tief.

„Was meinen Sie damit, Herr Ratz?"

„Na, wenn ich Sie recht verstanden habe, verhält es sich so: wenn Sie mir also zu wenig Narkosemittel spritzen ..."

„Was nicht passieren wird!" Eine zornige Falte teilte die sonst sehr glatte Stirn des Arztes.

„Was natürlich nicht passieren wird!", beruhigte ich ihn gleich. „Was aber, wenn es doch passiert, zur Folge hat, daß ich schreiend auf dem OP-Tisch aufwache, gepeinigt von brennenden Schmerzen, von einer unglaublichen Folter, und Sie alle entweder gleich ermorde oder später dann – nun ja, ich will da nicht in Details gehen!"

Dr. Lunatic räusperte sich.

„Wenn Sie mir aber zu viel verabreichen, liegen die Chancen sehr hoch, daß ich gar nicht mehr aufwache!"

„Auch das wird nicht geschehen, Herr Ratz!"

„Aber was geschieht", fragte ich nun, „wenn Sie mir gleichzeitig zu viel *und* zu wenig geben?"

„Ich versteh immer noch nicht..."

„Ein guter Freund von mir, aus Baden-Württemberg, der Robert Hubselsackl, Professor für Physik, also eigentlich noch nicht ganz Professor, aber er macht seinen Weg, Herr Doktor, er hat sehr viel Talent ...!"

Dr. Lunatic nickte geduldig.

„Der hat mir also vorgerechnet: eine gleichzeitige Injektion von 1) zu wenig kombiniert mit 2) zu viel Narkosemittel bei einem Charakter, der auch nur aus Mangel und Überfluß besteht, führt durch die quantentheoretische Spannung im rechten oberen Stirnlappenbereich zu einer besonderen, so genannten reziproken Differenz zwischen der Großhirnrinde des Patienten und der Großhirnrinde der Wirklichkeit, so daß mit dem Wahrscheinlichkeitsfaktor von 1 zu 10 pas-

sieren könnte, daß aus diesem von der Physik als „Gap of Invincibiliy" genannten Bereich ein Phänomen entsteht, welches einen gleichzeitigen Chromosomen- und Quantensprung zur Folge hat. Das bedeutet daher: für die Dauer der Narkose könnte ich..."
„Könnten Sie...?", hakte der Anästhesist nach.
„Könnte ich Chopin werden!" Ich lehnte mich zurück und sah ihn an. Sein Gehirn rechnete fieberhaft. Dann sprang der ruhige Mann auf, lief zackig hin und her und suchte nach Fassung. Endlich sagte er: „Ihr Freund hat Recht! Es könnte tatsächlich sein, daß Sie hier in einem komaähnlichen Zustand liegen, während ihre Seele in den Leib eines Verstorbenen fährt und zwar mit einer Wahrscheinlichkeit von – warten Sie! – hundertfünfzehn zu eins – ja! Tatsächlich! Es könnte ausreichen, den bereits stattgefunden Zerfallprozeß des anderen Körpers für knappe zwei Stunden rückgängig zu machen und selbst die Persönlichkeitsstruktur ..."
„Hurra!", schrie ich und konnte nicht anders: ich musste den Oberarzt in die Arme nehmen und heftig drücken.

Sichtlich brüskiert durch meine homoerotische Attacke, suchte er Distanz:
„Warum muß es ausgerechnet Chopin sein?"
„Ach, das ist eine lange Geschichte", sagte ich und sprang bestgelaunt davon.

Der Grund, daß ich Chopin werden mußte, war ein ganz einfacher. Fee hatte mir zum April hin erklärt, nur noch bis zum Ende des Jahres 2006 bei Strom & Wasser mitzuspielen und in meiner panischen Suche nach jemandem, der sie ersetzen könnte, war ich auf Mina aus Karlsruhe gestoßen, eine atemberaubende Pianistin auch sie. Allerdings hatte sie bislang nur sehr zögernd auf meine musikalischen Annäherungsversuche reagiert und mir dann eines Tages erklärt, daß ihr stets Chopin im Traume erschienen sei, als Zeichen dafür, daß hier der richtige und erfüllende musikalische Weg liege. Bei meinen Anfragen war das bisher nicht der Fall. So beschloß ich also, der Wirklichkeit nachzuhelfen und als Chopin leibhaftig bei ihr vorzusprechen.

Am 22ten Mai des Jahres 2006 war es dann soweit: ich wurde operiert! Ich wurde narkotisiert, um wenig später aufzuwachen – ein Chopin, wie er chopinesker nicht sein kann. Und wo erwachte ich?

Auch das schien irgendwie im Einzugsbereich meines Willens zu liegen: im Zugabteil eines ICEs.

Ich streckte meine schönen Glieder aus und dachte: „Mal pinkeln gehen!"

Ich durchschritt das angrenzende Großraumabteil, wo sie mich alle anstarrten, offenen Mundes, mit Augen, die aus ihren Höhlen fallen wollten, abwechselnd blaß oder rot werdend, je nach Temperament – nun ja, das kannte ich ja alles von meiner eigenen kleinen Karriere. So schritt ich denn durchs Staunen und verschwand in einer Zugtoilette. Hier dachte ich nach – der Zug brauchte noch knapp eine halbe Stunde nach Bremen. In Bremen besuchte Mina ihre Schwester. Dort würde ich eine dreiviertel Stunde benötigen, um sie zu finden, dann bliebe mir also eine gute halbe Stunde, um sie für Strom & Wasser zu gewinnen. Eine gute halbe Stunde, das sollte doch möglich sein – als Chopin!

Während ich mir also meinen Zeitplan zurechtlegte, hörte ich ein sonderbares Rascheln an der Toilettentür. Da mir nicht meine eigenen Audiolappen, da mir Chopins verfeinertes Gehör zur Verfügung stand, erkannte ich an dem weichen Schleifen, daß es sich um mindestens drei Ohren handelte, die sich gegen die Plastiktüre drückten. Dann ertöne eine Flüsterstimme: „Selbst wenn er pinkelt ist es die reinste Musik!"

Stimmt ja, ich pinkelte immer noch! Das hat mit meiner langen Zeit im Grab zu tun, dachte ich, dann befahl ich meiner Blase: „Stopp!", schüttelte aus, packte ein, wusch mir die Hände und öffnete mit einem gewaltigen Ruck die Türe, um die drei Lausebengels zu erschrecken.

Ich selbst erschrak! Von wegen drei Rabauken! Im ganzen Vorraum zur Toilette lagen, knieten, standen, aufeinander geschichtet und bereit zum Gebet, die Fahrtgäste und starrten mich an. Ein älterer Herr öffnete seine Lippen und sagte: „Meister!"
„Meister!", flüsterte ergriffen ein zweiter. „Meister!", rief eine Frau.
„Meister! Meister! Meister!", kam es nun von allen Seiten.

Ich wusste gar nicht, wie ich mich verhalten sollte. Das gab auch die Strom&Wasser-Erfahrungsschachtel nicht her. Also nahm ich all mein Französisch zusammen und rief: „Ah – bien! Se tut la mem schoos. Com si com sa. Rie ne va plü. Schübschontief. Entfant terrible!" (Beim letzten wußte ich sogar, wie man es schreibt.)

Dann schritt ich über die feinen Herrschaften hinweg, die sich in meinen Weg warfen, damit meine Sohlen nicht den ordinären Zugboden berühren mußten. Die übrigen zollten mir einen leisen, respektvollen Applaus – und liefen mir nach.

Ich hatte ja nicht geahnt, daß die wahren Superstars aus der Klassik kommen! Daß 15jährige und 80jährige ausflippten! Daß man trachtete, die Luft einzuatmen, die ich ausatmete. Sie förmlich von meinen Lippen zu pflücken. Den Fuß auf die gleiche Stelle zu setzen, auf die ich meinen Fuß gesetzt hatte. Die Schuppen einzusammeln, die ich verlor. Einen Blick von mir zu erhaschen – um bei Erfolg in eine Art orgiastische Starre zu fallen.

Von den dauernden Blitzlichtern, den surrenden Videokameras, den Grabenkämpfen der Handybesitzer ganz zu schweigen. Und doch war bei der ganzen Hysterie um mich herum, bei all der Gier nach Nähe, eine Hochachtung spürbar, die mich mühelos mein Abteil erreichen ließ.

Kaum saß ich, schoß einer vor: „Kann ich Herrn Chopin etwas bringen? Einen Wein vielleicht? Einen vorzüglichen Kaffee? Meine Geldbörse? Meine Frau?"

Ich kam gar nicht dazu, ihm zu antworten. Das erledigte die mir gegenübersitzende Dame (knappe 30, vornehm, sonst sicher eine kühle, äußerst herablassende, äußerst erfolgreiche, äußerst frigide Erscheinung). „Ihre Frau ist überflüssig!", sagte sie und nahm die Finger meiner rechten Hand wie ein Relikt in ihre Hände. „Ihre göttlichen Nägel! Darf ich mich darum kümmern?" – „Ja!", sagte ich und sofort waren meine vier Gliedmaßen von pflegenden Frauen umsorgt und umtüttelt.

„Meister ...", fragte einer. „Werden Sie Ihre unvollendeten Werke, werden Sie sie, Sie sie, Sie sie sie..." Er kam nicht weiter. Tränen der Ergriffenheit strömten über seine Lippen in seine Luftröhre. Er hustete in Cis-moll 7.

„Was Sie auch fragen, die Antwort lautet Ja!", erwiderte ich, nach etwas sehr Freundlichem suchend. Mir war klar: ich mußte hier weg! Auf diese Art würde ich niemals Bremen erreichen. Insbesondere, weil nun der Zug gehalten hatte. Vermutlich war auch der Lokführer ein großer Freund französischer Klassik und befand sich nun auf dem Weg hierher. Ich mußte raus! Es war aber gar nicht so einfach nachzudenken, wenn man im Zielfeuer von hundert gleichzeitigen Fragen stand. „Was halten Sie von Beethoven?", schrie mich ein Hüne an, der schon fast selbst wie Beethoven aussah. Um überhaupt etwas zu sagen, sagte ich: „James Last find ich gut!" – und löste einen Sturm des Staunens aus. „Ihr solltet Grünkernbratlinge essen", sagte ich dann. „Das sensibilisiert das Gehör. Dagegen: Putenfleisch macht taub!" Ich sah, wie einige mitzuschreiben begannen, andere schlossen die Augen, um sich in den Klang meiner Stimme zu versenken. Eine der manikürenden Frauen begann an meinem dicken Zeh zu lutschen.

„Nana!", sagte ich freundlich. Dann fiel mir siedendheiß Mina wieder ein und die schmelzende Zeit, und ich sprang auf, schüttelte die Damen von meinen Gliedmaßen, zeigte irgendwohin und rief: „Da! Johann Sebastian Bach!" Alle fielen darauf herein, drehten ihr Köpfe, bereit für ein neues Wunder der Klassik, und ich stürzte zum Abteilfenster, schwang mich auf – und wollte mich weiter hinaus schwingen, da zerrte plötzlich eine der dicken Frauen, die mich eben so schön umpflegt hatten an meinem linken Arm. Sie riß daran, ich wollte wiederum sie mitreißen und aus dem Fenster, das ging zwei Sekunden hin und her. Dann riß mein Arm ab.

„Hey!", rief ich – und fiel durch den Rückstoß aus dem Fenster ins Freie.

„Wow!", rief die Frau und fiel durch den Rückstoß wieder ins Abteil.

„Gib mir meinen Arm zurück!", brüllte ich.

„Niemals!", sagte sie und drückte das Ding an sich wie ihren liebsten Schatz.

Die Übrigen, die ihre Suche nach Johann Sebastian aufgegeben hatten, mischten sich ein: „Jammerschade, daß Sie uns verlassen wollen, Meister! Aber immerhin haben wir nun diesen Arm von Ihnen!"

„Und wie soll ich dann meine unvollendeten Werke beenden?", schrie ich. „Wie soll ich dann überhaupt nur ein einziges meiner vollendeten Werke selbst spielen können?"

Betroffenes Schweigen herrschte.

„Er hat Recht!", sagte ein Reisender. „Wir müssen ihm den Arm wieder zurückgeben."

Und so kam es, daß ich meinen Arm zurückerhielt.

Nun war das ja kein gewöhnlicher Arm. Er war 157 Jahre alt, also völlig blutleer, also schon etwas modrig, zerfallgefährdet, kurz: ich versuchte ein paar Mal, ihn wieder an den Rumpf zu drücken, sah dann aber sehr schnell ein, daß es keine Aussichten auf Erfolg hatte. Was tun also? Zurück zum Zug? Auf keinen Fall! Bundesstraße suchen, dachte ich, vielleicht Autobahn finden. Trampen. Also klemmte ich mir den abgerissenen linken Arm unter den rechten Arm und lief los.

Nachdem ich vier Weizenfelder durchpflügt hatte, stieß ich auf eine Straße. Und nun kommt etwas, da muß ich doch, trotz meiner positiven Veranlagung, mit dem Schicksal hadern. Ich muß dem Schicksal zurufen: „Bitte nicht den!"

Und das Schicksal, gleichgültig wie immer, antwortet: „Wieso nicht?"

„Weil ich den so besonders doof finde!"

„Aber er wohnt in Tötensen!"

„Erst Tötensen, dann Fickensen!", rufe ich.

„Nanana! Sei nicht so plump in Deiner Wortwahl!", sagt das Schicksal. „Nach allem, was ich für Dich tue! Ich könnte schließlich auch dafür sorgen, daß hier in den nächsten zwei Stunden gar kein Fahrzeug vorbeikommt. Oder daß zwar Hunderte vorbeifahren, aber keiner anhält. Du mußt schließlich bedenken, daß Du nicht gerade vertrauenserweckend aussiehst mit Deinem ausgerissenen Arm!"

„Zufällig einen Klebestift dabei?"

„Zufällig nicht", sagt das Schicksal und entmaterialisiert sich wieder.

Im nächsten Augenblick hielt *er* – und was für eine Kiste, Mann! Ein schwarzer Benz, tiefergelegt, getönte Scheiben, goldene Radkappen, mit Diamanten besetzte Türknäufe. Das Fenster ging auf. Ein Mann saß darin, unangenehm blond, mit eckigem Gesicht, fast zu eckig um wahr zu sein, mit Augen, die durch zwei kleine Brillianten ersetzt waren. Er öffnete den Mund und seine Zähne waren so weiß, daß ich geblendet die Augen schließen mußte. Genau wie man ihn aus Film und Fernsehen und zahllosen Plattencovern kennt.

„Brauchen Sie Hilfe?", fragte er.

„Ein wenig! Muß nach Bremen. Kann ich den Arm auch auf den Sitz legen?"

„Klar!", sagte er.

Dann stellte er sich vor: „Bohlen!"

„Bohlen? Das ist ein entsetzlicher Name!", sagte ich, schnallte mich an und überlegte. „Ich würde es Französisch aussprechen: Bohlén!"

„Gute Idee!", sagte Bohlen. Sein Strahlen war unerträglich – Goldhaar, Augen, Augenbrauen, Zähne, Kragen, Krawatte – alles strahlte an ihm.

„Ich liebe diesen Sender", sagte Bohlen und natürlich war es Musik, die ebenso unerträglich war wie er selbst.
„Was sind Sie von Beruf?", fragte er ins Gedudel.
„Musiker!"
„Oh – ein Kollege! Sieh mal einer an! Wie heißen Sie?"
„Chopin!", knurrte ich.
„Chopin ..., Chopin ..." sagte er. „Chopin... Tut mir leid. Kenne ich nicht. Newcomer?", fragte er.
„Nicht mehr ganz so new!"
„Ach? Naja, Man kann ja auch nicht jeden kennen!"

Sein Strahlen wurde geradezu übermächtig.

„Machen Sie auch eigene Lieder?", bohlte er weiter. Ich sah, wie die Tachonadel auf 170 kletterte und beschloß, ihn bei Laune zu halten.
„Ja, allerdings!"
„Wirklich? Freut mich, freut mich, Junge! Auch schon eine Demo-Kassette aufgenommen?"
„Ja!", sagte ich. „Mehrere!"
„Aha? Hier ist meine Karte. Soll doch keiner sagen, ich wäre nicht am deutschen Nachwuchs interessiert! Spielen Sie irgendein Instrument, oder nur Gesang!"
„Piano!", rief ich.
„Piano? – Wie ich, mein Freund! Genau wie ich! Netter Zufall! Ha! Wenn Du also mal irgendeinen Tipp brauchst – ruf einfach an!"
„Danke", sagte ich. „Sehr nett!"
„Fingerhaltung, Akkordfolge. Egal was!"
„O.k!", sagte ich.

Bohlen war eine Weile still, sah mich an und lächelte wie ein Krokodil.

„Schade", meinte er dann. „Da vorne trennen sich schon unsere Wege. Die Abzweigung nach Bremen, mein lieber Scho... äh, mein lieber Kollege!"
„Sollten Sie denn nicht langsam ans abstoppen denken?", fragte ich, denn die Tachonadel zitterte noch immer bei weit über 150 herum – und die Abfahrt schoß entsprechend schnell auf uns zu.
„Bremsen?" Bohlen lachte. „Du sitzt in einem Fahrzeug des berühmten Stardesigners Franco Berlusconi, da geht alles vollautomatisch. Das ist was für echte Männer, mein Lieber. Dein Reiseziel ist schon programmiert – und vergiß nicht, wenn Du mal n Tipp..."

Mehr hörte ich nicht. Eine Designer-Spezialsprungfeder hatte mich samt Beifahrersitz in die Windschutzscheibe katapultiert, die jedoch entgegen aller bisher geltender Naturgesetze nicht barst, sondern sich zärtlich um meinen Leib schloß, meinen Schwung abfederte, sich vom Fahrzeug löste und nun, kugelförmig, mit mir in der Mitte, Richtung Bremen rollte. So perfekt das alles klingt, so sehr hatte das Ganze doch einen gewaltigen Haken – denn der Sitz in der Kugel drehte sich mit und mit dem Sitz auch ich. Eine Kugel von einundhalb Metern Durchmesser mit einer Geschwindigkeit von 180 Stundenkilometern dreht sich ganz schön schnell – dreht sich so barbarisch schnell! – ich bin völlig außerstande, das wiederzugeben! Ich weiß nur, daß ich sofort loskotzen wollte, aber die Gesetze der Fliehkraft gestatteten mir das nicht. Der Magen fand die Speiseröhre nicht und die Speiseröhre nicht den Mund, alles war verschoben und verteilt und nach Außen gedrückt und nur in meinem Innersten herrschte ein vollendetes Vakuum. So mußte die Kotze wohl oder übel drin bleiben. Erst als ich ankam, entlud sie sich. Und wie sie sich entlud! Und wohin! Mein Gott, im ersten Augenblick fürchtete ich ja, Bohlen hätte Minas Aufenthaltsort hineinprogrammiert – aber das stimmte glücklicherweise nicht. Bohlen hatte Bremen programmiert und dann Bohlen – so daß die Kugel zielgenau den nächsten Mediamarkt anvisiert hatte, durch alle Schaufenster hindurchgerast war, um vor den Cd-Regalen mit den umfangreichen Bohlen-Produktionen zu stoppen. Dorthin ergoß sich nun mein gesamter Mageninhalt, sehr zum Entsetzen aller anwesenden Multimediamarktverkäuferinnen und sehr zum Entzücken aller anständigen Anarchisten. (Es war nur einer da, ein Punkrocker aus Glauchau, aber der freute sich diebisch!)

Und ich?

Naja, fühlte mich *dafür* nicht verantwortlich. Das hatte sich Bohlen selbst zuzuschreiben. Torkelte, ganz benommen, aus dem Geschäft, sah mich, noch schielend, im Spiegelbild des erstbesten Schaufensters und sagte: „Na Klasse!"

Ich sah aus wie ein Monster!

Erstens fehlte mein Arm, der lag noch immer auf dem Designer-Rücksitz. Zweitens war es ja nicht der halbwegs junge, elastische Körper des Heinz Ratz gewesen, der da in der Kugel allen Drehwürmern der modernen Physik ausgeliefert gewesen war, sondern Chopins alter, ehrwürdiger, gruftgewohnter Leib… Oh, diese herrlichen Virtuosenhände, breit gedrückt zu Froschpaddeln! Oh, diese markante Nase, dieses vornehme Kinn, dieser anmutige, respektgebietende Körper eines reifen französischen Liebhabers – Ogottogottogott, dachte ich, was hatte die Fliehkraft nur gemacht. So vor Mina hintreten, sagen: „Hier bin ich! Na? Lust auf Strom & Wasser?" – das war keine gute Idee, nein, wirklich nicht, das hatte nicht den Hauch einer Chance!

So schlotterte ich also mit meinem zerlaufenen Körper in Richtung Bahnhof, kauerte mich in den tiefsten Schatten und wartete, bis weit entfernt endlich die Narkose nachlassen und mich von diesem Alptraum in mein eigentliches heinzratziges Dasein befördern würde.

Klappte wenigstens das? Es klappte, wie ihr seht, ich bin ja wieder ganz der Alte. Übrigens las ich neulich in einem dieser Musikzeitschriften, Bohlen hätte sich von einem plastischen Chirurgen einen neuen Arm einsetzen lassen – angeblich zur Verbesserung seiner pianistischen Fertigkeiten. Wenn ihr mich fragt, ist das seinen neusten Werken nicht anzumerken. Tja, was soll man machen? Es endet ja schon in einer Katastrophe, wenn man aus einem Ratz einen Chopin machen möchte. Aber ein Bohlen bleibt immer ein Bohlen, da ist nichts zu holen, da kann man gar nichts tun! Das ist eine traurige Tatsache, mit der man leben muß.

Kids in Kassel

(10.02 – 09.03 05)

Das Ungeschickteste, was ein Mensch tun kann, ist, sein Glück an ein äußeres Schicksal zu binden. Will heißen: sein Glück abhängig machen von Erfolg, Reichtum, Liebe, Anerkennung oder Macht, von Dingen also, die bloße Dreingaben des Lebens sind, bestenfalls ein Widerschein des inneren Reichtums, den wir als Seele in uns tragen. Das zu begreifen, ist ein schmerzlicher Lernprozeß und sorgt für viel Verbitterung auf der Welt. Dabei ist der Blick nach Innen und der liebevolle Umgang mit sich selbst doch nichts, wovor man Angst haben müßte.

Leider gehört auch mein alter Freund Sven zu diesen Unglücksraben. Er wird nächstes Jahr seinen vierzigsten Geburtstag feiern und ich kenne ihn nun schon seit mehr als zwanzig Jahren. Sven ist ein hochgebildeter, feinfühliger und etwas weinerlicher Mann, schlank, mit kantigen Gesichtszügen und einem klaren und offenen Blick, der sich allerdings unangenehm verdichtet, wenn es um moralische Fragen geht. Er besitzt außerdem die bemitleidenswerte Eigenschaft, das Glück seines Lebens abhängig zu machen von dem romantischen Ehrgeiz, eine vollkommene Beziehung zu führen. Gleichbleibend lebendig, aufregend, intim und erotisch soll sie sein. Dabei erkennt er offensichtlich nicht, daß alles Lebendige Wandlungen und Veränderungen unterzogen ist und nichts, was sich wirklich spannend und frei und freiwillig entfaltet, den Anspruch auf Dauer und Ausschließlichkeit besitzen kann. Die Wahrheit von heute trägt morgen ein anderes Gesicht oder ist längst keine Wahrheit mehr – ohne daß man ihr den Zauber absprechen kann, den sie im Augenblick entfaltet. Die Liebe ist ein anarchistisches Element. Sie endet, wenn sie zur Pflicht wird. Oder sie wandelt ihre Erscheinungsart. Der Geist ist ein Raubtier, das verkümmert, wenn man es in einen weltanschaulichen Käfig sperrt. Die Erotik wird gespeist durch Überraschungen und Phantasie – wie kann man also den Anspruch auf ein lebenslanges unaufhörliches Zusammenwirken all dieser wilden, schönen, einander oft widersprechenden Kräfte erheben? Schon, daß wir sie alle mit einem einzigen Partner ein paar Jahre lang zu teilen vermögen, grenzt an ein Wunder.

Sven aber glaubte an die ewige Liebe. So hatte er fünf Jahre mit Maria verbracht, drei mit Anabella, sechs mit Josune und vier mit

Silvia. Jetzt war er in Frauke verliebt – die Frau seines Lebens! – wenn man seinen Worten Glauben schenkte. Nur: Frauke sah das anders und wollte mit seinem Leben nichts zu tun haben. Für Sven war das ein bitterer Irrtum, ein klassisches Mißverständnis, das ihren Blick blind machte für seine inneren Reichtümer.

Nun konnte das ja sein. Es gibt diese Art von Mißverständnis. Ich zweifelte zwar daran, daß es in seinem Fall nur daran liegen sollte, aber er sprach so leidenschaftlich und bitter über das falsch geknotete Schicksal, daß er mir allmählich leid tat und auch in mir so langsam ein schweres Seufzen über das ungerechte Leben begann.

Diese Geschichte spielt übrigens in Kassel, eine Stadt, die für Seufzer dieser Art bestens geeignet scheint.

„Weißt du denn keine Lösung, Heinz?"

„Leider nicht", sagte ich.

„Spielt denn nicht eine Fee in deiner Band?", fragte er ein wenig aufdringlich.

„Ja. Aber die hat schon einen Freund!"

„Nein, so meine ich das nicht! Nicht deshalb! Ich meine doch nur: Feen können Wünsche erfüllen, nicht wahr?"

„Hm!", machte ich und zog mein Gesicht in bedenkliche Falten.

„Kurz gesagt; Pensen hat mir erzählt, daß Fee jedem von euch zu Beginn eurer Zusammenarbeit einen Wunsch frei gestellt hat!"

„Aha? Ich wußte gar nicht, daß Peer und du so dicke seid...!"

Sven sah mich stumm von der Seite an.

„Ja, ja, ja", sagte ich nervös. „Stimmt schon! Aber das ist *mein* Wunsch, nicht deiner!"

„Ach komm, - du wirst ihn doch sicher für irgend so einen Schwachsinn verbraten!"

„Na und?", rief ich. „Ist doch egal!"

„Aber du tust doch immer so sozial – von wegen Menschen in Not helfen, da sein füreinander, bescheiden sein, nicht gierig sein, sondern abgeben können – ist alles nur Geschwätz, nicht wahr? Wußte ich es doch!"

Ich war stehen geblieben und blickte wütend den Freund an. Gegen eine solche Argumentation war ich natürlich machtlos. Also ließ ich einen dieser weltberühmten Kassler Seufzer los.

„Und? Wie hast du dir das vorgestellt?", fragte ich.

„Na, ich denke: wenn Frauke und ich uns schon länger kennen würden – also zum Beispiel wenn wir..." Sein Blick irrte hilflos herum.

Dann blieb er an zwei spielenden Kindern haften. Ein etwa achtjähriges Mädchen, das lachend vor einem rotznasigen Bengel gleichen Alters stand.
„Wenn wir zum Beispiel als Kinder die allerbesten Freunde gewesen wären, vom Schicksal getrennt und nach dreißig Jahren vom Zufall wieder zusammengeführt!"

Ich sah ihn zweifelnd an. Er hatte wieder seinen romantischen Schmollmund gekriegt.
„Es liegt ja alles an diesem Mißverständnis...", erklärte er zum x-ten Mal. „Sie hält mich aus irgendeinem Grund für unsympathisch. Dabei kennt sie mich doch gar nicht. Nur weil ..."
„Ich weiß, ich weiß!", unterbrach ich schroff und überlegte, wie man seinen Wunsch wohl formulieren könnte. Zu allem Überfluß war nämlich Frauke fünfzehn Jahre jünger als er.
„Sven und Frauke sollen für einen Tag wieder Kinder sein", versuchte ich mein Glück, „ungefähr gleichaltrig. Sie sollen miteinander spielen, aber Morgen soll dieser Tag für beide eine weit zurückliegende Erinnerung sein!"
„Du solltest jetzt dahin gehen, wo Frauke wohnt. In einer halben Stunde geht der Zauber los!", sagte ich.
„Danke, danke, danke, Heinz!", rief Sven hysterisch und rannte zu seinem Wagen.

Zwei Minuten später klingelte mein Handy. Fee war dran.
„Weißt du eigentlich, was du von mir verlangst?", fragte sie ruhig.
„Glaub schon", sagte ich resigniert und dachte daran, daß ich mir ohne Sven vermutlich nur eine fette Currywurst mit extra dicken holländischen Pommes, eine hübsche Pommesbudenbesitzerin und einen andalusischen Milchkaffee gewünscht hätte.
„Ich muß jetzt ein Zeitloch nur für diese beiden Menschen schaffen, die Raumachse des Sonnensystems verändern, die elektromagnetischen Verschiebungen auf sämtlichen Planeten ausgleichen, die Dimensionstangenten in 432 Lichtjahren Entfernung wieder zusammenknoten und gleichzeitig die Geschichtsschreibung in Großbritannien korrigieren. Sonst wird Margret Thatcher 197 Jahre alt!"
„Oh Gott!", rief ich. „Relativitätstheorie!"

Dann hörte ich, daß auch Fee den Kassler Seufzer beherrschte, entschuldigte mich für meine Unbescheidenheit und lief ärgerlich in Richtung Hauptbahnhof, um möglichst weit aus Kassel herauszufahren.

* * *

Erst ein halbes Jahr später traf ich Sven wieder – in einer esoterischen Kneipe in Fulda-Mitte, wohin mich das bösartige Schicksal und ihn sein guter Charakter getrieben hatte.

„Na, wie geht's?", rief ich und klopfte ihm kameradschaftlich den Rücken.

„Schlecht!", sagte er. „Sehr schlecht!"

„Warum das?", fragte ich. „Hat dich Frauke wieder verlassen?"

„Frauke?", rief er verwirrt. „Sabine hat mich verlassen! Betrogen hat sie mich, von Anfang an. Hat sich immer wieder mit ihrem Ex getroffen – Weiber!", rief er dramatisch und suchte nach der billigen Kneipensolidarität der Männer. Aber ich ging nicht darauf ein.

„Sabine?", fragte ich verwundert. „Ich dachte, du hättest Frauke..."

„Ach, hör mir doch auf mit Frauke!", sagte er nun zornig. „Diesen Namen will ich nie wieder hören!"

„Du hast sie ja wohl nicht alle!", rief ich empört. „Immerhin habe ich für die Sache auf meinen Wunsch verzichtet! Das ist ja wohl keine Kleinigkeit!"

„Entschuldige!", Svens Gesichtsausdruck vollzog wieder den Wechsel von Wut in Zerknirschung. Er beherrschte die Gestik des Selbstmitleids so vollendet, daß ich beinahe applaudiert hätte.

„Aber die Sache mit Sabine..."

„... interessiert mich nicht!", sagte ich knallhart. „Mich interessiert die Sache mit Frauke! Wart ihr nicht für einen Tag Kinder?"

„Doch!"

„Na – und?"

„Sie hat mein rotes Feuerwehrauto kaputtgemacht! Und außerdem gesagt, daß ich häßlich und blöd bin."

„Und du?"

„Ich hab sie so lange an den Haaren gezogen, bis ich einen Büschel rausgerissen habe. Aber dann hat sie ihren Bruder gerufen und der hat mich verhauen. Außerdem hat sie meine Hose in den Teich geworfen."

„Deine Hose?"

„Ja, sie meinte, ich würde mich nicht trauen, meine Hose auszuziehen!"

„Ihr habt also nur gestritten?"

„Was soll man sonst tun mit der? Ein so durch und durch unsympathisches Kind hast du noch nicht erlebt! War ich froh, als der Zauber vorbei war!"
„Na toll!", rief ich wütend. „Ist das der Dank dafür, daß ich..." Aber dann sah ich Sven an und sprach nicht weiter. Er träumte offensichtlich wieder von Sabine.
„Arme Sau!", dachte ich, fand ein paar nichtssagende Worte, um die Zeit zu überbrücken, die ich für mein Bier brauchte, dann legte ich die Hand auf seine Schulter, sah ihm tief in die Augen uns sagte: „Tschüß Sven! Machs gut!" – zahlte und ging.

Kaum war ich jedoch aus der Tür geschritten, hörte ich seine quengelnde Stimme wieder: „Hör mal, Heinz – wegen Sabine... Kannst du nicht noch mal mit Fee sprechen? Es liegt alles daran, daß sie eher auf so ältere, väterliche Typen steht, wenn Fee also..."
„Weißt du, Sven", sagte ich, drehte mich vehement um und lächelte ihn an. „Sabine solltest du vergessen. Die hat heute ein Date mit mir und meiner Frau. Wir werden die ganze Nacht vögeln. Zu dritt, Sven! Sandwich, wenn du weißt, was ich meine! Also, nichts für ungut. Hab ne gute Zeit, Sven – bis bald!"

Robert Schumanns Scheitel

(in Zwickau)

(21./22.11 05)

Wir haben, wenn wir mit Strom & Wasser durch die Republik touren und unsere Lieder spielen, bisweilen recht ausgefallene Zuschauer im Publikum sitzen. So schaut, wenn sein voller Terminkalender ihm das gestattet, auch der Teufel gelegentlich herein, lacht über dies und das und schläft nach wenigen Minuten friedlich ein. Im Alten Gasometer in Zwickau erschien er ungewöhnlich ausgeruht und inkognito in Gestalt eines punkigen Studenten von etwa 25 Jahren und ich erkannte ihn erst sehr viel später an seiner enormen Allgemeinbildung und seinen temperamentvollen Ausbrüchen gegen alles Dauerhafte.

Der Auftritt ging vorüber, wie die meisten unserer Auftritte: das Publikum war nicht mehr zu beruhigen und tanzte weiter, obwohl wir längst nicht mehr spielten, die Hälfte war schon nackt, die andere bemühte sich, es zu werden, zwischenhinein wurden Zitate aus unseren Liedern gebrüllt oder gehaucht oder monoton vorgetragen – je nach Temperament und Charakter auch hier.

Ein paar kaltblütige Hippies drückten sich an unserem Cd-Stand herum, kaufen dann reichlich und der als Student reisende Teufel sprach uns höflich an: wie wir den angefangenen Abend fortzusetzen gedächten?

„Mir Schlaf!", verabschiedete sich Peer in die oberen Gemächer, ich aber ließ mich überreden, eine mitternächtliche Führung durch Zwickau mitzumachen, zog mir rasch einen zweiten Pullover über und marschierte mit.

Der Weg führte uns an einer Tankstelle vorbei, wo wir uns reichlich mit Dosenbier eindeckten, dann erreichten wir den Stadtkern.

„Dieses 1482 von den Burgherren Soundso errichtete Schloß wurde bereits Ende des 19ten Jahrhunderts zu einem Gefängnis umgebaut, in dem unter anderem auch Karl May inhaftiert war und seine berühmt gewordenen Westernhelden erfand. Heute ist es, wie du unschwer sehen kannst, nichts als eine einsturzgefährdete Bauruine, die nach den Plänen der Stadtverwaltung abgerissen werden soll, aber selbst das ist zu teuer, deshalb läßt man es verwittern. Tja, die Kassen

sind leer! Der Fliegenbauer hätte es natürlich gekauft und renoviert, aber sie haben ihn ja nicht gelassen!"
„Welcher Fliegenbauer?"
„Ein Immobilienspekulant und Multimillionär. Der hat die halbe Stadt aufgekauft und saniert. Scientology-Sekte. Denn der Mensch meint ja an irgendetwas glauben zu müssen!" Er schüttelte den Kopf. „Ohne Papa Gott geht's wohl nicht!"

Dann folgte ein viertelstündiger Vortrag über die Scientology-Sekte im Allgemeinen und Herrn Fliegenbauer im Besonderen. Ich lauschte interessiert, brauchte gar nicht dazwischenfragen, sein Wissen schloß jeden angefangenen Gedankengang ab.

Wir hatten die Innenstadt erreicht. Mein Begleiter sprach von den Reformationskriegen und dem Wirken Martin Luthers in Zwickau, als ich mich doch genötigt sah, ihn zu unterbrechen. Ich zeigte auf eine schöne bronzene Statue und fragte: „Wer ist denn das?"
„Das ist Robert Schumann!"
„Ah – hübscher Scheitel!"
„Dort drüben übrigens beginnt das eigentliche Zentrum. Neunzig Prozent der Häuser gehören Fliegenbauer. Sogar das Stadthaus. Die Stadtverwaltung beschloß, es zu verkaufen und lieber Miete zu zahlen, anstatt die umfangreichen Sanierungen selbst tragen zu müssen. Fliegenbauer nahm es sofort. Hier links siehst du übrigens das Fahrzeugmuseum. Zwickau spielte ja eine entscheidende Rolle in der frühen Automobilindustrie. Die Audiwerke zum Beispiel..."

Er fuhr fort. Ich lief mit.

Als wir an einer Galerie vorbeikamen, die mit den Portraits berühmter Stadtkinder handelte, unterbrach ich ihn:
„Da isser ja wieder!"
„Wer?"
„Na, der Scheitel von Robert Schumann!"

Mein Begleiter richtete seinen schwarzen Blick ohne jedes Interesse auf die kleine Malerei. Daß man sich angesichts seiner phantastischen Stadt-Führung für die Frisur eines verstorbenen Komponisten interessieren könnte, erschien ihm wohl sehr schwachköpfig. Jedenfalls betrachtete er mich entsprechend. Ich wollte ihn gerade auf ein faszinierendes Detail aufmerksam machen, da zog er mich bereits weiter und zeigte mit hübsch manikürten Fingernägeln auf eine alte Kirche. Dabei lachte er schadenfroh:

„Vier Jahre steht die noch, dann kracht dieser ganze Hokuspokus in sich zusammen!"

Und auf meinen fragenden Blick hin:
„Das hängt mit der Senkung des Grundwasserspiegels zusammen. Durch den Braunkohleabbau der späten sechziger Jahre hat sich die Innenstadt bis zu acht Meter gesenkt. Nun, da die Förderung aufgegeben wurde, hebt sie sich wieder. Aber sie tut das unregelmäßig, so daß die neu sanierte Kirche hier den berühmten Turm aus Pisa an Schiefstand bald übertreffen wird. Der Fliegenbauer übrigens, dieser mißglückte Gottesanbeter, hat ein Konzept vorgeschlagen ..."

Er war wieder bei seinem Lieblingsthema angelangt.

Diesmal aber, vielleicht durch die Nähe der Kirche, war kein Halten mehr – er steigerte sich in eine fulminante, haßtriefende Rede, die Hunderte von Katholiken und Scientologisten abtrünnig gemacht hätte. Zu seinem Pech stand aber nur ich vor ihm, der sowieso nicht an Gott glaubte und ihn sozusagen nur grammatikalisch bewunderte – und optisch natürlich: seine Pupillen leuchteten rot, seine Körperbehaarung hatte sich aufgerichtet, seine Muskulatur hatte die brave Studentenkleidung gesprengt, seine Adern traten in männlicher Schönheit hervor. Als er eine Körpergröße von knapp fünf Metern erreicht hatte, hielt er inne und beugte sich drohend zu mir armseigen Erdenwurm herab. In einer maßosen Wut hatte er wohl vergessen, wer ich war und daß er ja wiederum ein Freund war von Strom & Wasser.
„Noch irgendwelche Fragen?", donnerte er.
„Ja", antwortete ich ganz ehrlich. „Eine Sache geht mir nicht aus dem Kopf. Du hast mir alles gezeigt und erklärt, aber da ist noch die Sache mit Robert Schumanns Scheitel!"
„Wie bitte?", brüllte der Teufel.
„Na ja, wir sind an zwei Statuen und drei Gemälden vorbeigekommen, die ihn darstellen", erklärte ich. „Aber mal trug er seinen Scheitel lins, dann rechts, dann wieder links. Ich würde gern wissen: auf welcher Seite trug Robert Schumann denn nun wirklich seinen Scheitel?"

Im ersten Augenblick dachte ich, der Teufel würde mich nun wütend zerreißen. Aber dann schrumpfte er auf seine alte Größe zurück und nahm wieder das Aussehen des Historikerpunks an.

„Hm", machte er. „Da muß ich glatt mal nachdenken! Also links oder vielleicht rechts ... ich glaube ... nee, warte mal, wenn er damals also ...!"

Und tatsächlich versank er in ein so tiefes Nachdenken, daß ich ungehindert entkommen und zu unserer Schlafstätte zurückmarschieren konnte, während er wie angewurzelt stand und sich Jahr um Jahr in die Vergangenheit zurückfallen ließ.

Und ich? Beinahe hätte ich mir etwas darauf eingebildet, beinahe hätte ich gedacht: in diesen fünf Minuten, die sein exzellentes Gehirn braucht, um eine Antwort zu finden, ist die Bosheit lahmgelegt, ist Frieden auf der Welt und alle sind nett zueinander. Nur leider wußte ich viel zu gut, daß der Mensch den Teufel gar nicht braucht, um anderen Leid zuzufügen. Das schafft er alleine schon ganz gut. Weshalb der Teufel neuerdings auch so viel Freizeit hat, Bildungsreisen macht und mit Liedermachern Dosenbier trinkt.

Disput mit einer Zugspitzdohle

(23.-26.10 04)

Es gibt wenige Flecken unter freiem Himmel, wo einem das Alleinsein so schwer gemacht wird, wie an einem sonnigen Samstagnachmittag auf der Zugspitze. Nachdem wir bereits eine halbe Stunde eingekeilt in einer Menschentraube gestanden hatten, um für ein mittleres Vermögen von einer überladenen Seilbahn auf Deutschlands höchsten Berggipfel getragen zu werden, erwies sich das nur als Vorgeschmack für den völlig überfüllten Gipfel. Auf drei Stockwerken Alpenentertainment pur: Kaffee, Kuchen, Souvenirs, Würstchen, Telephonzellen, Spielautomaten, Kunstausstellungen, Museum, Kino. Das Eigentliche: das stille Genießen der Bergschönheit, wurde zur Nebensache. Und fiel einem zwischendurch tatsächlich ein, wo man sich gerade befand, so mußte man auf der Aussichtsplattform erneut Schlange stehen, um kurz mal über die Gipfel schauen zu dürfen – ein mit Ellbögen und wütenden Seitenhieben erkämpfter Moment.

Da ich den sechsten Geburtstag meines Sohnes versäumt und des lieben Geldes willen das ganze Jahr über zu oft und zu lang von meinen Kindern getrennt war, hatte ich Luca versprochen, dorthin zu fahren, wo die Berge den Himmel berühren. Ein romantisches Vorhaben, das durch den Menschenauflauf und die damit verbundene Hektik eine traurige Wendung nahm.

Erst durch unsere stumpfe Nichtbeachtung von drei gewöhnlichen und zwei sehr strengen Verbotschildern ergatterten wir uns zwischen zwei Betonpfeilern unterhalb des Restaurants einen vier mal vier Fuß breiten Felsvorsprung, der dann allerdings wirklich achthundert Meter steil in die Tiefe ging.

„Was für eine uralte, wunderschöne Welt!", sagte ich und nahm gleichzeitig wahr, daß Luca sich schon seit einer geraumen Weile mit jemandem unterhielt – mit mir vermutlich, denn wer sonst sollte hier sein? Als ich ihm zuhörte, hielt er Inne und sah mich fragend an. Um ihm nicht zu zeigen, daß ich meinen eigenen Gedanken nachgehangen hatte, begann ich von den Dohlen zu sprechen, den schwarzen Bergkrähen, die sich so anmutig und kühn den Launen der Alpenwinde überließen.

„Papa, ich weiß!“, unterbrach mich Luca ungeduldig.
„Als ich noch in der Schule war ...“, fuhr ich fort, „im dunklen Klassenraum saß und draußen die Sonne schien und die Krähen durch den blauen Sommerhimmel flogen, da habe ich ein Gedicht geschrieben. Ich weiß sogar noch die ersten vier Zeilen. Willst du mal hören?“
„Papa!“, rief Luca dringend. Aber ich hatte schon begonnen:

„Ich möchte frei wie eine Krähe sein
und hoch und immer höher fliegen,
im Wind die schwarzen Flügel biegen
und nach den großen Stürmen schrein ... !“

„Das haben Sie hübsch gesagt!“, erklang nun plötzlich eine helle Frauenstimme.

Ich drehte mich erschrocken um und da ich niemanden sah, blickte ich hilfesuchend Luca an. Der zuckte die Achseln, dann sagte er seufzend:
„Ich versuch es dir ja die ganze Zeit zu sagen, Papa, aber du hörst nicht zu!“
„Was versuchst du mir zu sagen?“
„Daß der Vogel spricht!“

Tatsächlich hatte sich eine der Dohlen bei uns niedergelassen, putzte ihr Gefieder und sah uns furchtlos an.
„Sie haben eben gesprochen?“, fragte ich und schämte mich vor mir selber.
„Warum denn nicht?“, erwiderte der Vogel. „Wir haben hier so viel mit euch Menschen zu tun, daß wir unweigerlich eure Sprache lernen. Besonders schwierig ist sie ja nicht!“
„Siehst du!“, flüsterte Luca und lauter dann: „Liebe Dame, das ist aber nett, daß Sie zu uns sprechen!“ Und leiser wieder zu mir: „Sie hat gesagt, daß wir aufpassen müssen, weil wir auf einem Überhänger sitzen!“
„Auf einem Überhang!“, korrigierte ich, bevor die helle Angst mich ergriff: „Stimmt das?“, fragte ich den Vogel nun schon ganz bedenkenlos.
„Wenn Sie und Ihr Sohn nicht weiter nach rechts rücken, besteht keine Gefahr!“, entgegnete die Dohle. „Was tun Sie hier?“
„Warum sprechen Sie mit uns?“, fragte ich dagegen. „Das ist ja sicher eine Ausnahme!“

„Eine gewaltige Ausnahme!", erwiderte die Dohle und krahte dann ein paar Worte in ihrer eigenen Sprache. „Ihr Sohn hat mich angesprochen. Äußerst charmant – ich konnte nicht widerstehen und mußte Danke sagen!"
„Wirklich?", staunte ich. Luca erwiderte meinen Blick mit stolzem Nicken.
„Ich habe ihr nämlich gesagt, daß sie so ein wunderhübsches schwarzes Federkleid hat, Papa, das glänzt wie die Sterne und die Nacht."
„Oh", sagte ich. „Das ist natürlich ein Kompliment!"
„Wogegen der Dichtervater mich völlig übersah und stattdessen worüber nachdachte?"
„Tut mir leid", entschuldigte ich mich beschämt. „Ich war wirklich in Gedanken verloren. Nämlich über uns Menschen!"
„Typisch!", spottete die Dohle.
„Wieso typisch?", fragte Luca.
„Selbstkritische Gedanken!", rechtfertigte ich mich. „Ich dachte nach, wie alle hierher kommen, beseelt von dem Wunsch, die Schönheit der Berge zu genießen, und wie sie sich augenblicklich um den Genuß bringen – oder vielmehr gar nicht fähig sind dazu, denn wenn man ihren Gesprächen lauscht, so ist es, als hätten sie sich nie aus ihren Wohnzimmern und Büros wegbewegt!"
„Wieso nicht?", fragte Luca.
„Na ja, sie reden von ihren Gewinnbilanzen im letzten Jahr, warum die Waschmaschinenhersteller problemlos eine Garantie von fünf Jahren geben können, daß man nun vorsichtiger sein muß, weil zu Hause der betrogene Ehemann Verdacht geschöpft hätte, wen man demnächst leider entlassen müßte und wen leider nicht, bis wie viel PS man noch in einer niedrigen Steuerklasse fährt und so weiter und so weiter – vor ihnen die herrlichste Aussicht in eine Landschaft, die Jahrtausende gebraucht hat, um eine solche Schönheit zu entfalten und das alles auf einem Berggipfel, den keiner von ihnen erklimmen könnte ohne in den Tod zu stürzen! Alles das wird zur selbstverständlichen Kulisse, die man sich für sechzig Euro erkaufen kann!"
„Das erstaunlichste Gespräch in dieser Hinsicht", fiel die Dohlendame ein, „fand statt zwischen zwei britischen Geschäftmännern. Als sie mich und meine Freundinnen sahen, sagte der eine: „Man müßte ein System erfinden, das die Lebensfunktionen dieser Vögel in Gang hält, aber ihre Augen durch Kameras und ihr Gehirn, oder Teile da-

von, durch leistungsfähige Sender und Miniaturdatenträger ersetzt, stellen Sie sich vor, was für phantastische Aufklärungsgeräte wir hätten!" – „Steuerbar sollten sie sein", sagte der andere, „sonst wird die zu verarbeitende Datenmenge zu groß!" Und er wurde sehr nachdenklich. - Dichter, was sagst du nun?"
„Die Menschen sind nämlich gemein zu den Tieren!", sagte Luca, bevor ich einen Laut von mir geben konnte.

Die Dohle schwieg dazu. Ich ebenfalls.
„Oder, Papa?"
„Ja, Lucachen, das ist wohl leider ziemlich oft so."
„Mit Selbstkritik", ergriff nun wieder die Dohle das Wort, „hatte Ihre Rede aber nichts zu tun – Sie kritisierten lediglich Ihre Mitmenschen!"
„Nun, immerhin haben wir uns von den anderen entfernt, um in Ruhe die schöne Landschaft würdigen zu können!"
„Ja, Sie besetzen das letzte ruhige Fleckchen, das uns Vögeln auf dem Gipfel noch bleibt!"
„Entschuldigung!", murmelte ich kleinlaut.
„Aber wenn es hier soviel Dohlen wie Menschen geben würde und auf der ganzen Welt", fiel Luca nun wieder ein. „Dann wäre es den Dohlen doch auch ganz egal, was mit uns Menschen geschieht, oder?"
„Hm, gute Frage!", antwortete die Dohle und sah mein Kind prüfend an. „Kann sein!"
„Und den Bergen ist doch auch ganz egal, was mit den Menschen ist, gell, Papa, die sind doch so alt wie die Welt!"
„Da hat die Menschheit aber einen guten Rechtsanwalt in Dir!", lobte ich seine Gedanken. Er zuckte mit den Achseln, wahrscheinlich konnte er mit dem Wort „Rechtsanwalt" nichts anfangen.

Die Dohle enthielt sich jeden Kommentars und nahm ihr unterbrochenes Flügelputzen wieder auf. Wir starrten ins Steinmassiv der Alpen.

Als die Vogeldame bemerkte, daß wir wieder aufbrechen wollten, sagte sie freundlich: „Wenn es Ihnen nichts ausmacht das Gedicht zu wiederholen...?"
„Natürlich nicht", entgegnete ich geschmeichelt und begann sofort die vier Zeilen aufzusagen.
„Das Reimen liegt Ihnen deutlich mehr als das Philosophieren!", empfahl sie dann und ließ sich mit einer Lust in den Abgrund fallen,

die so ansteckend wirkte, daß ich erschrocken an Lucas Schulter griff und ihn noch einen Meter zurückzog. Wir sahen sie als winzigen schwarzen Punkt die Felsen entlang stürzen, bis sie mit bloßem Auge nicht mehr sichtbar war. Dort in der Tiefe mußte sie aber ihre Flügel einem Aufwind überlassen haben, denn wenig später zischte sie wieder an uns vorbei und verschwand in den Wolkenschleiern über uns.

„Jetzt ist sie durch den Himmel durchgeschossen, mitten zwischen die Sterne hinein!", sagte Luca voller Bewunderung. Dann stapfte er vorsichtig an den Verbotsschildern entlang und zurück in den lärmenden Menschenhaufen. Und ich mit meinem unzulänglichen Erwachsenengehirn, ich glaubte ihm das und schritt hinterher.

Duell in Jena

(19.-23.02 05)

Nach Jena kommen heißt für mich stets: eine keine Verwandlung ins Literarische machen. Und wenn ich ausnahmsweise einmal nicht meine eigenen Texte oder die befreundeter Schriftsteller lese, dann erlebe ich auf jeden Fall irgendwas, das mit Literatur zu tun hat.

Dieses Wochenende meinte ich allerdings, dem Schicksal einen Streich spielen zu können. Ich las schon auf der sechsstündigen Zugfahrt meinen Abteilnachbarn vor, was Kehlkopf und Zunge hergaben, dann las ich aus Mangel an anderer Literatur der armen Hotelempfangsdame die Hausordnung zweimal vor, ohne Umschweife fuhr ich zum Ricarda-Huch-Haus, wo bereits eine Veranstaltung lief. Ich las dem Garderobeboy die Leviten, weil er sich weigerte, meine Jacke zu akzeptieren, dann las ich Einzelteile meines heruntergefallenen Handys auf, ging in den Saal, riß der Vortragenden das Mikro aus der Hand, las dann Gedichte von Rathenow, Scheer und Biskupek und weil mir das zuwenig erschien, noch einmal die von Biskupek, Scheer und Rathenow, rannte, um keine Zeit zu verlieren, zur Jungen Gemeinde Stadtmitte, wo ich noch zwei Stunden eigene Texte las, bis schließlich der letzte der anwesenden Punks eingeschlafen war.

Mit einem glücklichen Lächeln legte ich mich zur Ruhe. Ich war mir sicher, mit dem heutigen Tag das Schicksal so derartig literarisch überfüttert zu haben, daß es mich morgen in Frieden lassen würde. Wie schön, dachte ich. Morgen in Jena – niveaulos, banal, ohne jede Wichtigkeit und poetische Last.

So stand ich erst um sechzehn Uhr auf, ging zehnmal gemütlich um den Glasturm drumherum und um und um, wie ein zufriedener Trabant, der sich darauf vorbereitet, in einen wortlosen Kosmos aus Kommerz und dummer Unterhaltung unterzugehen.

Bei meiner elften Turmumkreisung lief plötzlich Antun neben mir her. Antun? – Jepp, Antun! – Gitarrist Antun Opic? – Jepp, A.O., wie er in den USA genannt wird.

„Sorry", entschuldigte ich mich. „Hab dich nicht gleich erkannt. Mein Gehirn ist so schön leer."

„Wie immer", entgegnete er lakonisch. Dann mischte sich etwas wie väterliche Sorge in seinen Blick. „Warum rennst du dauernd um diesen Turm herum?"
„Weil ich, wenn ich das tue, nicht über den Weg nachzudenken brauche. Heute, mein lieber Antun, ist mein denkfreier Tag!"
„Dann kannst du auch hinter mir herlaufen. Ich gehe auf eine kleine Party mit leckerem Essen, billigen Getränken, Feuershow, Kindertanz, Konzert und allem!"
„O.k.!", sagte ich und bemühte mich um einen militärischen Gesichtsausdruck. „Lets roll!"

Antun lief also und ich lief hinterher. Er hatte Recht. War wunderbar entspannend.

Wir latschten also kreuz und quer in Jenas hübschen Gassen herum, entweder weil Antun den Weg nicht fand oder weil der Weg dorthin tatsächlich so kompliziert war, ich vermag das nicht zu sagen, war mir auch ganz gleichgültig. Ich folgte ihm bloß und vermied jede eigene Denkanstrengung. Ein paar Mal drehte er sich nach mir um und sagte etwas, aber ich war inzwischen so hoffnungslos verblödet, daß ich über ein zusammenhängendes Grunzen nicht hinauskam. Schließlich stoppte er. Ich stand eine Weile und wartete, was nun geschehen würde, dann wurde mir allmählich klar, daß wir angekommen waren. Nach und nach erkannte ich echte Menschen in allen möglichen Größen und Farben, die kleinen mit lauten, hellen Stimmen, die großen mit Psst-Lauten und gedämpften leisen Stimmen. Auch meine Nase lebte auf: „Kaffee!", dachte ich. Und: „Ganz schön fruchtbar die linke Szene!"

Dankbar suchte ich Antun. Es war doch ein wirklich meditativer Spaziergang gewesen. Wie frisch sich meine Gedanken nun wieder aus dem Nichts erhoben, räkelten und neugierig losliefen!

Ein freundlicher Pfannkuchenverkäufer drückte mir einen Kaffee in die Hand und ich dachte: „Mal da drüben gucken. Da steht auch Antun. Mal neben Antun stellen und irgendwas sehr sehr Witziges sagen. Loslos, Heinz, loslos!"

Also trat ich neben Antun, sah ihn an und sagte: „Ich krieg noch hundertzehn Euro von dir!"

War das nicht witzig? Das war doch irre komisch! Du stellst dich neben einen neuen Freund, dem du die ganze Zeit nicht zugehört hast, von dem du weißt, daß er keine Kohle hat und bretterst dann irgendsowas Großkapitalistisches von dir. – Na gut, es war ein bißchen unsympathisch. Aber trotzdem total witzig, oder? Wie dem auch sei: Antun hörte mir gar nicht zu. Er folgte vertieft einem Vortrag da vorne, irgend so einer Art – Lesung etwa? Ich riß erschrocken die Augen auf und eine plötzliche Angst packte mich am Nacken und schüttelte mich, als sei ich ein Rasierschaumbehälter. Folgerichtig hatte ich sofort Schaum vor dem Mund, meine Augen weiteten sich panisch, meine Hände krampften sich zu Fäusten zusammen, mein Gesicht verzog sich zu einem Ausdruck namenloser Qual.

Eine Lesung!

Da war er wieder: der unvermeidbare Jenaer Literaturfluch!

Volle Breitseite!

Ein Dichter saß da, sprach ohne Textvorlage, starrte stumpf ins Publikum und – irrte ich mich? – vor allem mich an, und sagte Gedichte auf. Dabei zitterte er am ganzen Körper.

„Gleich kriegt er einen epileptischen Anfall", dachte ich schadenfroh, zog aber ein mitleidiges Gesicht und flüsterte Antun zu:

„Der Ärmste ist ja ganz schön aufgeregt!"

„Ich glaube, das ist eine Krankheit!", erwiderte Antun ebenso leise. „Aber seine Reime sind phantastisch!"

„Jaja", sagte ich gelangweilt.

Ich hatte hinten links Heiko entdeckt, einen befreundeten Tontechniker. Er stand kopfschüttelnd vor seinem Mischpult und sah zerknirscht aus der Wäsche.

„Hallo Heiko!" Ich trat an ihn heran. „Probleme?"

„Dieser Scheiß Computer zapft mir den ganzen Strom weg!"

Kurzes männliches Umarmen und Schulterblattabklopfen.

„Was für ein Computer?", fragte ich.

„Na, dieser Lyrik-Roboter, der gerade die Lesung macht!"

„Das ist ein Roboter?"

„Hast du nichts davon gehört? Den hat so ein durchgeknallter Ingenieur bei Zeiss in den zwanziger Jahren entwickelt. Ein fanatischer Wissenschaftler, der meinte, viel zu viele große Geister würden ihr Talent für sinnlose Kultur verschwenden, statt der Wissenschaft zu dienen. Also hat er diesen Roboter entwickelt, um ihn gegen die weltbesten Dichter antreten zu lassen. Tucholsky, Kästner und so. Aber die Nazis haben ihn nur zur Dechiffrierung feindlicher Codes benutzt und so ist es nie zu einem Duell gekommen. Jetzt kann man ihn mieten. Für Partyzwecke oder Lesungen. Kostet 50 Euro, ist also viel billiger als ein echter Dichter – und angeblich auch besser!"

„Das ist ja wohl die größte Unverschämtheit, die ich je gehört habe!", donnerte ich, während die Flammen des Zornes über mein Gesicht flackerten. „Ich werde diesen Schrotthaufen im Namen aller anständigen Schreiber in seine Einzelteile zerlegen!"

So stellte ich mich also neben Antun und sah beleidigt auf diese mechanische Dichterkopie hin und dann in die Zuschauer, die mit Tränen in den Augen seinen Reimereien folgten. Auch Antuns Züge hatten sich verklärt. Deutliche Anzeichen einer gefühlvollen Anteilnahme sah ich dort. Anteilnahme für einen sprechenden Müllhaufen, gebaut, um uns Dichter arbeitslos zu machen.

Der Roboter zitterte stärker als zuvor, vermutlich Zeugnis eines gesteigerten Stromverbrauchs und mit sanfter Stimme schnurrte er romantisch:

„ So häng ich meine Sehnsucht an den Mond
und höre aus der Ferne eine Stimme leise,
sie klingt so fremd, so völlig ungewohnt
und sagt zu mir ... „

„ ... du reimst so Scheiße!"
Alle Köpfe drehten sich nach mir um. Empörte, verärgerte, aus tiefen Empfindungen gerissene Gesichter. Ich achtete nicht auf sie. Ich brüllte:

„Und nicht nur das, Kollege Blech,
zu deinen armen Komödiantensprüchen
gesellt sich auch zu deinem Pech
ein Mann hinzu mit echten Zeilenbrüchen!
Ich bin Sinn, Beginn, Verklärung,
Gärung der Sprache, Substanz, Tanz,
ganz aufgelöst in die Vermehrung
und Ehrung des Worts – du Schwanz
der Sprache", schrie ich. „Firlefanz
aus Schrauben, Muttern, Ösen!
Beweis doch deine sprachliche Brillianz!
Ich werd die Welt von dir erlösen!"

„Aha", sprach der Roboter,

„Ratz! Dich habe ich gespeichert unter „F" – Das heißt in etwa: zehnter Platz, Kreisliga Süd: ein besseres Gekläff!"

Er erhob sich.

„Nun immerhin, ach, gerne mal. Das Publikum entscheide, wer gewinnt. Und wer gewinnt, der hat die Wahl, was er von seinem Gegner nimmt!"

„Gewinne ich", rief ich. „Bleibt von dir nichts! Ich haue dich in tausend Stücke."

„Gewinne ich", rief er, nun heiteren Gesichts, „gestatte mir, daß ich dann deine Seele pflücke!"

Eine atemlose Stille herrschte. Der Roboter forderte das Publikum auf, drei Schlagworte und ein Thema zu nennen, aus denen wir dann jeweils ein maximal vier Zeilen langes Gedicht machen müßten.

Sofort meldete sich eine dürre ältere Dame und sagte: „Ich bin Annerose Jellinek. Ihr Gedicht vom Mond war so schön, Herr Dichter, bevor dieser fürchterliche Mann Sie unterbrochen hat. Deshalb bitte: Mond, Stimme, Geheimnis und als Thema: - die Liebe!"

Ich sah ihr entsetzt in die Brillengläser. Sie blickte verliebt den Roboter an. Und ohne nachzudenken begann ich:

„Bei deiner Stimme, liebste Annerose,
rührt sich nun leider gar nix in der Hose!
Ich schlage vor: du nimmst ne Wohnung auf dem Mond
Und – ähm – wie hieß das letzte Wort?"

Aber damit hatte ich mein Pulver schon verschossen, denn gleich fing der Robopoet sein dämliches Geschnurre an. Er stellte sich auf seine Aluminiumzehen, tat so, als atme er ein, zitterte heftiger denn je und sagte:

„So sanft wie frühes Sonnenlicht,
geheimnisvoll, erhebst du deine Stimme.
Ich bin, wie ich mich streck und krümme,
ein blasser Mond nur – und erreich dich nicht!"

Ein allgemeines Beifallsklatschen hob an, Annerose weinte glücklich, Antun sah mich besorgt an und ich begriff, daß es 1:0 gegen mich stand. Soso, dachte ich kampferprobt. Gefühle wollen sie haben. Kein Problem. Ich schloß die Augen. Ich dachte daran, wie mich meine erste Liebe Silke Neubauer im Schwimmbad küsste, an ihre sanften Katzenaugen und wie sie dann ihren kleinen wilden Körper an mich drückte, bis ich einen Ständer hatte – nein, halt, stopp, Heinz! – sanft bleiben! Du bist Sänger von Strom & Wasser, berühmt für deine melancholischen Lieder über eine lieblose, harte, kalte Welt. Ich dachte also wieder an Silke Neubauer, aber diesmal nur an tiefere Dinge: an das wilde Herztrommeln, wenn ich von ihr tagträumte, an diese erste Zärtlichkeit in meinen Gedanken, an die zarte Schwermut und daran, wie sie mich wohl doch eher langweilig fand und stattdessen mit Mausi ging, die Schlampe, mich wegen so einem klapprigen Schwachkopf sitzen zu lassen, der nicht mal richtig Fußball spielen konnte, der Arsch mit seiner bekloppten Hippie-Schultasche. „Scheiß Wichser!" rief ich – und riß die Augen auf.

Tatsächlich, die letzten Worte waren laut aus mir herausgeplatzt. Das Publikum starrte mich an. Ich starrte zurück, starrte Antun an. Antun starrte besonders dringend zurück, spitzte die Lippen und wiederholte flüsternd die Schlagworte:
„Saturn – Albert Einstein – Kontoauszug, Thema: innenpolitisches Desaster!"

„Mit seiner bekloppten Hippie-Schultasche ..."

rief ich und sah den Robot an: „Scheiß Wichser!"

„... lief Albert Einstein zum Saturn, machte Asche
aus seinem Kontoauszug und fixer
noch aus dir, Roboter! Alles ist zwar relativ,
aber das Wort, sofern es echt ist, Knabe,
bleibt nur bestehen, wenn ein Herz es rief,
aus Fleisch und Blut, wie ich es habe!"

Ach, irgendetwas hatte ich falsch gemacht. Ich sah das am verzweifelten Gesichtsausdruck Antuns, am verächtlichen Achselzucken Anneroses und hörte es vor allem am Räuspern, mit dem sich der zusammengetackerte Blechhaufen auf seinen nächsten Erguß vorbereitete.
„Laß uns in Ruh mit deiner Müllpoesie!", rief ich. „Ich kann das Schrottgerassel nicht ertragen!

Und meine Seele willst du? Na, da hast du sie!

Aber verschon mich bitte sehr mit Umtauschfragen!"

Ich öffnete also kurz meine Herzklappen, öffnete die seinen und steckte meine Seele in ihn hinein.

Kaum war ich seelenlos, packte mich ein wildes Verlangen nach amerikanischen Softdrinks und ich schritt Richtung Bar.

Halb und halb ahnte ich ja schon, was nun geschehen würde. Ich brauchte nicht einmal hinzusehen, meine Ohren empfingen genug Information.

Es begann wie eine telephonische Störung, wie Rauschen und Pfeifen, dann plötzlich rief das Blechding, diese mißlungene Dichterkopie: „Kotbeutel!", rief es und „Arschkacke!", „Hauchdünn aus Dämmerung gewoben!", kreischte es und „Müllficken!" – „In den Spinnweben der Sehnsucht!", schrie es und dann gab es ein gewaltiges Metallgepolter und ich kippte erleichtert meine Cola in die Kehle, schritt zurück und sammelte aus dem verschmorten Leichtmetall- und Kabelhaufen meine Seele wieder ein.

Auf dem Heimweg endlich konnte Antun seine Neugierde nicht mehr bezähmen.

„Wie konntest du so sicher sein", fragte er, „daß der Roboter keine menschliche Seele erträgt?"

„Keine würde ich nicht sagen", erwiderte ich zufrieden. „Aber meine war einfach zu viel für ihn. Die erträgt ja meine Freundin kaum. Und die ist Yoga-Lehrerin. Die ertrage ja ich selber nicht – weshalb ich Lieder singe und Gedichte schreibe – um die ganze Scheiße auf möglichst viele zu verteilen!"

„Aha!", machte Antun betroffen und zog ein bedenkliches Gesicht. Es war wie ein innerliches Ducken, um nicht zuviel davon abzukriegen. Um ihn ein wenig aufzuheitern, beschloß ich, irgendetwas sehr sehr Witziges zu sagen. Ich sah ihn an, packte ihn dramatisch am Arm und mit einer Inbrunst, die ich fast schon religiös nennen möchte, sagte ich: „Morgen, Antun, fahren wir nach Berlin! Und mein Fahrstil, Antun, verhält sich umgekehrt proportional zu meiner Sehkraft!"

Aber Antun hörte gar nicht zu. Er starrte fasziniert auf ein mannshohes Plakat.

„Jenaer Literaturmarathon!", stand dort. „Lesen Sie soviel sie können – für nur fünf Euro!"

Drei Minuten später schoß mein Auto mit 180 Sachen Richtung Berlin, raus aus dieser Stadt, die einfach eine Nummer zu literarisch für mich war.

Frieren in Lichtentanne

(15.07 – 04.12 05)

Ich weiß nicht, wie andere Väter den Spagat bewältigen, sich zum Einen den Respekt ihrer Kinder zu bewahren und zum Anderen mit den Anforderungen der Wirklichkeit zurechtzukommen.

Was ich damit meine? Ich will versuchen, es an einem Beispiel zu veranschaulichen.

Eines schönen Morgens, ich hatte gerade meine Lieblingstasse voller gutem, würzigem Kaffee erfolgreich unter meine Nase und an meine Lippen bewegt, fragte mich Luca:

„Sag mal, Papa, du bist doch Naturschützer, oder?"

„Klar", sagte ich, nahm einen ersten kräftigen Schluck und ahnte noch nichts von der weltanschaulichen Falle.

„Und Autos verpesten doch die Luft, oder? Und die verpestete Luft läßt doch die Wälder absterben, oder?"

„Hm", sagte ich, schon vorsichtiger geworden.

„Warum fährst du dann immer mit dem Auto auf Tour, Papa?"

So kam es, daß ich meine Herbstlesungen 2004 mit der Bundesbahn machte. Da man ja nie wissen kann, ob der Kaufrausch wie ein gnädiger Gott ins Publikum fährt, nahm ich zwei Kartons mit meinen Hörbüchern mit, ein Karton mit Strom & Wasser Cds, an Büchern 15 von jeder Sorte – also insgesamt 90. Dazu meinen Bass, dazu Kleidung für fünf Tage, dazu Schuhe, meinen Schreibkram – dazu eine für ein Maultier wirklich mangelhafte Rücken- und Armmuskulatur.

Mit 56 Kilo auf dem Rücken bewältigte ich die Strecke von unserer Karlsruher Wohnung zur S-Bahn, von der S-Bahn zum Bahnhof, vom Bahnhof in den Zug und per Zug dann zum nächsten Zug – über Kassel, Erfurt, Lichtentanne und Greiz nach Plauen. Ich mußte also fünfmal umsteigen, unter anderem, so die automatisierte Bahnauskunft, eben auch in Lichtentanne bei Dresden. Umsteigen heißt: Aussteigen, Warten, Wiedereinsteigen. Daß aber der Anteil an Wartezeit sich umgekehrt proportional zur Länge des Zuges verhielt und daß der Bahnhof in Lichtentanne nicht einmal ein überdachtes Stückchen Gleis besaß, geschweige denn über irgendeine Form von Sitzgelegenheit verfügte, daß auch kein einziges Haus in Nachbarschaft des Bahnhofs lag, nichts, was vage auf eine Kneipencance hindeutete – das hatte der automatische Bundesbahnrobocop nicht ausgespuckt. Zu allem Überfluß schneite es wie verrückt, ein eisiger Wind ging und ich war der Einzige, der ausgestiegen war. Zwei Stunden fünfzehn Minuten hatte ich zu warten. Bereits nach zehn Minuten fror ich jämmerlich. Der Wind pfiff mir den Kopf kalt und die dünnen Turnschuhsohlen waren für Karibikaufenthalte konzipiert. Nach zehn Minuten begann ich, wie ein schlecht gelauntes Aufziehmännchen hin und her zu laufen, in sich steigernder Geschwindigkeit, um wenigstens die Gliedmaßen warm zu halten. Nach zwanzig Minuten faßte ich den unumstößlichen Beschluß, Entscheidungen über mein Leben nie wieder Menschen zu überlassen, die deutlich jünger sind als ich. Nach einer halben Stunde sagte ich Aua bei jedem Schritt und nach weiteren zehn Minuten hörte ich zum ersten Mal meine Kniegelenke knirschen. Indessen fiel der Schnee in lautloser Gelassenheit immer dichter. Große, freundliche Flocken sisselten vom Himmel, bedeckten den Bahnsteig, füllten meine unruhige Spur, bedeckten aber auch meine Schultern, mein Haar, meine Arme. Es hätte ein so idyllisches Winterbild abgeben können. Nikolaus Lenau hätte ein Gedicht darüber gemacht. Aber ich – ich fror!

Nach einer Stunde konnte ich die Kniekehlen nicht mehr biegen und die Ellbögen nicht mehr strecken. Schultern und Nacken waren steif und mein Körper kaum noch bewegungsfähig. Die Augäpfel fühlten sich wirklich kalt an beim Rollen und meine Lungen rasselten bei jedem Atemzug. Jedes meiner Nasenhaare bildhauerte an seinem ganz persönlichen Eiszapfen.

In diesem Augenblick entdeckte ich an der schmalen Seitenwand des Fahrplanhalters einen kleinen Digitalbildschirm und darunter eine aufgemalte Hand – eine deutliche Aufforderung, die eigene darauf zu legen. Da der Mensch selbst unter den größten Strapazen neugierig ist, zwang ich mein eigentlich schon bewegungsunfähiges Skelett in Richtung Fahrplan und legte irgendwie meine blau angelaufene Hand auf die gemalte.

In die kleine Anzeigetafel kam Leben. Der Bildschirm zündete. Buchstaben flimmerten auf.

„Ihre aktuelle Körpertemperatur beträgt 30,2 Grad Celsius, Tendenz fallend."

Und dann:

„Achtung, kritische Marke überschritten! Achtung, kritische Marke überschritten! Achtung, ..."

Und dann:
„Wir bitten um einen Augenblick Geduld!"

Nun, die hatte ich ja. Zwangsläufig. Über eine Stunde Geduld hatte ich. Sehr witzig! Ausgerechnet jetzt fror ich fest: die Hand noch auf der Kontakttafel, halb hingehockt, leicht schräggestellt, den Nacken in Empörung hochgerissen: viel unbequemer und anatomisch bedenklicher konnte man gar nicht stehen. Es war entfach entwürdigend. Ich stellte mir vor, wie in einer Stunde der Zug aus Dresden hier einlief, mit fahrenden Händlern, Geschäftsmännern, Journalistinnen, Bundeswehrsoldaten und Intellektuellen gefüllt, und wie sie alle dezent applaudierend diese neue Eisskulptur beachten würden, die niemand anderes war als ich.

„Wäre ich doch lieber Astronom geworden", versuchte ich zu seufzen.

Und dann geschah das Wunder. Das Bundesbahnwunder. Der goldene Superspezialsiegerservice. Die Nächstenliebekanonade! Nämlich kam ein feuerrotes kleines Lokomotivchen angeschnaubt und hielt unmittelbar vor mir. Sie sah so würdevoll aus, so weihnachtlich süß und warm – alle Schneeflöckchen, die auf ihr landeten verdampften selig und dann entströmte ihr auch noch ein Duft nach Kaffee und weiblichen Daunendecken – ach, ich hörte unter meinem Eispanzer mein Herz schneller schlagen (sprich: 16 mal die Minute!)

Mit einem gut geölten Knirschen, beinahe lautlos also, glitt die Loktür zur Seite und heraus stieg eine stattliche junge Dame, in einen glutfarbenen Mantel gehüllt, mit Samtschal, sonnengelb und noch gelberen Stiefeln. Ihr Haar war medusisch, ihr Blick eine Mischung aus Karamell und Kaminfeuer, ihre Lippen glänzende Fruchtgummistreifen und ihr Gesicht füllig wie ihr Leib, gutmütig und entschlossen.

„Sososo", sagte sie. „Der Herr Ratz!"

Ich sagte situationsbedingt nichts, obwohl mir sehr viel beispielsweise über die Bundesbahn eingefallen wäre.

„Das sieht ja nun nicht sehr bequem aus, wie du da stehst!", lächelte sie mich an. „Weißt du, wenn ich nicht so viel lesen würde in meiner freien Zeit – ich würde dir ja gerne helfen! Dafür bin ich schließlich da!"

Ich versuchte, wenigstens die Augenbrauen in die Höhe – aber selbst das ging nicht.

„Man nennt mich den kleinen sächsischen Ofen – ich zeig dir warum!“, lamentierte sie weiter und öffnete ihren Mantel. Durch meinen Eispanzer hindurch erblickte ich den herrlichsten dicken nackten Frauenkörper der Welt. Wäre ich ein Gorilla gewesen, ich hätte meine Pranken auf ihren großen Busen gelegt und sie geliebt, eine Woche lang; wäre ich Maler gewesen, ich hätte meinen Pinsel gehoben und Unvorstellbares gemalt; wäre ich nur Südeuropäer, ich hätte Mama gerufen und wäre für immer in ihr verschwunden. So aber war ich lediglich der Ratz, ein Stockfisch on the Rocks, starrte auf ihre herrliche Haut, ihren enormen Hintern, ihren Bauch, ihren Busen und fühlte mich so einsam dabei, so einsam, das kann man sich gar nicht vorstellen.

Sie trat an mich heran, leckte das Eis von meinem Ohr, das sofort aufzischte und verdampfte, dann durchzuckte mich ein Schauer und ein süßer Schmerz. Sie hatte mir ins Ohrläppchen gebissen.

„Ich bin sooo heiß, Kleiner, da träumst du von!“, sagte sie. Dann trat sie zum Schalter, schob meine Hand zur Seite und legte ihre eigene darauf. Die Anzeige sprang sofort von fünfundzwanzig auf vierzig Grad und begann auf einmal zu schnurren.

„Siehst du“, sagte sie zufrieden. „Das kann man doch wenigstens als Temperatur bezeichnen!“

Ich schwieg wie gewöhnlich.

Sie verschloß nun ihre Nacktheit wieder mit dem Mantel, verschloß ihre Lust mit einem Lächeln und sagte: „Nur leider lese ich zuviel. Unter anderem auch Geschichten von Heinz Ratz. Unter anderem auch aus dem Buch „Die große Schwangerschaft“. Zum Beispiel die WG-Geschichte. Zum Beispiel das Kapitel über Barbara!“

Trotz meiner langsam einfrierenden Hirntätigkeit ahnte ich, worauf sie hinauswollte.

„Mir scheint, Du hast was gegen dicke Frauen?“

Ich versuchte, mit aller mir noch zur Verfügung stehenden Kraft den Kopf zu schütteln – nichts, kein Zentimeter.

„Es ist ja so einfach, sich auf Kosten anderer lustig zu machen, nicht wahr? Mir zum Beispiel fallen gerade jede Menge Witze über Eisverkäufer ein, Wintersportwitze, Witze über anatomisch verunglückte Männer um die dreißig, einer witziger als der andere!“

Sie sah mich prüfend an.

„Ich wette, Bübchen, du bist nie in den Genuß einer richtigen Frau gekommen, einer molligen und heißblütigen, eine wie ich, ein erotisches Schwergewicht, eine Wucht aus Zärtlichkeiten! Und dann bist du selbst so ein ausgemergelter, nicht ernst zu nehmender Hering, der sicher schon nach einer halben Stunde schlapp macht. Tja, siehst du, so ist das im Leben! Deswegen werde ich jetzt schön in mein Lokomotivchen steigen und die Strecke weiter abfahren, vielleicht treffe ich ja unterwegs auf einen richtigen Mann. Und du kannst solange auf den Sommer warten!"

Mit einem hellen Lachen wandte sie sich um. Ich starrte ihr auf den energischen Hintern, dessen wogendes Sich-Entfernen so eine Art Todesurteil für mich darstellte. Das Lokomotivchen öffnete die Tür, Frau Moll stieg ein, dann drehte sie sich noch einmal zu mir her und sagte:
„Das Einzige, was ich mir noch vorstellen könnte, wäre ein Loblieb an die dicke Frau – aber gut muß es sein, verdammt gut – so gut, wie wir Dicken eben sind, kapiert?"

Natürlich hatte ich kapiert. Ich versuchte auch zu nicken wie der Teufel, aber der verfluchte Eiskragen verhinderte jede Bewegung. Dennoch kam sie, sie kam, so unnachahmlich elegant und vielversprechend und wäre meine Körpertemperatur inzwischen nicht einstellig gewesen, dann hätte ich zu schwitzen begonnen bei diesem Gang, bei diesem Hüftschwung, bei diesem allmählichen Lächeln und Mantelfallenlassen. Im nächsten Moment zischte es nur noch, eine gigantische Dampfwolke fuhr gen Himmel, ihre Umarmung zerschmolz in Sekunden den Eispanzer der mich gefangen hielt.

Wie sie dann meinen steifgefrorenen Körper auf Hochtouren brachte, ihre spezielle Art meine Lebensgeister erst zu wecken und dann bis zur Erschöpfung fast wieder auszulöschen – das, liebe Freunde und Leser, behalte ich ganz für mich. Verraten sei nur, daß ich mich von nun an aus tiefster Überzeugung und nicht nur aus Dankbarkeit nurmehr positiv über füllige Weiblichkeit äußern werde und das Lied, ja, das Lied ist auch schon in Arbeit – von den Quellen süßester Erinnerung gespeist...

Das Nichts in Lindau

(16.01 05)

Frisch geduscht, aber alles andere als wach, schritt ich aus dem Hotel, hatte die Tasche mit viel Papier und Büchern gefüllt und dachte: rechts! Meine Beine benahmen sich gehorsam, schritten an zwei Sexshops und einen asiatischen Lebensmittelladen vorbei, über ein Brückchen und waren plötzlich in Österreich.
„Lustig!", dachte ich. „Aber falsch!"
„Also links!", befahl ich meinen Beinen, die gut erzogen wieder den Asienshop passierten, die beiden Sexshops, das Hotel, eine Sparkasse, drei Bushaltestellen und was da alles so herumfliegt am Ostzipfel des Bodensees. Nach einer Weile entdeckte ich ein Schild: Lindau, 5 km. Meine Tasche hing jetzt schon entsetzlich schwer an der Schulter, die Bandscheibe machte sich bemerkbar, aber die Beine liefen mechanisch weiter. Als ich auf einen öffentlichen Mülleimer traf, stoppte ich kurz, kramte hier und da in der Tasche herum, schmiß dies und das weg, aber leider nichts Schweres.
„Geschichten haben eben ihr Gewicht!", dachte ich und lief weiter. An einem Bahnübergang verließ ich die große Straße und schlug einen schlammigen kleinen Wanderweg ein. Ich ignorierte drei Verbotsschilder, durchschritt ein altes Wäldchen und stand plötzlich nicht etwa am Ufer des Bodensees, sondern vor dem Nichts.

Man hätte meinen können, das diesige Wetter, der Hochnebel und das bewegungslose Wasser bildeten diese übergangslos gleichfarbige Wand, ein Trugbild, in dem Nahes und Fernstes ununterscheidbar zerschmolz, eine gespenstische weiße Fläche ohne Tiefe und Orientierung. Aber so kompliziert war es gar nicht. Es war einfach das Nichts. Nichts weiter.

Ein paar Meter vor mir hörte die Erde auf zu existieren. Wie ein typisches Niedrigwasserseeufer sah das aus, aber nicht Wasser füllte die Uferpfützen, sondern Nichts. Hätte ich meinen Fuß hineingehalten, dann wäre er auf Niemehrwiedersehen verschwunden.

Ein paar Steine ragten noch aus dieser Nebelfläche und ich trat nah an sie heran, blickte in das Weiß und wurde philosophisch: „So ist das im Leben – man läuft herum mit einer Tasche voller Geschichten, erlebte und ausgedachte, den Kopf voller Banalitäten, hat immer einen Weg und immer ein Ziel und auf einmal steht man vor dem

Nichts und stirbt, löst sich auf und ist weg. Es kommt immer unerwartet und überraschend und man möchte den Tod für ein Ufer halten von dem aus man zu neuen Ufern gelangt, aber es ist das sanfte unerbittliche Nichts, der Zerfall und das Ende!"

Auf dem Bodensee wären zumindest die Geräusche der Blesshühner, Enten und Möwen zu mir gedrungen, wie Schreie von kleinen Wassergeistern. Aber hier herrschte eine unheimliche Stille, weil auch jedes Geräusch hier zu Ende ging. Ich beobachtete eine Krähe, die selbstmörderisch oder irrtümlich hineinflog in die Wand und weg war für immer.

Wie seltsam! dachte ich und eine wilde Sehnsucht nach dem Leben ergriff mich. Ich spürte dankbar das Gewicht meiner Tasche, die dumpfe Beschwerde meiner Bandscheibe, die Kraft meiner Oberschenkelmuskulatur und folgte nicht dem Beispiel der Krähe, sondern lief ein paar Meter zurück und dann vorsichtig am Nichts entlang. Hart an den Ufern zum Nichts, schon umspielt vom Dampflicht der Vergänglichkeit, stand eine nackte Frauenstatue und drehte mir ihren herrlichen Rücken zu. Ich starrte benommen auf ihre appetitlichen Hinterbacken, auf die schöne Nackenlinie und die kokett angewinkelten Beine und dachte: man muß aus Stein sein, um an der Grenze zum Nichts zu überleben. Wie schön sie war! Wie schön überhaupt Frauen sind und was für ein verrücktes Wunder die Liebe ist – Gier ergriff mich nach Zärtlichkeit und Genuß und Berauschtsein und Glück. Ich schritt so nahe an die Statue heran, daß ich auch ihren Bauch und ihren Busen, den schlanken Hals, die sehnsüchtig ausgebreiteten Arme sah. Ich konnte es aus meinem seitlichen Blickwinkel nicht recht sagen, aber ihr Gesichtsausdruck schien traurigangespannt und voll furchtsamer Hoffnung.

„Wirst wieder romantisch!", rügte ich mich. „Willst wieder unbedingt die verzweifelte Seele sehen und nicht nur den herrlichen Leib!" – „Kannste aber nicht!", triumphierte die gleiche innere Stimme. „Denn näher ans Nichts treten geht nicht. Eisig atmet dich der Tod an, nur er kann ihr voll ins Gesicht sehen, nur er kennt den Ausdruck ihrer Augen, ihrer Lippen, ihrer kleinen schönen Falten. Aber er schweigt. Gleichgültig und mitleidlos!"

In Gedanken trat ich an die Statue heran und legte ihr in respektvoller Zärtlichkeit die Hand auf die Pobacken. Da riß mich ein moralisches Räuspern aus meinen Phantasien.

Erschrocken drehte ich mich um und gewahrte nun ein nebliges Männchen, klein und knorrig wie ein Baumstumpf, den dürren Körper sitzend zusammengeklappt. Ich trat schüchtern an ihn heran und blickte in zwei Greisenäuglein, klug und boshaft.
„Was für eine Frau!", sagte er mit einer dünnen Stimme.
„Ja!", bestätigte ich respektvoll.
„Meine Schwester!", sagte er dann. „Leoni!"
„Oh, gratuliere!", sagte ich und lächelte.

Was für ein schöner Wahnsinn war das!
„Alle Männer der Welt hätte sie haben können", begann der Alte die Geschichte zu erzählen und dabei knarrte seine Stimme morsch und brüchig wie die alten Äste der umliegenden Buchen. „Aber sie mußte sich ja in den Rössle Robert verlieben! In diesen nichtsnutzigen Säckel!"
„Tjajaja", machte ich lebenserfahren. „So ist das!"
„Hast du schon mal so einen Arsch gesehen?", zwinkerte mir der Alte zu. „Was für ein saftiger Arsch! Ich komme jeden Tag hierher und schau ihn an. Jeden Tag. Seit achtundsiebzig Jahren schau ich mir diesen Arsch an. Das hält mich lebendig. Und ihre Brüste, das sind doch Weltwunder! Wundervolle Brüste, nicht wahr?"
„Aber ihr Gesicht ist traurig!", gab ich zu Bedenken.
„Wegen dem Rössle Robert, diesem Hund, der hat ihr das Herz gebrochen! Alle waren verliebt in sie, alle – kleine Jungs und gestandene Männer und das ein oder andere Weibsbild, sogar ich, ihr eigener Bruder und sie hätte jeden haben können, nur der Rössle Robert, dieser Dorfdepp, der meinte natürlich, was Besseres zu sein..."
„Was denn?", fragte ich.

Das Gesicht des Alten war spitz geworden vor Ärger.
„Für einen Dichter hat er sich gehalten!", rief das Männchen erbost und hustete gefährlich. „Für einen Dichter! Hat man schon mal so einen absoluten Blödsinn gehört. Der Rössle Robert – ein Dichter!"
„Nun ja", meinte ich kollegial. „Das ist ja nun nicht das schlimmste Verbrechen..."
„Und ob!", knarrte der Alte. „Das allerschlimmste! Das allerunverzeihlichste! Sein Geist sei für Höheres bestimmt, er gedenke sich nicht den Fesseln der Wollust auszuliefern – so hat er geredet, der Wichtigtuer, die Form der Sprache habe eine Reinheit, die von der plumpen Sinnlichkeit des Leibes nie erreicht werden könne. So ein Hornochse! Und hat die Leoni angeschaut, dieses Viech, als ob sie

irgendeine sei. Und zwei Wochen später hat er sich auch noch überfahren lassen, der Vollidiot, von einem österreichischen Versicherungsvertreter, weil sein Geist einfach in solchen Höhen schwebte, daß er nicht links noch rechts schauen konnte beim Passieren der Straße!"
„Das ist allerdings dumm", gab ich zu. „Und Leoni?"
„Da steht sie und wartet noch auf ihn!"
„Sie wartet, daß er wiederkommt?"
„Ja, das denkt sie wohl!", nickte der Alte. Mit liebevoller Nachsicht fügte er hinzu: „Sie ist eben ein klein wenig religiös!"
„Aber sie ist aus Stein!", rief ich.
„Na und? Das passiert eben mit den Jahren!", betonte der Alte und sah dabei sonderbar glücklich aus. Vielleicht rechnete er damit, selbst Stein zu werden demnächst oder ein alter Baumrest, von Moos überwachsen, als Mensch nicht mehr erkennbar, verwittert und scheinbar tot, weil sich sein Leben reduziert hatte auf einen einzigen Funken, auf ein letztes Gefühl: Leonis wundervollen Hintern zu betrachten, den keiner je berühren oder besitzen durfte.
„Ach ja", dachte ich. „Sonderbare Dinge geschehen auf der Welt!"
Ich ließ den Alten still weiterknarren und setzte meinen Gang fort, plötzlich beseelt von dem Gedanken, in einem spießigen Lindauer Oma-Café einen Cappuccino zu trinken, schlechtem bayrischem Radio zu lauschen und eine unanständige SMS an Chili zu senden. Ich hatte tatsächlich eine gewaltige Lust bekommen auf Industrie und Technik. Und kam mir vor wie ein richtig zivilisierter Junge!

Der gute Geist von Greiz

(05.05 – 02.07 05)

Und dann spielten wir in Greiz – eine sicher einmal schöne Stadt, in die der Zerfall große Löcher gefressen hatte oder vielmehr die örtlichen Stadtplaner, die alle leerstehenden Gebäude einfach niederreißen und entfernen ließen – so viele, daß das Städtchen nun aussah wie der in Mitleidenschaft geratene Schädel eines amerikanischen Nuklearbombenreinigers – hier ein paar Haarbüschel, dort ein paar, dazwischen große kahle Flächen ohne nennenswerten Bewuchs.

Ich war sehr gespannt auf Greiz. Mit der Stadtbibliothekarin, die das Strom&Wasser-Konzert organisierte, hatte ich ein paar mal telephoniert. Sie hatte eine faszinierend lebensfrohe Stimme, die meine mürbe Seele jedes Mal wie blankpoliert aus den Tiefen des Telephonats auftauchen ließ, so daß ich noch eine Stunde später mit einem dümmlich-glücklichen Grinsen durchs Leben lief.

Unendlich übermüdet kamen wir an, Herr Pensen-Jensen und ich, nur Quark im Schädel, dumme Sprüche bis zum Abwinken und eine durch Autobahnmonotonie gesteigerte Unlust auf Kultur und geistigen Anspruch, die Angst machte.

„Auf die Veranstalterin bin ich gespannt ...", begann ich.

„Jaja!", sagte Pääns und lief schonmal vorneweg, während ich noch verzweifelt am Verschluß meines Sicherheitsgurtes herumwurstelte.

Wenn Pensen schlechte Laune hat, muß man aufpassen. Das kann einen karrieretechnisch schon mal jahrelang zurückwerfen. So hatte ich also, als ich fünf Minuten später die Treppen in das Stadtbibliothekarsbüro hoch hetzte, die allerübelsten Vorahnungen. Ich riß die Türe auf und sagte: „Sie müssen entschuldigen, Gnädigste, aber diese Scheiß-Autobahn und die verkackte Straßenqualität in Kombination mit unserem grundsätzlich beschissenen Charakter führt dazu, daß wir Vollidioten uns absolut nicht benehmen können – und wollen, betracht ich mir dieses Spießerloch genauer ..."

„Setzen Sie sich doch erst einmal, Herr Ratz!"

Da war sie wieder – die sanfteste Stimme der Milchstraße. Die Milchstimme einer jungen Mutter. Ich schmatzte genüßlich und setzte mich. Peer lag schon mit geschlossenen Augen leicht rückwärts gelehnt und lächelte bekifft – er hatte eine fünfminütige Berieselung hinter sich. Und auch ich schloß die Augen und lauschte.

"Es gibt einige Vorbestellungen. Der Abend wird sicher schön, meine Herren."
„Oh ja", seufzten Peer und ich wie aus einem Mund.
„Wir haben Sie in der Pension Grünspan untergebracht. In Greiz gibt es zwei Hotels. Das Hotel zum schönen Blick ist allerdings vollautomatisch, das bedeutet: ohne jegliche menschliche Anwesenheit. Wir sind davon ausgegangen, daß Sie als Künstler lieber unter Menschen sind. Daher die Pension Grünspan!"
„Oh ja...", seufzte Peter Pensen.
„Nicht aufhören ...", stöhnte ich.
„Hier haben Sie einen Stadtplan, um sich zurechtzufinden. Abendessen gibt es dann am Veranstaltungsort. Sind Sie Vegetarier?"
„Neeeiiin – Fleisch!", stöhnte Peer.
„Vege...", seufzte ich und brachte das „...tarier" nicht mehr über meine Lippen. Es vergurgelte in einem gigantischen Aufschrei männlicher Lust.

Ich erinnere mich nicht, was uns die Dame noch alles erzählte. Ich kollabierte irgendwann. Als ich aufwachte, fand ich vor mir einen kleinen Stadtplan und weckte Freund Pensen auf.
„Völlig gehirngefickt!", kommentierte er die Situation.

Später, auf der Suche nach einem Musikgeschäft, sprachen wir darüber, ob die Besitzerin dieser berauschendsten Stimme eigentlich hübsch gewesen sei oder jung oder reich oder gebildet oder brünett – und mußten feststellen, daß wir, betäubt vom Wohlklang ihrer Stimme, überhaupt nicht mehr auf ihr Aussehen geachtet hatten.

Das Schläfchen hatte uns gut getan. Wir spielten ein phantastisches Konzert, mir platzten alle fünf Minuten die Saiten vom Bass, die Peer wechselte, ohne übrigens die Gitarre abzusetzen, das fand er scheinbar überholt, während ich ebenfalls weiterspielte. Wie gesagt – wir waren mal wieder göttlich und dann hieß das Cafe auch noch Lebensart. Das Publikum tanzte und küsste sich ausgiebig und Heiko, unser Lieblinstonmeister, war auch da, mitsamt seiner steinzeitlichen Bewegungskiste, die den Namen Automobil auf jeden Fall verdiente, und seinen Softdrinks, die unseren harten Seelen durchaus was anhaben konnten. Wir spielten alle Lieder doppelt so schnell und wenn wir zwischendurch unsere fettigen Haare aus unseren glühenden Augen strichen, dann bot sich uns ein Anblick – durchschnittlich, kann ich nur sagen, höchst durchschnittlich! Wer auch immer im Publikum saß, hatte aufgerichtet, was der menschliche

Leib an Aufrichtigem zu bieten hat: Haare, Nasen, Brustwarzen, Wirbelsäulen, Forunkel, Penisse, Augenbrauen, Schultern, Schuppen, Zehen ...

Man tanzte und wippte, bumste bei den Liebesliedern, heulte bei den Mollsymphonien und bei unseren politische Hymnen stießen die Mitte-Links-Wähler verzweifelt die Schädelplatten gegeneinander, bis es nur so krachte. Jedoch: auch wir haben irgendwann genug und so latschten wir denn gegen zwei Uhr morgens in Richtung Hotel.

Ich kann mich beim besten Willen nicht erinnern, worüber wir sprachen, aber ich weiß noch, daß Peer eine neue Art des Fotografierens erfand, nämlich die Querulantenfotografie, deren Ziel es ist, das fotografierte Objekt so unscharf wie nur möglich darzustellen. Dafür wird die Kontrollmöglichkeit des Fotografen über seine Hände mit einem speziellen Haschischcocktail eingeschränkt, anschließend der Fotograf zu Fall gebracht und mit Hilfe einer erst kurz vor dem Aufprall einsetzenden Selbstdisziplin, gekonnt am gewünschten Objekt vorbei fotografiert. Anschließend unterzieht man das unverständliche Bild einer genauen Betrachtung. Pänsy machte das ein paar Mal, dann wurde er müde.

Das Hotel erwies sich nun, simpel beschrieben, als „morsch". Man könnte auch „mürbe" dazu sagen. Oder „lebensgefährlich".

Als wir die Schlüssel in das dafür vorgesehene Loch steckten, brach das ganze Schloß aus der Türverkleidung. Dann hielt ich die Klinke in der Hand. Die Treppenstufen ächzten unter unserem Gewicht. Das Licht im Flur zischte kurz auf und gefiel sich dann als Dame in Schwarz. Als Peer den Fernseher einschaltete, zerbrach das Bettgerüst unter ihm, mir stürzte beim Versuch, das Fenster zu öffnen, der Gardinenhalter auf den Schädel. Warmes Wasser gab es tröpfchenweise und aus dem Badezimmerspiegel kam uns bereits der Frühnebel entgegen.

„Schlafen!", dachte ich, putzte mein punkiges Gebiß und wollte dann elegant ins Bett springen. Stattdessen blieb ich erstarrt im Badezimmertürbereich stehen und starrte auf einen alten, sehr langen Mann, der ungelenkig über meine Tasche gebeugt hing und in aller Seelenruhe darin herumkramte. Da mit zu so später Stunde kein passendes Wort einfiel, holte ich ganz einfach aus und versetzte ihm einen Arschtritt, daß ihm hören und sehen verging!

Nur leider ist das Leben nicht auf die Mechanismen von Ursache und Wirkung zu reduzieren. So leicht ist das nicht. Mein Fuß schoß

mit beachtlicher Geschwindigkeit durch den Hintern des Mannes hindurch, als bestünde er nur aus Luft und ich landete, durch den Schwung von den Beinen gerissen, nun selbst recht schmerzhaft auf dem Allerwertesten.
„Oh“, machte der Kerl. „Das tut mir aber leid!“
„Und mir erst!“, sagte ich und erhob mich ächzend.
„Setzen Sie sich doch!“, bot mir der Kerl mein Bett an.
„Zu freundlich!“, knurrte ich, folgte aber seinem Rat. Meine Hinterpartie schmerzte ordentlich und ich ging davon aus, mir mindestens das Steißbein zerschmettert zu haben. Nun stecken mir Knochensplitter im Darm, dachte ich hypochondrisch, ich muß operiert werden!
„Darf ich mich vorstellen?“, verbeugte sich der Eindringling und Taschendurchwühler. „Ich bin Gustav, der gute Geist von Greiz!“
„Gut?“, fragte ich dagegen. „Und was für ein Geist überhaupt?“
„Ein echtes Gespenst!“, erwiderte Gustav mit kindlichem Stolz.
„Quatsch!“, sagte ich. „Glaube ich nicht! Gespenster! Quatsch!“ Ich bin nämlich ein verdammter Menschen- und Gepensterkenner, muß man wissen, ich hatte gleich eine provinzielle Eitelkeit herausgehört und fügte ohne Umschweife dazu: „Ein ganz gewöhnlicher Dieb bist du! Und nicht einmal ein guter!“
„Nein, nein!“, sagte Gustav traurig und nahm mir gegenüber Platz, obwohl dort gar nichts zum Platz nehmen vorhanden war. „Ich bin ein moralisch völlig einwandfreies Gespenst. Ich tue Gutes!“ Er seufzte. „Aber niemand dankt es mir!“
„Na ja, wenn Du den Leuten erst mal in den Taschen herumwühlst, mußt du dich nicht wundern!“
„Ich muß dich doch kennen lernen, um deinen Herzenswunsch zu erfahren!“
„Und?“, fragte ich gespannt.
„Eine halbnackte Brasilianerin, heißblütig wie die Sonne über den Quellen des Paraná, mit der knurrenden Lust einer Pantherin, dunkelhäutig mit blitzenden Zähnen und die Augen voll dunkler Versprechen ...“
„Du zitierst aus einer meiner Geschichten!“, stellte ich fest und lächelte.
„Ist das denn so falsch?“
„Na ja“, meinte ich verlegen. „Bin ja nun schon 23 Tage auf Tour!“
„Na also!“ Gustav lächelte zufrieden.

„Aber ist sie denn ..."
„Sie ist ausgehungert nach Liebe, Zärtlichkeit, Berührung, selbstvergessener Lust. Alles Berauschtsein der Welt vibriert in diesem Weibe ..."

O Gott, dachte ich, was für ein pubertäres Geschreibsel!

„Vibrieren muß sie nicht unbedingt!", gab ich zu.
„Okay!", sagte Gustav.

Und im nächsten Moment räkelte sich eine Frau auf meinem Bett, so überirdisch nackt und schön und bereit, die nächsten Stunden mit mir zu verbringen, daß ich gleich Angst um mich bekam. Mit Mühe riß ich meinen Blick von ihr los und sah Gustav an, vielleicht nur, um ein letztes Danke zu hauchen, bevor mich dieses herrliche Raubtier zerriß.

„Was machst du denn da?", fragte ich stattdessen, denn Gustav hatte nach dem Telephonhörer gegriffen und wählte die letzten Ziffern einer Telephonnummer.

„Ich rufe deine Freundin an," sagte er. „Ich muß ihr doch mitteilen, daß du fremdgehst!"

„Bitte? Warum denn?"

„Wegen dem Gleichgewicht!", sagte Gustav und ich hörte schon das Klingelzeichen schwach in den Raum läuten. Mit einem Sprung war ich bei ihm, riß ihm den Hörer aus der Hand und legte auf.

„Du bist ja wohl wahnsinnig!", rief ich. Im gleichen Augenblick war die Brasilianerin verschwunden und das Bett leer.

„Aber das ist doch wohl klar", sprach Gustav dagegen, weinerlich und trotzig. „Warum versteht das denn keiner? Alles braucht einen Ausgleich! Kein Zauber darf das Gleichgewicht stören. Kein Genuß ohne Reue, kein Gewinn ohne Verlust, keine Leichtigkeit ohne Schwere – das Leben muß im Lot bleiben!"

„Jetzt mach mal einen Punkt!", rief ich erbost. „Ich wollte soeben unschuldig ins Bett gehen, nicht einmal träumen wollte ich, einfach so schlafen, die Anspruchslosigkeit in Person! Und dann kommst du daher, fummelst in meiner Tasche herum, zauberst mir eine nackte Frau in mein Bett und kaum hab ich sie angesehen, weckst du meine Freundin und schwafelst was von Gleichgewicht!"

Mann, war ich wütend.

„Was fürn Gleichgewicht überhaupt?", schrie ich, so laut ich nur konnte.

Ach, was war das nur für ein elendes Gespenst! Es saß verzweifelt auf meiner Bettkante und schüttelte über so viel Unrecht das greise Köpfchen. Ob ich wollte oder nicht, es tat mir leid.
„Na ja", machte ich versöhnlich. „Schon gut. Hast du ja nett gemeint. Was schreib ich auch solche Geschichten ..."
„Aber nicht nur bei dir ist es so! Alle reagieren mit Zorn und Undank. Alle! Alle!"
„Zum Beispiel?", fragte ich und setzte mich neben ihn. Sofort witterte mein Körper die wohlverdiente Ruhe und ich setzte zu einer ununterbrechbaren Serie von herzhaften Gähnlauten an. Geist Gustav störte sich überhaupt nicht an solchen irdischen Geräuschen.
„Die Stadtbibliothekarin zum Beispiel ... sie hatte eine so entsetzliche Stimme!"
„Das warst du?", gähnte ich.
„Natürlich. Das ist doch ein Beruf, den man nicht kreischend machen kann. Goethe, Baudelaire, Stanislav Lem – gekrischen! Ich bitte dich ..."
„Stimmt!", gähnte ich.
„Ich gab ihr die wundervollste Stimme! Aber natürlich mußte ich ihr zum Ausgleich etwas nehmen!" Gustav seufzte. „Wie konnte ich denn ahnen, daß eine Frau, die in geistigen Sphären lebt, einen solchen Wert auf ihren Busen legt!"
„Du hast ihr die Brüste weggenommen?", rief ich entsetzt.
„Nein. Nicht weggenommen. Nur kleiner gemacht. Und nur den einen!"
„Einen? Das ist ja noch schlimmer!", sagte ich, mußte aber trotz aller moralischen Entrüstung schon wieder gähnen.
„Und der Grundschuldirektor!", fuhr Gustav fort. „Mit Mundgeruch! Der Ärmste! Wenn er jetzt spricht, duftet der Klassenraum nach frischen Erdbeeren!"

Ich konnte nicht mehr, mir fielen die Augen zu.
„Und dafür was?", brachte ich zwischen zwei Mal Gähnen halbwegs zustande.
„Dafür habe ich ihn fett gemacht. Fett und klein! Wozu muß ein Direktor schlank sein, bitte? Und er ist auch mit einundhalb Metern größer als seine Schüler!"
„Und dann der Pfarrer ...", lamentierte er weiter. Aber ich war schon eingeschlafen – tief und traumlos schlief ich und wurde erst durch die herabfallenden Ziegelsteine des Hoteldaches geweckt, die sich kollegial gelöst hatten und nun laut auf dem Parkplatz zerbarsten.

„Ach – herrlich geschlafen!", rief ich in den leeren Raum und eilte munter in den Frühstückssaal, wo Kollege Pensen schon saß – mit tiefen Augenringen und einem höchst unzufriedenen Gesicht.
„Was ist denn mit dir los?", fragte ich erstaunt.

Und während ich mir ordentlich Marmelade aufs Brötchen klatschte, Kaffee schlurfte und Ei spachtelte, erzählte er mir mit Verschwörermiene eine geradezu unglaubliche Geschichte: ein Gespenst sei plötzlich bei ihm aufgetaucht und hätte ihm unbedingt einen Wunsch erfüllen wollen. Er habe sich natürlich eine schöne Frau aus dem Sudan gewünscht und sich auch sehr gefreut, als – nun ja, jedenfalls, kaum hätten sie angefangen, da unterbrach sie ihn und zeigte auf eine Stelle an ihrem Hals, solange, bis er Licht gemacht hätte, und was war? Sie hatte eine Liebesanleitung auf ihrem Körper eintätowiert.
„Quatsch!", sagte ich, nahm mir noch ein Brötchen, diesmal mit Käse und dann sagte ich nochmals: „Päänsy, du spinnst!"
„Ehrlich, Mann! Eine Feministin aus Schwarzafrika! Glaub mir! Erstens – Hals beißen, stand da, 25 Sekunden, dann 2) Brustwarze mit Fingerspitze reizen, sanft, 10 Sekunden, 3) mit Zunge Brustwarze ertasten, 4) zweite Brustwarze sanft zwischen Zähne nehmen, dabei freie Hand über Körper wandern lassen ... Mann, sie war komplett austätowiert! Ein zwei Stunden Programm!"
„Quatsch!", sagte ich wieder und griff mir eines dieser unnachahmlich leckeren Greizer Laugencroissants. „Nie gehört so was! Quatsch!"
„Glaub mir, Dicker! Und als wir es dann auf alle erdenklichen Arten getrieben hatten, stand als letztes Tatoo: 25) Frauen sind zu multiplen Orgasmen fähig. Programm wiederholen!"
„Multiple Orgasmen – Quatsch!", sagte ich und biß in diese herrlich weich gekochten Thüringer Frühstückseier von glücklichen Hühnern. „Gespenster –Quatsch!"
„Das ging so bis heute Morgen!", jammerte Kollege Pensen weiter. „Ich bin echt durch!"

Im gleichen Augenblick klingelte mein Handy. Chili war dran. Wir plapperten über dies und das und wie es den Kindern ginge. Wie die Nacht war, fragte ich und Chili fragte: wieso? Wie immer! Ja, sagte ich, bei mir auch. Dann war Luca dran und sagte, hey Papa, heute Nacht war eine Frau zu Besuch. Ehrlich? fragte ich. Ja, die hat aber bei Mama geschlafen, ich hab sie getroffen, als ich aufs Klo bin.

Echt? fragte ich. Ist aber schon wieder weg, sagte Luca. Na dann, sagte ich. Und beide sagten wir Tschüß.
„Was ist denn?", fragte Pensen. „Schlechte Nachrichten?"
„Quatsch!", sagte ich und dachte nach. Da hatte mir dieser vertrottelte Geist Gustav also meinen Wunsch nach traumlosem Schlaf erfüllt und als Ausgleich die Brasilianerin an meine Frau geschickt ... und was weiter geschah, will ich gar nicht wissen!
„Na warte!", sagte ich. „Na warte!"

Reichlich schlecht gelaunt verließen die beiden coolen Jungs von Strom & Wasser das kleine Städtchen Greiz.

Schweigen mit Janina

(in Köln)

(02.07 06)

Etwas Seltsames geschieht, dachte ich. Der Lärm wurde plötzlich abgesaugt und zur Tür heraus und als sich diese nun schloß, herrschte eine dichte, fast gespenstische Stille. Es war tatsächlich so still geworden, daß ich unseren Atem hören konnte, obwohl er fast lautlos war. Mit mir im Raum saß Janina, eine junge Liedermacherkollegin. Wir mochten uns nicht. Vom ersten Augenblick an war da eine deutlich spürbare Abneigung auf beiden Seiten, die zwar keinem weiter auffiel, aus der wir aber gegenseitig keinen Hehl machten. Nun saßen wir also allein in diesem fensterlosen Raum und schwiegen. Wenn sie jetzt denkt, ich fange ein Gespräch mit ihr an, hat sie sich geschnitten! Kein Wort sage ich zu dieser aufgeblasenen Schnepfe, dachte ich. Und sie dachte sicher genauso freundlich an mich.

Ich zerkrümelte ein Stück Papier, starrte vor mich hin und stellte mir mit Grausen die lange Zugfahrt vor, die ich gleich antreten mußte und die mich nach einer schlaflosen Nacht zu einer Schullesung nach Halle-Neustadt führen würde. Ich schnipste die Krümel des Papiers auf den Boden und gegen allerlei Backstage-Gegenstände – Bierflaschen, halbvolle Kaffeetassen, Pizzareste, Gitarrenständer, Aufkleber, Aschenbecher – dann hob ich den Blick und sah sie an.

Ich mag sie nicht, dachte ich. Aber sie sieht müde aus. Ihre blonden, immer etwas aufdringlichen Locken perlten in beständiger Frische, aber ihr Blick lag leer und traurig im Raum und ihre ganze Haltung sprach von der Anstrengung des Tourlebens. Ich kannte dieses Gefühl gut, dieses Leersein, nachdem man wochenlang fast jeden Abend auf der Bühne gestanden hatte, diese Menschenmüdigkeit, die kalte Schwermut, die aus einer seelischen Erschöpfung entsteht. Wenn ich sie länger anstarre, merkt sie es, dachte ich, und ich werde sie aus ihrer Tagträumerei aufschrecken. Sie wird sich ärgern, so angestarrt zu werden – aber ich dachte es ohne Trotz. Ich lehnte mich zurück und blickte weg, diesmal an die Decke. Gelb vom vielen Nikotin bot sie dem Blick keinen Widerstand, war wohltuend nichtssagend. Ich versuchte, meinen Gedanken eine andere Richtung zu geben, aber ich war zu müde für große Willensanstrengungen und dachte weiter an Janina. Der Auftritt hier in der Kantine in Köln war schwierig gewesen – für beide. Ich hatte durchgesetzt, daß wir als erste spielten, in der besseren Position, und hatte das auf eine wenig rücksichtsvolle Art getan…

Wie still es war. Wir rührten uns nicht. Nur unser Atem ging. Ganz leise. Und noch leiser, unhörbar für beide, war der kleine Lärm unserer Herzen. Irgendwie ähnlich.

Ob sie das Gleiche dachte im Augenblick? Verstohlen blickte ich zu ihr hin. Ihr Gesichtsausdruck war unverändert erschöpft und ernst. Na ja, egal, dachte ich und begann, das Programm für meine morgige Lesung durchzugehen.

Eine Viertelstunde später stand ich auf und verließ den Raum. Wir hatten kein Wort gewechselt. Nicht, daß wir uns jetzt besonders geliebt hätten, bestimmt nicht, aber dieses Schweigen hatte für mehr Verständnis gesorgt, als es irgendeine Unterhaltung vermocht hätte.

Das wilde Weib von Stein

(02.07 06)

Alle sprangen ihr nach – der Bauer, seine Frau, ein paar Tanten, ein zweiter Bauer, ein eilig hinzugezogener Mofafahrer, meine alte Deutschlehrerin, ihre Schwester, die halbe Dorfkinderschar – einjeder versuchte, sie zu fangen! Aber sie ließ sich nicht! Ihr herrlicher Hintern hüpfte nur so vor Vergnügen und Freiheitsdrang, ihre Augen blitzten trotzig – sie war schneller und geschickter als alle Verfolger, auch wenn ihre üppige Figur das nicht vermuten ließ. Das moralische Geschrei der Nachbarn machte ihr nichts aus. Sie rannte schnaufend an mir vorbei, verwegen und kokett, sprang über ein paar kleine Hindernisse, blieb kurz stehen, scheinbar, um ihre hysterischen Verfolger zu verspotten, vielleicht auch, um den letzten ruhigen Zuschauer, nämlich mich, wild zu machen und ins dunklere Gehölz zu locken. Ihre Brust hob und senkte sich im schnellen Atem ihres Laufs, sie sah ungeheuer reizvoll aus in ihrer nackten Blässe – weibliche Urkraft, Anmut und Wildheit in einem. Dann brach wieder die Schar ihrer schreienden Verfolger über sie herein, sie drehte sich und ich starrte fasziniert auf den Tanz ihrer Hinterbacken. Ach, dachte ich melancholisch, warum konnte das kein menschliches Mädchen sein, warum mußte es eine Stute sein, wo doch ich gar kein Hengst war? Warum rannte nicht eine empörte Bauernfamilie hinter ihrer zwanzigjährigen Tochter hinterher? Ich wäre ihr schon gefolgt ins dunkle Gehölz, dahin, wo die schweigenden Tannen wachsen und im Schatten einer Lichtung – meine Güte, was hätte da nicht alles passieren können! Aber auch so, tröstete ich mich, war es ein wundervolles Schauspiel – diese unbändige Lust der fliehenden Stute aus Stein, wildeste Weiblichkeit, die für ein paar Stunden das schwäbische Dorf ins Chaos stürzte.

Das erste Mal

(in Kiel)

(21.10 05)

Ich bin der erste Milchkaffee deines Lebens!
Verzeih, ich finde das wirklich famos.
Es ist fast, als strebte ich immer vergebens
nach einem solchen Moment. Jetzt fühl ich mich groß!

Ich muß das in Reime flechten und fassen,
ich sitze im Zug und lache beglückt.
Aus wie viel hunderttausenden Tassen
trank ich schon Kaffee. Doch nie so verzückt!

Fast hätt´ ich, um diese Sekunden zu bannen,
dich bebend gefragt: „Brauchst du nen Mann?"
Der erste! – Jetzt folgen tausende Tassen.
Aber stets wirst du wissen, wie es begann.

Du bist mir egal. Ich dir noch egaler.
Und trotzdem, Mädchen, dein Kaffee ist toll!
Ich freue mich wie ein Neandertaler
und starr auf die Tasse, sie ist noch halbvoll.

Du warst so bemüht, es richtig zu machen.
Ich glaube nicht, daß du aufsahst zu mir.
Das sind so schicksalsverzwirbelte Sachen:
Jetzt bin ich für immer verbunden mit dir!

Dein erster Milchkaffee! Herrlich romantisch!
Wie gut auch dein zweiter ist – nie wirst du so
vorsichtig einschütten und die Milch so pedantisch
dazutun und den Deckel zuletzt so heilfroh.

Deine Wangen in sanfter Erregung gerötet,
dein Blick konzentriert, deine Finger so schlank.
Hätt´ dich jemand gestört, ich hätt´ ihn getötet.
Doch die Welt versank in Kaffee Gott-sei-Dank.

Ach, hätt' ich auch vierzehn Magengeschwüre –
dieser Augenblick machte sie alle wett!
Und wenn ich auch über dich Schlimmes erführe,
ich fände dich trotzdem jederzeit nett!

Nur schade: das läßt sich nicht wiederholen!
Das Besondre im Leben ist zeitlich begrenzt.
Drum dank ich dir herzlich, aber verstohlen:
Einer von denen, die du nicht kennst!

Die Baumfrauen aus Kiel

(13.08 – 05.12 05)

Es war der zweite Schultag Lucas und als mütterlicher Vater trieb ich mich im, am und um den Schulhof seiner beginnenden Gefangenschaft herum, gewillt, alle Dritt- und Viertklässler zu vermöbeln, die es wagen sollten, ihn zu ärgern, mögliche Stürze durch heldenhafte Hundertmetersprünge aufzufangen, eventuelle Ballspiele zu seinem Vorteil zu gestalten, schimpfende Lehrerinnen intellektuell niederzuschmettern und erste weibliche Fans in ihrer Meinung zu bestärken. Natürlich schaffte er all das ohne mich und wunderte sich später nur, warum der Papa ihn so völlig regendurchweicht und frierend abholte, aber gut – ich lief, sah, staunte, hielt mich bereit für jeden Notfall und sorgte für eine Adrenalinkonstante, die sich gewaschen hatte. Die vier Stunden verliefen allerdings so ereignislos, daß ich sogar Zeit für die ein oder andere Alltagsphilosophie aufbrachte. Als eine junge Lehrerin, Mutter, Zahnarzthelferin oder Studentin energisch an mir vorbeischritt, schreckte ich aus meinen Gedanken, schwirrte mit verängstigten Blicken an ihr auf und ab und blieb dann haltsuchend an ihrem Hintern haften. Der war so schön bodenständig, füllte die enge Jens so prall und wackelte bei jedem Schritt angenehm und kräftig und mit gesundem Selbstbewußtsein mit.
„Es ist für die Erotik eines Menschen sicher von Vorteil", dachte ich, „wenn er beim Laufen seinen Hintern spürt!"

Als habe sie meine Gedanken erraten, drehte sich die junge Frau um und lächelte mich an. Ihr Lächeln bewirkte in mir einen moralischen Prozeß, der mich wenden ließ und wieder in den Schulhof führte. Es war gerade Pause, mein Junge jagte wie ein roter Blitz durch seine Klassenkameraden und ich registrierte eine Quelle der Feindseligkeit, beunruhigend nah an diesem Tanz kindlicher Stimmen und Spielfreuden. Eine sehr alte und sehr verwitterte Frau hatte sich auf eine Parkbank gesetzt, die am Rande des Schulhofs aufgestellt war. Sie kaute langsam an einem Stück Brot. Ihre Augen bildeten ein Konzentrat aus widerlichen Gefühlen, verdichtet zu einem Hass, der so tief war, daß man den Grund nicht sehen konnte. Ihr Gesicht war überaus verwittert und faltig und doch konnte ich keinen speziellen Wesenszug herausfiltern außer ihrem offensichtlichen Hass. Wogegen mochte er sich richten? Gegen die Kinder und ihr ausgelassenes Spiel? Gegen alles Lebende? Gegen sich selbst? Es war nicht mal ansatzweise zu erkennen. Klein und böse saß sie da, ein bitteres, hartes Gift inmitten des Kinderjubels, stumm und finster, ein schwarzes Loch, saß und starrte und ich versuchte vergeblich zu erraten, woran sie wohl dachte in diesem Augenblick.

Wenige Stunden später ging ich mit Luca ins Schwimmbad. Ein sehr altes Bad mit einem völlig überfüllten Nichtschwimmerbecken. Es ist der Tag der alten Damen, dachte ich und beobachtete eine Frau von mindestens achtzig Jahren, die mit einer geradezu unheimlichen Lebensfreude übermütig mit zehnjährigen Rabauken spielte. Sie ließ sich vollspritzen und spritzte dagegen, spielte Handball und Reifenraufen, lachte zahnlos über jeden dummen Streich und fing überhaupt den rüden Ansturm der Jungs so lustig und gekonnt auf, als wäre sie eine von ihnen. Eine solche unbändige und selbstvergessene Lust am Spiel legte sie zu Tage, wie ich sie bislang nur bei Kindern gesehen hatte. Es gab nur noch sie, das Wasser und diese zehnjährigen Jungs, mit denen sich das Leben zu einer Kette von lärmenden, schönen Augenblicken verwandelte. Nachdem ich sie eine Weile beobachtet hatte, war ich überzeugt davon, daß sie wie mein Töchterchen bis zum Gehtnichtmehr mit bibbernden Lippen im Bad bleiben würde, um die Umarmungen des Wassers bis zuletzt auszukosten. Sicher mußte sie der Bademeister mit mahnenden Worten und entsprechendem Kopfschütteln aus dem Nichtschwimmerbecken ziehen. Luca und ich verließen denn auch vor ihr das Bad und fuhren nach Hause und nur weil sie mich weiterhin beschäftigte, erkannte ich sie in den frühen Abendstunden wieder, als ich, alleine diesmal, aus der Bäckerei schritt. In einem weißen, schwach blumenbemusterten Kleid lief sie die Holtenauer Straße hoch und bog dann links in Richtung Universität ein. Neugierig folgte ich ihr. Das wäre was, dachte ich, wenn sie jetzt noch eine Vorlesung besucht! Aber sie lief an der Uni vorbei und schlug einen kleinen Feldweg ein, der aus der Stadt führte. Ich zögerte. Chili und die Kinder warteten, daß ich mit dem Brot zum Abendessen erschiene. Andererseits ging von der Frau etwas Abenteuerliches und Geheimnisvolles aus. Sei es drum, dachte ich, wir Dichter sind geradezu verpflichtet, unserer Neugierde nachzugeben, wir sind Pioniere des Seelischen, wir müssen uns, nehmen wir unsere Aufgabe ernst, immer für das Neue und Gewagte entscheiden. Die werden das schon verstehen, zu Hause. Ich ging also weiter. Es war einer dieser naßkalten Nieselnebelabende an der Ostküste, in denen alles von einem Schleier aus Schwermut überzogen wird, nein, das trifft es nicht genau, in denen alles so merkwürdig gleichgültig wird, undefinierbar lasch und naß und abweisend. Man spürt andauernd den Übergang vom Tag zur Nacht, das Verschwinden der Sonne, schon um zwei Uhr mittags, und wird dann doch überrascht, weil es plötzlich dunkel geworden ist. Die alte Frau lief immer tiefer in den Stadtwald hinein, wählte einen Weg, den ich nicht kannte und war im Nebel bald zu einem weißen Schatten geworden, zu einer Ahnung, einem Gespenst. Ich war gezwungen, näher an sie heranzugehen, auch, weil ich durch die Dunkelheit, den gottverlassenen Weg und ihr emsiges Gehen an meinem Verstand zu zweifeln begann. Eine halbe Stunde lief ich ihr schon hinterher, vermutlich hatten wir längst das Stadtgebiet Kiel verlassen und schritten den Nordostseekanal entlang ins Landesinnere. Vielleicht sollte ich sie überhaupt einholen und fragen, wohin sie unterwegs war bei der Dunkelheit, vielleicht war sie etwas alterswirr und lief in die Irre. Ja, dachte ich, eine gute Idee. Ich lief also deutlich schneller und verkürzte den Abstand zwischen uns. Ich war gerade mal fünf Meter von ihr entfernt, rechnete schon damit, daß sie meine Schritte hörte, sich womöglich angstvoll umdrehen würde – da blieb ich plötzlich selbst stehen, von einem eisigen Schrecken durchfahren. Das war kein schwarzer Baumrest da neben ihr, da stand ein Mensch und starrte mich an. Mitten im Wald, mitten in der Nacht. Stand schweigend aufgerichtet, die Augen leuchteten, wahnsinnige Giftkügelchen, in einem völlig verwitterten, in sich zusammengefallenen Gesicht. Und noch ein zweiter Schrecken durchfuhr mich kalt: das Gesicht kannte ich, es war die andere Alte, die im Schulhof gesessen hatte, voller Hass. Was tun? Ich muß gestehen, daß ich Angst hatte, alleine hier, mit diesen beiden offenbar irrsinnigen Frauen. Ganz langsam orientierte ich mich rückwärts. Auf die Idee, ein Wort zu sprechen, kam ich sonderbarer Weise nicht, es war, als habe hier alles stumm zu sein. Ich sah, wie die weiße Alte mit einer milden Bewegung der Hände die schwarze Alte aufforderte, mitzukommen, wie die schwarze Alte mir einen letzten abscheulichen Blick zuwarf und sich dann umdrehte und schweigend neben der weißen hinlief. Wenige Augenblicke später waren sie in der Dunkelheit verschwunden.

So ein Blödsinn, flüsterte ich. Du spinnst ja! Das ist doch alles Einbildung. Jetzt bist du den ganzen Weg bis hierher gelaufen! Feigling! Zur Not haust du sie einfach übern Haufen! Die sind doch hundert Jahre alt, Mann! – so und ähnlich sprach ich mir zu und ging doch derart ängstlich weiter, daß ich mich heute noch dafür schäme. Schließlich griff ich zu einem sehr beliebten Mittel der Feigheit: ich wählte die Flucht nach vorne und begann zu rennen. Eine Viertelstunde rannte ich und fühlte mich durch die Bewegung meiner Muskeln, durch die kräftige Atmung schon viel selbstbewußter, da mußte ich mir eingestehen, sie verloren zu haben. Unmöglich konnten sie bei dem Tempo noch Vorsprung haben. Aber wo waren sie hin? Der Weg hatte keine Abzweigung. Sie mußten in den Wald hineingelaufen sein. Auf dem Rückweg bemerkte ich dann im Waldesinneren einen schmalen weißen Schatten, schrak zusammen und lief vorsichtig hin. Eine uralte krumme Birke stand dort, halbtot, mit nur noch wenigen Ästen. Neben ihr der morsche Rest einer Krüppelkiefer, von Baumpilzen übersät, mit einer sonderbar leuchtenden glitschigen Oberfläche.

Ja, dachte ich, kann sein.

Quatsch, dachte ich dann, sind wir hier im Märchen?

Als ich in das Licht der ersten Laterne tauchte, glaubte ich schon gar nicht mehr an dieses mystische Erlebnis. Man sollte manche Geheimnisse nicht mit Gewalt aufdecken wollen, dachte ich so allgemein, aber eigentlich dachte ich schon sehr viel mehr daran, wie ich meiner Familie die einstündige Verspätung zum Abendbrot erklären sollte und das vom Nebel durchgeweichte Brot.

Lieben in Leipzig

(01.10 – 16.12 05)

Es geschieht recht selten auf der Welt, daß eine Idee, die Konzernen viel Geld einbringen kann, aus moralischen Gründen verboten wird. Im Jahre 2004 jedoch geschah dies mit den sogenannten „Starfoppern", eine Erfindung des niederösterreichischen Waldorfschülers Sebastian Görschlüter. Sebastian, der fanatisch für den amerikanischen Hollywoodstar Pamela Anderson schwärmte, beschloß, eine täuschend echte Kopie des Stars zu bauen, um sie in Ruhe und ohne das Beisein von hunderttausend Pressefotographen beschlafen zu können. Dazu entwarf er zunächst drei Prototypen anderer, zufälliger Stars, bis er im März 2004 endlich „seine" Pamela fertiggestellt hatte. Sie sah dem Original täuschend ähnlich, niemand hätte in ihr ein Robotermädchen vermutet, aber zu Sebastians großem Pech hatte sie das gleiche Manko wie die Prototypen zuvor: in Ermangelung eines anderen, hatte Sebastian ihr seinen eigenen Charakter gegeben – mitsamt seiner überzogenen Vorliebe für schöne Frauen, große Brüste, lange Beine und blondes Haar. Als Pamela II. nun den verpickelten, unterernährten und krummbeinigen Sebastian Görschlüter erblickte, wie er in den ersten Sekunden ihres Bewußtseins mit zitternd aufgerichteter Kampflatte in Siegerpose vor ihr stand, schob sie ihn einfach beiseite, suchte einen Spiegel auf und ertrank förmlich in den Anblick ihrer eigenen Schönheit.

Es genügte schon der zufällige Blick eines Nachbarn: eine halbe Stunde später wußte ganz Österreich, daß Pamela Anderson im Zimmer eines Siebzehnjährigen vor einem Spiegel onanierte. Als wenig später die Journalisten in die Wohnung der Familie Görschlüter stürmten, hatten sie Mühe, das ramponierte Model lebend aus den wütenden Griffen Sebastians zu befreien, der übrigens gar nicht verstand, warum man ihm verbieten wollte, seine Erfindung zu vergewaltigen. Sebastian kam ins Gewahrsam der Jugendpsychatrie Innsbruck, wurde aber gegen eine erhebliche Kaution der tatsächlichen Pamela freigelassen, die für weitere 500.000 Dollar die Puppe ersteigerte, mit der sie nun exklusive, kußszenenreiche Liebesfilme dreht. Amerikanische Konzerne boten nun horrende Summen für weitere sogenannte „Starfopper", was aber von einem moralisch einwandfrei funktionierenden Amtsgericht in Niederösterreich verboten wurde. Es verbot auch die Herstellung weiterer Duplikate, was wiederum Sebastian völlig kalt ließ, denn er hatte ja nun genügend Geld und Ruhm erlangt, sich schöne Frauen auch gegen alle Regeln ihres Geschmacks leisten zu können – einzige Motivation seines Erfinderreichtums.

Schön und gut, fragt sich der geneigte Leser – aber was hat das alles mit Leipzig zu tun?

Nun, die Prototypen, an denen Sebastian sein Genie ausprobierte, waren Kopien von James Dean, Oliver Kahn und Heinz Ratz. James, weil er den auf den Videofilmen seiner Mutter immer sah, Oliver, weil er der Star seines Lieblingsvereins war, und Heinz, weil er durch einen heftigen Hagelschauer in dessen Konzert zufällig hineinflüchtete und ihn trotz mäßiger Zuschauerzahlen versehentlich für einen Star hielt. James II. wurde in eine Massenkarambolage auf der A8 München-Salzburg verwickelt und zerbarst. Oliver II. explodierte gleich bei seinem ersten Wutausbruch. Heinz II. aber lief eine ganze Weile lang unerkannt in der Gegend herum, bis er eines Tages in Leipzig auf Heinz I. traf.

Ich war ausnahmsweise mit dem Zug unterwegs, nicht in endloser Strom & Wasser Odyssee, sondern solo, zu einer Lesung in Halle. Zugfahren hat zu tun mit Umsteigen, Warten, Leute kennen lernen, Tschüß sagen, Warten, Stimmungsschwankungen. Schon in Bad Kleinen überfiel mich eine grundsätzlich melancholische Laune, wollte gar nicht weichen, tat überaus freundschaftlich. Schließlich begann sie, an meinen beiden Ohrläppchen zu kauen.
„Laß mich!", rief ich, aber das hatte natürlich keinen Zweck. Sie gaukelte tiefsinnig mit bunten Erinnerungen.

Zweites Mal Warten in Leipzig. Ich hatte einiges an Zeit im Gepäck und beschloß, ein Café aufzusuchen, um das nämliche Getränk literweise in mich hineinzuschütten. Schönen Eckplatz gesucht mit Blick auf den täglichen Einkaufswahnsinn – schon hörte ich neben mir eine penetrante Männerstimme großkotzig wichtig tun.

Ich rief: „Das geht auch leiser!",

empfing: „Schnauze!",

sagte: „Arschpfeife!",

hörte: „Drecksloch!", und begann also, zu faul für einen Streit, an meinem Kaffee zu schlürfen.

Hätte ich freilich gewußt, daß da ums Eck herum einer saß, der mir aufs Haar glich, abgesehen natürlich von seiner fragwürdigen Kleidung und Frisur, dann hätte mich das aufgeregte Getuschel und Geblicke der anderen Gäste nicht weiter gewundert. Ich bezog es auf den kurzen Schlagabtausch und meinte zu verstehen: man hatte nichts zu tun hier in Leipzig-Zentrum. Das war schon was – so ein echter Männerwortwechsel!

Na gut.

Der andere dachte nicht daran, leiser zu sprechen.

„Tja, man macht schon was mit im Leben! Und mit den Frauen! Als Musiker sowieso!"

O Gott, auch das noch! Auch noch Musiker, dachte ich, kann ja heiter werden!

„Noch so einen vorzüglichen Kaffee bitte!", bestellte ich und blitzte ein wenig die Bedienung an. Sie blitzte zurück. Das tat mir gut, die Melancholie war vertrieben, ein erotisches Streichholzfeuerchen angezündet – nur das Dauernäseln dieses sogenannten Musikers störte noch.

„Mann, gerade hier in Leipzig hatte ich mal eine heiße Nacht, sag ich euch! Wahnsinn! Der reine Wahnsinn!"

Seinem Ausruf folgte ein wimmerndes pubertäres Gekicher von drei oder vier Halbwüchsigen, die vermutlich mit ihm am Tisch saßen.

„Also, ist zwei oder drei Jahre her", begann er wieder, während ich mich vergeblich bemühte, meinen Ohren ein anderes Ziel anzubieten.

„Da hatte ich einen Auftritt in der Stötteritzer Margerita. Kennt ihr den Laden...?"

Und ob! dachte ich mit plötzlicher Anteilnahme. Ehemalige ostdeutsche Irrenanstalt, wirklich schräger Auftrittsort!

„Ehemalige ostdeutsche Irrenanstalt, wirklich schräger Auftrittsort!", sagte nun auch der andere. „Es war eine Lesung, die ich gemeinsam mit Radjo Monk abhalten sollte!"

Fast hätte ich meinen Kaffee quer über den Tisch geprustet. Genauso war das auch bei mir gewesen!

„Ich fuhr also wie üblich aufs Geratewohl nach Leipzig, wußte nicht, wo in aller Welt diese Margerita lag, fragte zwei, drei Mal vergebens und rief dann Radjo Monk auf seinem Handy an. Er beschrieb mir den Weg, sagte aber gleich im Anschluß: „Sorry, Mann – ich werde nicht kommen können! Ich stecke hier in Thüringen in der Hirschbrunft fest! Aber Steffen Birnbaum wird mit Dir lesen...!" Dann war mein Geld alle. „Who the fuck is Steffen Birnbaum?" dachte ich noch und machte mich auf den Weg..."

An dieser Stelle machte der Kerl eine längere Atempause, in die er mit lauten Schluckgeräuschen Bier oder Schweppes in seinen Magen laufen ließ. Zeit genug für mich, der ich ja nicht wußte, das dort unten ums Eck herum sozusagen ich selber saß, mich zu wundern: das war ja haarklein eine Geschichte, die ich vor etwa zwei Jahren hier erlebt hatte.

„Na ja, ich fand also irgendwann diese gottverdammte Margerita", fuhr er fort, „irgendwo hinterm Völkerschlachtdenkmal, fragt mich nicht! Hier ist ja bestimmt die Hölle los! dachte ich und parkte meinen Bus. Mit skeptischen Schritten betrat ich das Gelände und sah im Innenhof sogleich eine Tafel. Ein Pfeil zeigte nach links: „Kongo!" – und einer nach rechts: „Monk / Ratz lesen!" – dabei war Monk durchgestrichen und das R von Ratz ebenso. Wirklich gute Werbung, dachte ich. Wird bestimmt voll! „Atz lesen!" – das klingt auf jeden Fall so, als dürfte man es nicht verpassen! Ich trat also in das riesige Gebäude und rief: „Hallo! Atz ist da!"

Wieder wurde seine Rede unterbrochen vom meckernden Gelächter seiner Tischkumpane. „Unverschämtheit!", dachte ich indessen. „Benutzt sogar in aller Dreistigkeit meinen Namen!"

„Ich machs mal kurz, Jungs!", fuhr er herablassend fort. „Es waren sechs Zuschauer da, rechnet man den Wirt und diesen Herrn Birnbaum dazu. Ich las bunt gemischt, kennt ihr ja, Jungs, war derbe gut, der Saal jubelte, soweit sechs Zuschauer das eben können. Zwischendurch platzte übrigens noch die Frau oder Geliebte des Wirts herein und schrie ihn an, er solle mit dem Schnapssaufen aufhören. Woraufhin dieser beherzte Mann übrigens aufstand und die Eingangstür vor ihr verriegelte. Sie trommelte noch eine Weile gegen die abgesperrte Tür. Ich las derweil Gedichte über langjährige Beziehungen. Alle waren gut drauf. Und dann entdeckte ich plötzlich in der verdunkelten Ecke des Saals zwei verteufelt gut aussehende lange Frauenbeine!"

„Wow!", riefen die Trabanten.

Ich aber lehnte mich zurück. Sieh an, dachte ich, jetzt wird's interessant, jetzt beginnt der Kerl den schmalen Pfad der Wahrheit zu verlassen! Jetzt zeigt sich, ob er als Geschichtenerfinder auch nur den Hauch einer Chance gegen mich hat.

„Ich also gleich die gesammelten Dichtungen in eine Ecke geworfen und zu ihr hin: Hi Baby, heute schon was Besseres vor, als mich kennenzulernen?"
„Krass – direkt!", bewunderte der erste.
„Geiler Spruch!", bewunderte der zweite.
„Zielsicher!", sagte der Dritte.
„Tja, ihr kennt mich ja", milderte mein Doppelgänger ab. „Es war diesmal ne Brünette – aber was für eine! Macht ihr euch kein Bild! Spottet jeder Beschreibung. Eine Frau, gegen die alle anderen Frauen so etwas wie Schaufensterpuppen sind! Unglaubliche Augen! Die wohlgeformtesten Brüste! Beine wie Autobahnen! Ich sag nur: Mein Gott! Und wißt ihr, wohin dieser Traum hinsah – mir zwischen die Beine, lange, ausgiebig, abschätzend, dann hob sie den Blick, braun wie Mahagoni, lächelte und sagte: „Nein, wieso?" – Leute, ihr wißt, eine solche Gelegenheit muß man anpacken, ohne jedes Wenn und Aber, ich also ein großes Sorry im Gesicht, beende meine Lesung, ziehe diskret den Wirt zur Seite und sage: „Hör mal, ich hab grad keinen Zaster auf Tasche, keinen Zunder, weißt ja, was ich meine, keine Zisseln, keine Knete, Mann, also Hotel is nich drin, aber weißt nicht vielleicht du n Pennplatz, der bequemer is als mein Bus? Muß nur ein gut gefedertes Bett drin sein... hähähä!" Der Wirt war ein Mann mit Erfahrung, sah mich an, sah diese zwanzigjährige Vollendung, griff nach seiner Jacke und sagte nur: „Kommt mit!" Ich weiß nicht Jungs, ob ihr das kennt..." Hier machte der Erzähler eine kleine Pause, in der man den Windzug hörte, den das eifrige Nicken seiner Zuhörer erzeugte, „aber wenn schon alles klar ist, das heißt, wenn Mann und Frau bereits ganz genau wissen, daß sie im nächstbesten Augenblick in- und um- und aufeinanderliegen, dann ist man jenseits der Worte, dann törnen Worte eher ab. Wir liefen also stumm nebeneinanderher, der Wirt voraus, wir eilig hinterher, Geist und Sinne schon in allernächster Zukunft, die Beine aber noch blöde in der Gegenwart. Und dann zog sich das, Leute, fünf Minuten, zehn, zwanzig, dreißig – nach einer Dreiviertelstunde schrie ich endlich: „Wo sind wir hier?" Ich hatte das Gefühl, einem christlichen Fundamentalisten aufgesessen zu sein, der meine Samenstränge weichlaufen wollte und die Beine des Mädchens kurzstampfen. „Wir sind da", sagte der Wirt augenzwinkernd und zeigte uns ein Haus, dessen apokalyptische Ausrichtung unschlagbar war. Als einziges stand es noch auf dieser fast völlig vernichteten Straße – links und rechts da-

von in langer Reihe Trümmerreste abgerissener Gebäude. Grau stand es da, mit vergitterten Scheiben, komplett einsturzgefährdet, griesgrämig beleuchtet von einer übriggebliebenen, eigentlich schon in Rente gegangenen Straßenlaterne. Es war ein Jammer. Und wären wir nicht bis zum Siedepunkt aufgehitzt durch unsere Phantasien, wir hätten kein Fuß in das Haus gesetzt. So aber hörten wir dumpf den Erklärungen des Wirts zu, der uns mitteilte, die Stötteritzer Margerita sei ja ein verlassenes Irrenhaus gewesen – hier aber seien die wirklich gefährlichen Fälle untergebracht gewesen, die Kindermörder, die Menschenfresser, die Selbstverstümmler, die aggressiven männlichen Erwachsenen.

„O.k.", sagte ich. „Und wo können wir schlafen?"

„Ich habe oben im dritten Stock noch ein Zimmer mit zwei Feldbetten, die man zusammenschieben kann", sagte der Mann. „Wann wollt ihr morgen raus? Die Tür ist nämlich nur von Außen verschließbar. Ich würde dann abschließen und morgen früh wieder aufmachen? Sagen wir zehn Uhr?"

„Ja, ja", sagte ich.

Kaum war hatte er das Schloß zweimal umgedreht, gings los. Jungs, ich weiß nicht, was ihr so für einen Sexualhorizont habt, aber so was hat sicher keiner von euch erlebt. Sie riß mir die Klamotten vom Leib, sie presste sich an mich, sie leckte mich ab, sie schrie und stöhnte unter mir – es war eine Göttin der Liebe. Bevors aber richtig zur Sache ging, mußte ich noch einmal urinieren, ich stellte das kurz klar, erhob mich und schritt mit einer wippenden Mörderlatte aus dem Zimmer, um irgendeine Form von Toilette zu finden. Ich lief eine Weile durch den dunklen Flur, fand auch etwas, was entfernt daran erinnerte. Es gab kein fließend Wasser, na gut, ich stieß mir schmerzhaft die Zehen an, meinetwegen, - mein Gott, da drüben lag eine Frau, wie aus dem Paradies entflohen, Wahnsinn, auch die zehn Bier und zwölf Schnäpse täuschten nicht darüber hinweg! Ich eilte zurück, riß die Tür auf und sagte: „Hey Baby, ich bin so unglaublich heiß auf..." – weiter kam ich nicht. Von rechts schoß mit einem bestialischen Gebell ein riesiger schwarzer Hund auf mich zu und vorne erkannte ich die Umrisse eines halbnackten, langhaarigen Mannes, der aufsprang und mich anschrie: „Hau bloß ab, du Dreckskerl!"

Sofort schloß ich die Tür. Ich stemmte mich mit aller Kraft gegen die Türklinke und versuchte das Gekläff des Hundes zu übertönen:

„Nichts für ungut, Kollege! Ich bin echt harmlos, Musiker, Dichter, weißt schon, hähä – hey, laß uns ganz friedlich bleiben, ja?"
„Ich mach dich fertig!", schrie der Mann. „Ich stech dich ab!"

Ich machte mich aus dem Staub – wo war denn mein Zimmer gewesen? Seltsam, ich hätte geschworen, na gut – diese Tür denn wohl – ich starrte in ein finsteres Loch, aus dem mir der Geruch nach fauligem Wasser fast den Atem nahm. Verdammt! Wo war denn das Zimmer mit der Frau? Sehr ernüchternd das Ganze. Ich begann zu frieren, meine Füße verwandelten sich langsam aber sicher in zwei Eisklumpen, staubbehaftet, mein Ständer schrumpfte enttäuscht auf seine paar Zentimeter Standbymodus zurück. Gibt's doch nicht! Dazu die Angst, dieser Wahnsinnige möge die Zimmertür öffnen und seine Bestie entlassen, gegen die hatte ich keine Chance, in diesen stockfinsteren Fluren schon gar nicht, sie würde mich zerreißen. Und dann fiel mir siedendheiß ein, daß unser Gastgeber die Eingangstür unten abgeschlossen hatte und alle Fenster im Erdgeschoss vergittert waren. Na toll! Ich war auf einmal nüchterner als je zuvor in meinem Leben, aber was soll ich euch sagen – ich fand das Zimmer nicht! Eine Stunde lief ich in diesen verfluchten Fluren herum und konnte einfach das Zimmer mit der Frau nicht finden. Vielleicht ist sie fort, dachte ich, aber daß sie dann auch meine Kleidung, meinen Bücherkoffer und die zwei Feldbetten mitgenommen hatte, das war ja wohl nicht möglich! Ums kurz zu machen, Jungs: ich war am Ende so verzweifelt und durchgefroren, daß ich in dem einzigen Zimmer nächtigte, in dem ich etwas fand, auf dem sich liegen ließ, nämlich ein altes Sofa, und etwas mit dem ich mich zudecken konnte, nämlich ein paar zusammengefaltete harte Leinensäcke. Wobei das Wort „nächtigen" völlig übertrieben ist. Erst fror ich wie ein Hund, dann onanierte ich dreimal, bis mich die Vorstellung nicht mehr quälte, irgendwo in meiner Nähe warte noch immer dieses Sexwunder auf mich und dann lag ich angstvoll wach, weil ich den Wahnsinnigen hörte, wie er mit abgehackten Selbstgesprächen durch die Flure irrte. Gegen sieben Uhr morgens schlief ich dann endlich ein und wurde gegen Mittag von einem sehr erstaunten Veranstalter geweckt.
„Wo ist sie?", fuhr ich auf.
„Wer?", fragte er.
„Und wer war das?"
„Wer denn?", fragte er.
„Der Wahnsinnige mit seinem Hund?"

„Wie bitte? Welcher Wahn... ah – Harry!“ Er lachte.
„Bestimmt witzig!“, sagte ich.
„Harry ist harmlos!“, grinste der Veranstalter. „Ich hab dem armen Kerl einen Schlüssel gegeben, damit er in kalten Nächten hier unterkommen kann. Seine Frau hat ihn jahrelang mit seinem Bruder betrogen. Das hat in völlig fertiggemacht!“
„Aha“, sagte ich. Und – sie?“
„Wer – ich?“ Der Wirt stellte sich begriffsstutzig.
„Nein, die Frau!“, wiederholte ich hartnäckig.
„Keine Ahnung wovon Du sprichst!“

Hatte ich mir das alles nur eingebildet? Ich blickte mich um. In der Ecke lag einen zusammengeknüllter Klamottenberg und mein Schlafsack.
„Ich würde mich jetzt gern anziehen!“, sagte ich. Der Veranstalter verließ dezent den Raum und ich torkelte zu der Ecke. War ich blöd geworden über Nacht? Das konnte ich doch nicht geträumt haben! Allein schon die Tatsache, daß ich mich mit diesen Leinensäcken zugedeckt hatte und nicht mit meinem Qualitäts-Schlafsack sprach doch dagegen! Reichlich verwirrt schlüpfte ich in meine Wäsche. Als ich in meinen Taschen nach meinem Handy suchte, hielt ich plötzlich etwas Weiches in der Hand. Ich zog es raus und was meint ihr wohl, Jungs, was es war? – Ein weißer Seidenslip, auf dem mit rotem Lippenstift quer über die intimste Stelle ein großes „Schade!“ geschrieben war....“

Mein Doppelgänger beendete seine Erzählung. Man spürte förmlich, wie er selbstzufrieden nach seinem Glas griff und eine neue Ladung Bier oder Schweppes in seinen Magen schüttete. Seine halbwüchsigen Fans gurgelten vor Anerkennung und ich war aufgestanden, um die Ecke gebogen und sah mir den Kerl an, der aussah wie ich, haargenau, nur etwas schlechter natürlich, aber sonst – krasse Geschichte! Bevor er mich sehen konnte, verschwand ich wieder ums Eck herum. Was tun? Du kannst ihm die Fresse polieren, dachte ich, du kannst ihm zeigen, daß er nur eine Scheißkopie ist, chancenlos gegen das Original, oder du kannst ihn einfach für dich arbeiten lassen. Das war Basis-Promotion, das war härteste Fanarbeit und ich konnte einfach dasitzen und brauchte noch nicht einmal nachzudenken. Ich mußte nur irgendetwas Durchschnittliches erleben und schon verwandelte dieser begabte Lügenbaron es in die herrlichste

Tour- und Reisegeschichte. Wichtig war nur, daß die Pressehonorare auf mein Konto flossen.

So zahlte ich also und ging.

Daß die Kopie doch niemals an das Original heranreicht wurde mir bereits ein paar Tage später bestätigt. In einer Provinzzeitung in Gera las ich unter „Kurioses" vom Ableben eines Unbekannten, der Opfer geworden war eines ausschließlich mit reifen isländischen Blondinen besetzten Reisebusses. Auf einer Autobahnraststätte zerlegten diese aufgeschlossenen nordischen Walküren den Ärmsten in seine Einzelteile. Schade! Ich hatte ihn irgendwie schon richtig lieb gewonnen.

Berliner Kellertheater

(09.-10.02 05)

Im Februar 2005 veränderte sich Strom & Wasser entscheidend. Von einem Bass- und Gitarrenpärchen verwandelten wir uns in eine musikalische Großfamilie, das bedeutet: Peer wollte nunmehr auf Solopfaden wandeln und ich beschloß, aus meinem Ein-Mann-Restbestand die explosivst mögliche Mischung zu kreieren, suchte hierfür mit offenen Ohren, Augen und Herzklappen und traf zunächst auf Steffen, Fee, Rui und Antun, auf vier musikalische Extremisten, mit denen ich an jenem harmlosen Donnerstag zu Proben gedachte. Nachdem ich durch mein halbperuanisches Zeitempfinden zu den ersten beiden Proben zu spät kam, beschloß ich, diesmal auf jeden Fall pünktlich zu erscheinen, damit ich mir nicht vorschnell jeden Respekt verspielte. So erreichte ich fast eine halbe Stunde zu früh unseren Proberaum in Neukölln – ein leerstehendes altes Schul- oder Verwaltungsgebäude zwischen Luxushotels und Schrottplätzen gelegen. Ein schweres Eisentor und zwei massive Holztüren galt es mit Hilfe von raffinierten Schlüsseln aufzusperren, dann ins Gebäude hinein und die Lichtschalter nicht gefunden. Ich suchte zehn Minuten, war ja nun auch nicht blind, der fortgeschrittene Abend warf genügend Dämmerung durch die Fenster – aber nichts, kahle Wände, karges Treppenhaus, Flure ganz ohne Plastikquadrätchen. Stattdessen polterte ein Dröhnen durch das ganze Gebäude, tiefe Frequenzen ohne erkennbaren Rhythmus und das immerhin beruhigte mich. „Eine Anfänger-Trommelgruppe!", dachte ich. „Zweites Obergeschoss. Mal hingehen. Die werden schon wissen, wo hier das Licht angeht!"

Mit jeder Stufe, die ich hinaufschritt, nahm allerdings der Lärm ab, so daß ich bald kehrt machte und stattdessen in den Keller stieg. Hier war es so dunkel, daß ich vorsichtig Fuß vor Fuß setzen mußte, um nicht zu stürzen. Nach vierundzwanzig Stufen stieß ich an eine Holztür, die sich modrig anfühlte und dem Druck meiner Finger leicht nachgab. Eine lange Reihe weiterer Stufen wurde sichtbar. Aus der Tiefe drang ein staubiger Schimmer durch, der den Weg ansatzweise beleuchtete. Gleichzeitig war nach Öffnen der Türe der Lärm viel deutlicher zu hören. Ich mußte von der Idee einer Trommelgruppe Abstand nehmen. Es klang viel mehr wie eine Maschine, die tief unten arbeitete, dumpf und unheimlich, irgendeine versunkene Werkstatt. Heizanlagen vielleicht oder Kanalarbeiten, - aber ich wußte schon, daß ich mich irrte. Meine Beine weigerten sich weiterzugehen, ein beklemmendes Gefühl schnürte mir den Magen zu.

„Quatsch!", dachte ich. „Du bist der Nachkomme feiger Nazis und mutiger Indianer. Sollen etwa die väterlichen braunen Gene über die farbenfrohen mütterlichen siegen? Los, los, weiter!"

Das war jedoch leichter gesagt, als getan. Weil mit jeder Stufe nicht nur das pumpende Geräusch zunahm und das graue Licht immer unheilvoller heraufschien, sondern auch eine wachsende Traurigkeit von mir Besitz ergriff und sogar meine Angst überlagerte. Ich mußte an meine Mitmusiker denken, die in den nächsten Minuten hier eintreffen würden. „So viel Arbeit!", dachte ich. „Wofür? Um vor fünfzig johlenden Zuschauern zu spielen. Was aber verändert das auf der Welt? Achtzehn Jahre stehst du nun auf der Bühne – hat jemals irgendein Wort von Dir irgendwen berührt, getröstet, geholfen? Für dein bisschen Musik und Literatur vernachlässigst du deine Kinder, die dich lieben und deine Frau, die dich zärtlich vermißt. Nur um in ein paar verqualmten Kneipen vor zehn Besoffenen zu singen, verzichtest du darauf, die Welt zu entdecken, zu reisen, dich zu bilden, zu genießen. So viel Verzicht, Verarmung, Enttäuschung hat das mit sich gebracht! Wofür?"

Ich starrte in das näher kommende Graulicht. Noch zehn Stufen und ich stünde in dem geheimnisvollen Maschinenraum. Immer schwermütiger wurden meine Gedanken.

„Was für eine sinnlose Welt da oben!", dachte ich. „Man sollte für immer hier bleiben. Kaum trifft man auf andere Menschen, fängt man wieder mit diesem wichtigtuerischen Blödsinn an. Wir sind doch ein parasitäres Geschmeiß, das die Erde verwüstet, alle wehrlosen Kreaturen auslöscht und quält und bestialisch über sich selbst herfällt. Das ist die Wahrheit! Nichts sonst!"

Fünf Stufen später dachte ich:

„Was steht schließlich hinter meinen ganzen Anstrengungen und Begabungen und politischen Mühen – doch nur, der Wunsch geliebt zu werden. Aber der Hunger nach Liebe ist eine nicht zu stillende Gier!"

Als ich endlich die letzte Stufe überschritt, dachte ich schon nichts mehr, sondern war von dem dumpfen Gefühl beseelt, einfach hier unten zu bleiben und zu sterben. Auf den letzten Metern zum Ma-

schinenraum war auch das kein Trost mehr. Ich fühlte mich unendlich müde und allein. Kaum brachte ich die Energie auf, in den unangenehm beleuchteten Raum zu treten und mir das dröhnende Ding anzusehen. So melancholisch und hoffnungslos war mir zumute, daß ich ohne jede innere Anteilnahme, ohne Schrecken oder Erstaunen auf den monströsen Fleischhaufen blickte, der das Zimmer halb ausfüllte, auf diesen pumpenden und zuckenden Herzmuskel, groß wie ein Fußballfeld und von der gleichen abgestandenen Farbe wie verrottetes Hackfleisch.

Es war das Herz von Berlin.

Aber nichts vom bunten Straßenbild war hier zu spüren, von der anonymen Toleranz, es war nur ein unerträgliches Konzentrat aus Einsamkeit und Depression. – Wie ich so stand und es anstarrte und sein hämmerndes Pumpen mich immer kleiner und kümmerlicher schlug, bemerkte ich plötzlich einen furchtbaren Sog, der von dem zuckenden Fleischberg ausging. Ich begann ihm schon nachzugeben, begann mich langsam auf ihn zuzubewegen, da sah ich plötzlich, wie sich hinten links ein angenehmer Schimmer in die Fleischbeleuchtung mischte und vier Männer an einer Stickleiter durch eine aufgestoßene Bodenklappe hereinkamen. Sie hatten die grellorangen Gummimäntel der örtlichen Stadtreinigung an und lachten herzlich unpassend in den tödlichen Rhythmus des Herzens hinein. Aus einer kleinen Seitenkammer holten sie allerlei Putzzeug hervor: Eimer, Wischmob, diverse Chemikalien, zwei Staubsauger, Tücher und Wedel, dann entdeckte mich einer der Männer und schritt auf mich zu.

„Zieh mal Leine, Junge!“, sagte er fröhlich. „Wir müssen hier durchwischen!“

„Klar, mach ich!“, entgegnete ich und schritt erst zögernd, dann immer beschwingter aus der Tiefe des Kellers empor. Als ich oben ankam, brannte überall Licht und ich hörte, wie die anderen schon das Lied vom Dicken Kuchen übten. Ich stürzte mich ins Zimmer, griff nach meinem Bass und übte mit.

Wir hatten keinen einzigen Zuhörer, bewegten nichts, trösteten niemanden, aber das Aufblitzen unserer Blicke zeigte deutlich genug: wir taten das Schönste, was Menschen gemeinsam tun können auf der Welt: wir machten zusammen Musik!

Der Plattenmeister

(in Halle/Neustadt)

(02.10 05)

In einem lichtlos grauen Quader
in Halle-Neustadt, Riesenplattenbau,
wo alles noch viel ordentlicher und gerader
gebaut ist als ein Haus in Oberammergau,

da hab ich mich verloren, vielmehr: ich ging rein
und stieg ins Innre der Betonruine.
Nur Restmetall und Rost und Stahl und Stein,
eine seit langem stillgelegte Wohnmaschine.

Erst pfiff ich noch, um mir so Mut zu machen,
doch dann verstummte ich vor Einsamkeit.
Ich kramte Witze aus und fand sie nicht zum Lachen.
Und stieg und stieg und so verging die Zeit.

Im letzten Stockwerk, hoffte ich, sei Licht,
der Rest von einem Mondstrahlsplitterschein.
Doch etwas Leuchtendes, das fand ich nicht,
stattdessen fand ich ihn – den Mann aus Stein!

Der Mann aus Stein, er wurde hier vergessen!
Jahraus, jahrein, hat er hier still gesessen!
Zwanzigster Stock, die dritte von fünf Platten.
Der Mann aus Stein sitzt einsam dort im Schatten.

Ich fragte ihn: wie geht's? Was macht das Leben?
Ist kalt hier oben, rief ich – willst ein Bier?
Er sah nicht aus, als wollt er Antwort geben.
Er saß nur da und starrte müd zu mir.

Wenn ich ihn jetzt berühre, könnte er zerfallen
und dann zerfällt mit ihm der ganze Bau zu Staub!
Ich darf auch nicht so mit den Schuhen knallen,
er ist so brüchig wie gefrornes Laub!

Ich hätte viele Fragen, denn ein Mann wie er,
der kennt das Leben, sitzt nur da und starrt.
Doch gibt er von dem Wissen nichts mehr her.
Was er auch sah, es machte ihn zu hart.

Naja, machs gut – ich wandte mich zum Gehen,
mir ist das hier zu traurig und zu grau.
Ich kann hier gar nichts Lebenswertes sehen!
Wenn ich sie treffen sollte, grüß ich deine Frau...!

Der Mann aus Stein, er wurde hier vergessen.
Jahraus, jahrein hat er hier still gesessen.
Zwanzigster Stock, die dritte von fünf Platten.
Der Mann aus Stein sitzt einsam dort im Schatten.

Köpfe sichten in Deizisau

(27.11 – 16.12 04)

Unter meinen Liedermacherkollegen ist einer, den ich besonders ins Herz geschlossen habe – ein eigentümlicher, oft wortkarger Schwabe, Bernd Chudalla, ein warmherziger Mann mit einem guten Auge für die dunklen und hellen Seiten seiner Mitmenschen. Vierfacher Vater und hauptberuflich Steinmetz. Als wir vor Kurzem ein kleines Festival bei Reichenbach spielten, lud er uns ein in seine Werkstatt. Als Angestellter des Betriebs muß er in der Regel Grabmale ausarbeiten, gelegentlich aber bleibt ihm Zeit für kreative eigene Werke. So zeigte er uns diesmal einen eben zu Ende modellierten Marmorkopf von etwa einem Meter Höhe. Es zeigte das Gesicht eines wilden Zigeuners, wobei es sich eigentlich nur um das halbe Gesicht handelte, die rechte Hälfte war extrem verkürzt und wie nach hinten umgeklappt. Dafür hing ihm wie ein toter dicker Fisch der Schnurrbart über die Lippen. Trotzdem hatte der Kopf absolut nichts Lächerliches – im Gegenteil: es zeigte das Gesicht eines schönen, entschlossenen und seiner Schönheit nachlässig bewußten Mannes.

Ich erkannte ihn sofort.

Es war mein sagenumwobener Urgroßvater, dessen Namen ich leider vergessen habe, der singende Inka jedenfalls, der mit seiner Gitarre und seinen beiden Hunden „Salz" und „Pfeffer" durch die peruanischen Anden spazierte und in den Dörfern aufspielte. Der Einzige in meiner gesamten Ahnenreihe, der wie ich einen genetischen Hang zu Obdachlosigkeit und Künstlerdasein aufwies.

Er kam auch gleich zur Sache:

„Hast Du ein Glück, daß mir keine Arme und Beine zur Verfügung stehen!", rief er, von meinem Anblick irgendwie in Rage gebracht. „Den Arsch würde ich Dir versohlen!"

„Aber warum denn?", fragte ich.

„Da fragst Du noch! Herumhuren, saufen, eitel predigen, während zu Hause deine Frau und deine Kinder dich vermissen, schutzlos sind und ohne Nahrung!"

„Na Moment mal", protestierte ich. „Meine Kinder hungern nicht, meine Frau weiß..."

„Donnerwetter!", rief der Kopf meines Urgroßvaters nun wirklich laut. „Gerade Mal sechsunddreißig geworden und unterbricht schon einen alten Mann!"
„Wenn ich Bernd richtig verstanden habe, hast du nicht Mal zwei Wochen auf dem Buckel!"
„Pah! Was weißt schon der Schöpfer über sein Werk?"
„Er kennt zumindest den Zeitpunkt seiner Entstehung!"
„Grünschnabel, elender! Hab ich mir schon gedacht, daß du so bist!"
„Wie denn?", fragte ich streitlustig.
„Wie ich!", rief der Kopf und lachte dröhnend. Selbst der dicke Fisch auf seiner Oberlippe begann zu zittern.
„Na – und was ist daran so schlecht?", fragte ich gespannt.

Der Kopf meines Ur-Großvaters wurde sofort wieder grimmig.
„Schlecht ist gar kein Ausdruck! – Wie viele Zähne hast du noch?", fragte er streng.
„Zweiundzwanzig", antwortete ich verwirrt. „Aber was hat das ..."
„Das ist wenig für Mitte Dreißig. Sieh mich an! Hat dein versoffener Kumpane mir auch nur einen einzigen Zahn gelassen?"
„Na ja", sagte ich. „Er wußte ja auch nicht, wen wer da..."
„Unsinn, wußte nicht, wußte nicht ... Der weiß ganz genau, was er macht! Und mein Lieber, er hat Recht! Mit 42 verlor ich meinen letzten Zahn, damals bei der großen Schlägerei in Athahualpa. Mann, hab ich da eins aufs Maul gekriegt, hehehe...", ließ er wieder seinen Schnurrbart zittern. „Aber ausgeteilt für zehn, mein Lieber!"
„Hahaha!", lachte auch ich.
„Was gibt's da zu lachen?", schnauzte mich mein nachgebildeter Urgroßvater an.
„Du hast doch selbst..."
„Nix da – mein Lachen und dein Lachen, das sind zwei grundverschiedene Dinge!"
„Warum das?"
„Mein Lachen wird getragen durch hundertjährige Erfahrung, es ist mild und rückschauend, während deins grün ist, verkrampft und spätpubertär!"
„Na, immerhin hab ich ja noch die Hoffnung, du sagtest ja selbst, daß ich sei wie du ..."
„Niemals!", trötete dieses i-Tüpfelchen von einem Inkavorfahren und sah mich feindselig an. „Wie viele Frauen hast du geliebt?"
„Siebenundvierzig!", schätzte ich.

„Lächerlich!", triumphierte er. „Wie viele Lieder hast du geschrieben?"
„Neunhundert!", trumpfte ich auf.
„Was ist das schon?", rief er. „Wie viele Feinde hast du erschlagen?"
„Zwölftausend!", schrie ich verzweifelt.
„Hehehe!", lachte er sein durch hundert Jahre Erfahrung geläutertes Lachen.

Mir wurde es zu dumm.
„Was willst du eigentlich von mir?", fragte ich ihn, bereit, das Gespräch zu beenden. Er sah mich mit seinen einundhalb Augen herausfordernd an, dann sagte er leichthin: „Geld!"
„Geld?", rief ich verwirrt.
„Warum nicht?"
„Weil du mir unter anderem eben vorgeworfen hast, ich würde meine Familie verhungern lassen und jetzt soll ich dir vom wenigen, das ich verdiene..."
„Immer noch mehr als ich!", protestierte der Kopf meines Urgroßvaters. „Wenn ich wenigstens Arme und Beine hätte, dann könnte ich ja irgendeinen blöden Job übernehmen. Aber so ..."

Ich mußte ihm recht geben. Kopfarbeit wird nicht bis nie honoriert.
„Sag mir eins", sagte ich wütend. „Wofür braucht einer wie du Geld?"
„Schöne Frauen sind teuer!", seufzte mein Gegenüber.
„Dann hack dir doch deine gottverdammte Indianernase ab!", brüllte ich. „Ist doch aus Marmor, kriegst du mehr Geld für, als ich in fünf Konzerten verdiene!"
„Ohne Nase nützt mir alles Geld nichts!", sagte er betrübt. „Du weißt doch: An der Nase eines Mannes, erkennt man seinen Johannes!"
„Was für einen Johannes?!", schrie ich. „Du gehst doch nur bis zum Kinn!"
„Das weiß *sie* aber nicht!", brüllte mein Urahne zurück.
„Welche sie denn nun wieder?" Der Kerl machte mich rasend!
„Na, die dort, hinter dir!"

Ich drehte mich um. Da stand tatsächlich eine modellierte marmorne Schönheit und zeigte uns ihre vortrefflich proportionierte Hinterpartie. Ihr Blick war in verlogener Verträumtheit auf die Steinmetzwerkzeuge gerichtet, die lauernde Spannung ihres Körpers verriet jedoch ihre eigentliche Absicht und löste auch in mir eine kleine

Hormonrevolte aus. Glücklicherweise entsann ich mich rechtzeitig, daß es sich hier nur um eine Steinstatue meines Freundes Bernd Chudalla handelte.
„Na?", fragte er. „Lohnt sich doch!"
„Und was willst du mit dem Geld?", fragte ich ungeduldig.
„Bernd Chudallas Chef bestechen! Der bringt mich auf die richtige Höhe und der Rest geht dich nichts an ... hehehe!", lachte mein Urgroßvater.
„Du Schwein!", rief ich. „So ein steinalter, häßlicher ... „
„Also wirklich!", unterbrach mich der Alte. „Als ob du dir das entgehen lassen würdest!"
„Na ja, ich weiß nicht!", sagte ich.
„Hehehe!"
„Aber ich will wissen, was du vorhast!"
„Ich werde ihr meine Nase hinten rein rammen!", rief mein Urahn triumphierend und konnte sich nicht halten vor Lachen, lachte, bis das Dröhnen seines Gelächters alle vorhandenen Werkzeuge in ein wildes Vibrieren gebracht hatte. Und – irrte ich mich? – drehte sich jetzt nicht auch die besagte Schönheit nach ihm um und lächelte mit ihrem hübschen Steingesicht so fein und so schweinisch, daß mir eine moralische Gänsehaut über den Rücken lief?

Grußlos schritt ich davon.

Den Steinskulpturen Bernd Chudallas war ich eindeutig nicht gewachsen.

Essen in Windsbach

(29.10 – 01.11 04)

Monatelang war ich mit dem Zug auf Tour gefahren – dann hatte die Summe der kleinen Gagen wieder gereicht, um mir eine vierrädrige Klapperkiste zu kaufen. Als mich nun auf der Fahrt von Karlsruhe nach Leipzig der Heißhunger überfiel, fuhr ich kurzentschlossen bei Nürnberg von der Autobahn und landete in einem Örtchen namens Windsbach. Ich stellte das Auto ab und lief auf der Suche nach einem Gasthaus dreimal die Hauptstraße entlang. Als einziges geöffnet zeigte sich das Gasthaus zur Sonne, das besterhaltenste und freundlichste Gebäude des Dorfes. Ich schritt hinein und wurde überrascht von dem kargen Innenraum – nikotingelbe, kahle Wände, billigstes, lieblos hingestelltes Mobiliar. Der Wirt mit dem Blick einer lebensmüden Eule, vereinzelt sitzende Männer um die sechzig, die meinen Gruß nicht erwiderten. Ich hatte mein „Guten Tag" recht laut gesprochen. Nun fiel es in eine staubige Stille und lag da, lächerlich gemacht durch das eisige Schweigen der anderen Gäste.
„Dann eben nicht!", murmelte ich trotzig, bückte mich und hob es auf, um es für eine bessere Gelegenheit zu benutzen. Ich nahm an dem einzigen noch freien Tisch Platz. Die anwesenden Männer und der Wirt betrachteten mich ausdruckslos – wie alte Zootiere, dachte ich, beschloß aber, mich nicht aus der Ruhe bringen zu lassen, kramte Stift und Papier aus meiner Tasche hervor und begann, die Geschichte von der Zugspitzdohle zu schreiben. Ich sah nicht auf, spürte aber, daß die Blicke der alten Herren weiterhin auf mir ruhten. Auch der Wirt schien mich lieber zu betrachten, als mir die Speisekarten zu bringen. Ich vertiefte mich also in die Geschichte, warf sozusagen mein Herz weit in die Alpen, war überhaupt nicht mehr anwesend in dieser unfreundlichen Stube – und ignorierte auch den Eintritt eines weiteren Gastes. Mit einem letzten Rest meines Bewußtseins nahm ich immerhin wahr, daß auch er alt sein mußte – sein schleppender Gang, das Ächzen im Augenblick mühevollen Hinsetzens, das schwerfällig plumpsende Geräusch, mit dem der Körper auf die Sitzbank fiel...

Plötzlich begann er zu husten. Es war ein hohes, verschleimtes, pfeifendes Husten, das sich widerwärtig steigerte, bis ich verwirrt und erschrocken in seine Richtung blickte. Verdeckt von einer Säule, konnte ich nur den Schatten eines zusammengekrümmten Körpers sehen. Von Hustenkrämpfen geschüttelt rang die Lunge nach Luft, rasselte und pfiff, während sie vergeblich versuchte, sich vom Schleim zu befreien. Ich erschrak aber auch, weil ich unvermittelt den Wirt neben mir wahrnahm, der mich seit einer ganzen Weile schon mit seinen vorgewölbten müden Augen anstarren mußte. Die Speisekarte lag aufgeschlagen neben mir. Tatsächlich wie eine Eule, dachte ich wieder, lautlos und unheimlich. Möglichst gelassen sagte ich: „Ist alles in Ordnung mit dem Herrn? Sollte man nicht lieber einen Arzt kommen lassen?"

Der Wirt reagierte merkwürdig verzögert, ließ abwägend seinen großen Kopf schwanken und fragte dann mit hohler Stimme:
„Tagesmenü?"

Auch die anderen Herren schienen durch das fürchterliche Husten des neuen Gastes keineswegs beunruhigt. Vielleicht sind sie es gewohnt, dachte ich. Wahrscheinlich sind das alles vereinsamte, verwitwete Männer, die sich hier täglich versammeln, schweigen und essen und einer von ihnen hustet eben.

Ich blickte in die Karte und fragte nach einem vegetarischen Gericht.
„Fleisch!", sagte der Alte.
„Nein, ohne Fleisch!", entgegnete ich.

Wieder brauchte es eine Weile, bis er reagierte.
„Fleisch!", sagte er dann wieder und sah mich gleichgültig an.

Ich beschloß also, sein Fleischgericht zu bestellen, aber nur die Beilagen zu essen, wählte Gulasch mit Rotkohl und Klößen, dazu einen großen Salat. Der Alte erhob sich, geräuschlos wie er gekommen war, und verschwand in der Küche. Kaum war er aus meinem Sichtfeld verschwunden, bekam der kranke Gast einen solchen Hustenanfall, daß ich meinte, er müßte jeden Augenblick erstickend von der Bank fallen. An Schreiben war jetzt freilich nicht zu denken. Ich kann doch den Mann nicht sterben lassen, dachte ich, tat aber nichts, sondern blickte hilfesuchend die anderen Gäste an, - aber die schienen nach wie vor mehr Interesse an meiner Person zu haben.
„Absurde Geschichte!", murmelte ich ärgerlich und stand auf. Ich hatte die Tageszeitung am Haken entdeckt und meinte, auf den Weg dorthin auch einen Blick auf den hustenden Mann werfen zu können. Er saß allerdings zu weit zurückgelehnt, so daß ich ohne auffällig zu werden nur seine knöchernen alten Hände, seine Hutkrempe, einen

Teil seines schwarzen Anzugs, die dürren Fußknöchel und die sonderbar gepflegten schwarzen Lederschuhe sehen konnte. An der Ecke lehnte ein Stab, von dem sich schwer sagen ließ, ob er zu der spartanischen Gaststubendekoration gehörte oder zu ihm. Ich schritt zu meinem Platz zurück. Mein Gang zur Zeitung, mein Rückweg zum Tisch, war von den anderen abfällig beobachtet worden. Um das dämliche Angestarrtwerden zu beenden, fasste ich nun den Nächstsitzenden ins Auge und fragte: „Auch interessiert, was so los ist in der Welt?"

Er schwieg natürlich und blickte zur Seite.

„Oder Sie?", fragte ich weiter. Da wandten auch die anderen die Köpfe.

Aus dem hinteren Teil der Gaststube erklang ein röchelndes Gelächter, das sich erneut zu einem scheußlichen Hustenanfall steigerte. Um mich davon abzulenken, öffnete ich die Zeitung und blätterte nervös darin herum, dann nochmals, dann kehrte ich verwirrt zur Titelseite zurück: die Zeitung war von 1974...!

Ich mußte lächeln – das war also des Rätsels Lösung! Dieser triste Gasthof hier ist nichts anderes als ein Zeitloch. Wer hier hereinkommt, bleibt für immer. Dieser Club der einsamen Herren sitzt hier schon seit dreißig Jahren, schweigt, weil alles schon gesagt ist, wartet nur noch, verblödet und böse, auf neue Gäste oder auf den Tod, altert sinnlos, von dem unheimlichen Eulenmenschen mit Fleisch gefüttert. Und der Tod, was hätte der für ein Interesse an diesem dünnen Leben? Er kommt schlecht gelaunt und erkältet hier herein, lehnt seine alles vernichtende Sense gegen die Wand, hustet eine Weile vor sich hin, ruht sich aus und trinkt einen starken Kaffee. Denn auch der Tod ist Vegetarier, dachte ich und fand mein fleischloses Dasein wieder mal überwältigend gut. Ich aber meine Herren, bin voller Leben und Lachen, das Alter fasst an mein Herz und zieht die Hand wieder zurück – zu heiß ist es noch, bis zum Platzen gefüllt mit Trotz und Träumen. Ich, meine Herren, werde fein Kloß und Rotkohl und Salat verspeisen, einiges weltbewegendes aus dem Jahre 1974 verfolgen, einen Kaffee trinken wie der Tod und dann alles andere als betrübt hier wieder herausspazieren. Denn es gibt wahrlich spannenderes auf der Welt, als Essengehen in Windsbach!

Eine Karlsruher Spionage

(09.03-18.03 05)

Ich hatte mir über das, was meine Ohren von ihm empfingen, schon ein Bild gemacht von einem gehetzt laufenden, ziemlich großen Mann, welches sich nun, als er mich überholte, deutlich bestätigte. Er war vielleicht fünfzig Jahre alt, hatte fülliges, graues Haar, trug einen Schnauzbart, hatte eine grobporige, fleckige Haut und roch nach Männerparfüm. Am unangenehmsten fand ich den penibel über Hals und Schulter gelegten weißen Seidenschal und die breiten Fleischerhände, die er hinter seinem cremefarbenen Mantel zusammengefaltet hatte. Gewaltbereitschaft und Anspannung ging von ihnen aus. Dazu natürlich die knallenden Cowboy-Stiefel, der stiere, vorwärts gerichtete Blick. Während ich ihn mit wachsendem Widerwillen betrachtete, sah er sich wie zufällig um und dabei so deutlich an mir vorbei, daß ich die Absicht darin erriet. So ließ er mich, scheinbar nach etwas suchend, überholen und ein paar Meter vorausgehen. Dann hörte ich wieder seine knallenden Absätze.

So lief er gute zehn Minuten hinter mir her, bis es mir zu dumm wurde und ich an einem Schaufenster stehen blieb, um ihn loszuwerden. Eine gute Weile betrachtete ich also Ledertäschchen, modisches Schuhwerk, Strumpfhosen und Brautkleider – was so eine Damenallerleiboutik eben zu bieten hat. Dann setzte ich meinen Weg fort – von meinem Verfolger war nichts mehr zu sehen. Meine linke, gefühlsorientierte Gehirnhälfte ging die zu tätigenden Einkäufe durch: Windeln für Maschuka, Schokolade für Chilonka, einen Plastikflieger für Luca... Die rechte Gehirnhälfte rechnete Kontostand, fehlende Gagen und dringende Rechnungen zu einem solchen Schuldenberg zusammen, daß am Ende nur ein Achselzucken blieb, mit dem ich die logische Hälfte meines Hirns zugleich abschaltete.

Am Entenfang traf ich ihn wieder.

Er sah sich die Kirche an. Vielmehr tat er so. Denn die Kirche hatte nichts Sehenswertes an sich. Schon gar nicht für einen solchen Unsympathen.

Kaum war ich an ihm vorbei, hörte ich dicht hinter mir sein aufdringliches Schuhwerk wieder. Ich bog scharf nach rechts – er hinter mir. Wieder rechts. Wieder rechts. Er hinter mir. Wir waren erneut auf der Kaiserallee – noch einmal konnte er mir nicht im Kreis folgen.

Das war zu auffällig. Also wieder rechts! Und noch einmal! Und noch einmal! Und noch einmal – die Stiefel waren nicht mehr zu hören. Was für ein Psychopath, dachte ich wütend. Ob er mich „zufällig" gewählt hat oder weiß wo ich wohne? Muß ich damit rechnen, daß er meine Familie belästigt? Ich bog nach rechts – und stieß beinahe mit ihm zusammen. Wir standen wieder am Kirchvorplatz und er starrte das Gebäude an, als hätte er es hier mit dem Kölner Dom zu tun. Kaum war ich an ihm vorbei, nahm er wieder die Verfolgung auf. Na warte, Kerlchen, dachte ich. Da hast du dich aber vertan! Mit dir werde ich locker fertig. Denn ich bin nur zum Schein ein Dichter und Sänger und Bassist, in Wirklichkeit und im Kern meines Wesens bin ich vor allem Flußforscher. Seit ich zehn Jahre alt bin, laufe ich jeden Fluß entlang, auf den ich treffe. Auf und ab und ab und wieder auf. Ich habe eine Oberschenkelmuskulatur, Freundchen, da träumst du von!

Ich legte also einen Gang zu, lief nach Durlach, dann über Söllingen, Kleinsteinbach, Wilferdingen, Pforzheim und Calw nach Horb. Es war finstere Nacht geworden, es regnete unentwegt, im Schwarzwald klang nur der schwermütige Ruf der Eulen.

Noch immer hörte ich ihn hinter mir. Am liebsten hätte ich mich ja umgedreht, ihn am Schal gepackt und ordentlich durchgeprügelt. Aber das Bedürfnis, ihm eine richtige Lehre zu erteilen, ließ mich weiterlaufen. Von Horb nach Freudenstadt, dann quer rüber nach Offenbach, Freiburg, dann über Basel nach Lörrach, Waldshut, Schaffhausen, Überlingen nach Lindau. Dort hatte ich bereits einen solchen Vorsprung, daß ich in aller Ruhe eine Pizza verschlang, bißchen Kaffee trank, bevor ich ihn um die Ecke kommen hörte. Ich erhob mich sofort und schlug den Weg nach Memmingen und Augsburg ein. Kurz vor Gersthofen hörte ich dann plötzlich ein Seufzen, dann ein Stolpern, dann gar nichts mehr. Als ich mich umdrehte, lag der Mann auf dem Rücken. Die Stiefel völlig abgelatscht, teilweise sah schon der blanke Fuß heraus. Sein Gesicht war von der Anstrengung gezeichnet, blau angelaufen – Moment mal, lebte er überhaupt noch? Mit einem schwer überwindbaren Widerwillen griff ich nach seinem Puls. Ich hielt meine Hand vor seine Nasenlöcher. Nichts! Mausetot. Ich hatte ihn umgebracht.

Erschüttert von der tödlichen Kraft meiner Oberschenkel starrte ich ihn an. Er war erschöpft hinten übergekippt, die pulslose rechte

Hand neben den Körper gelegt – die linke in der Innentasche seines häßlichen Mantels vergraben.

Bestimmt hat er im letzten Augeblick versucht, seine Knarre zu ziehen und mir in den Rücken zu schießen, dachte ich grimmig.

Ich beschloß, ihn so liegen zu lassen und einen Krankenwagen zu rufen, vorsichtshalber, man konnte ja nie wissen. Dann aber dachte ich herzlos, es wäre doch interessant zu wissen, mit welcher Art von Waffe er mich ermorden wollte. Ich beugte mich also nochmals zu ihm herab und rüttelte an der im Mantelfutter versteckten Hand. Dann zuckte ich überrascht zurück.

„Er wollte mich mit einem Diktiergerät erschlagen!", dachte ich erstaunt. Mißtrauisch gemacht griff ich vollends in seine Innentasche und zog ein Plastikvisitenkärtchen heraus, das ihn als Musikjournalisten des Deutschlandfunks identifizierte und einen Zettel mit der Überschrift: zehn Fragen an Strom & Wasser.

Mit zugegeben sehr gemischten Gefühlen trat ich den Heimweg an.

Seelentauschen in Braunschweig

(21.04 – 25.05 06)

Ach, lernt man viele Leute kennen, spricht man viel vom Leben und von der Liebe, von Träumen und Wirklichkeiten wenn man so auf Tour ist! Und doch geht es immer um eine spezielle Wahrheit und immer um ein einzigartiges Leben und nie ermüdet diese Art von Wiederholung.

Das Streichholzfeuerchen einer Augenblicksfreundschaft flammt auf, wirft sein Licht, eine kleine Flamme aus Vertrauen und Liebe – im schönsten Fall! Manchmal flackern auch ganz andere Dinge auf und man wundert sich nur.

In Braunschweig spielten wir, Fee und ich, vor einer überschaubaren Zahl an Zuschauern und da die Bühne nicht allzu sehr beleuchtet war, konnte ich beim Singen den Blick ein wenig hin und her und her und wieder hin und wieder hin und her gleiten lassen. Und dabei fiel mir ein Mädchen auf, das mich schmeichelhaft eindringlich und lange ansah, mit den Glutaugen eines überfälligen Sommers. So war ich denn auch nicht verwundert, als sie nach dem Konzert vor mir stand, den Ofenblick forschend in mein Gesicht geheftet und leise, aber doch klar vernehmlich fragte: „Kennst Du mich noch?“

Ich sollte jetzt Nein sagen, dachte ich, denn Nein wäre die Wahrheit. Also sagte ich „Ja!“ und fügte lächelnd hinzu: „Klar! Wie könnte ich Dich vergessen?“

Aber entweder war sie von Grund auf mißtrauisch oder sie hatte schon mit vielen Sängern zu tun gehabt. Sie fragte nach: „Woher denn?“

Ich bin in solchen Dingen ein Glückspilz. Es fiel mir prompt ein, als ich meinen Mund öffnete, um ein wenig zu atmen.

„Vom letzten Mal“, sagte ich. „Wir haben über deinen Freund gesprochen!“

„Das ist richtig!“, lächelte sie und trat noch einen Schritt näher. Ich stand dabei bereits in der hintersten Ecke des Saals und hatte somit keinen Einfluß mehr auf die Distanz, die zwischen uns lag. Das heißt: von Distanz konnte man kaum noch sprechen: sie berührte bereits mit ihrem Knie mein Bein, zwischen ihre zierliche Schulter und meine Brust passte kaum mal ein Wasserstoffatom hindurch. Trotz des verrauchten Saals roch ich ihre frisch schampoonierten Haare. Ihr Gesicht war weich und voll, aber in ihrem Blick lag etwas Unheimliches und Hypnotisierendes.

„Das Lied vom Arsch Deiner Freundin – ist der wirklich so geil?"

„Klar!", sagte ich. „Sie ist leider nicht hier, sonst könntest Du Dich selbst überzeugen!"

„Und die Pianistin? Hast Du was mit ihr?"

„Mit Fee?", lachte ich. „Mit der Vorstellung könntest Du sie jagen! Nein, wir machen nur Musik miteinander. Macht auch Spaß!"

Sie machte nicht den Eindruck, als ob sie zuhöre. Frage und Antwort schienen ihr gleichgültig. Was sie eigentlich von mir wollte lag in ihrem Blick, der sich so merkwürdig an mir festgesaugt hatte.

Ich konnte dem Gedanken nicht folgen, sie trat einen weiteren Schritt vor. Nun berührten wir uns fast vollständig. Sie hatte ihr Bein leicht zwischen meine postiert, drückte ihre Hüfte gegen meinen Schoß, ihr Haar kitzelte mich an Hals und Kinn, ihre Augen ließen meinen Blick nicht los.

„Ich fand unser Gespräch damals sehr schön!", sagte sie.

„Man ist sich nahe gekommen!", versuchte ich es mit Ironie. Eigentlich aber dachte ich: gleich wird sie mich verschlingen. Sie wird ihren Mund öffnen und ich werde ihn küssen wollen, aber nicht küssen können, denn er würde nicht aufhören sich zu öffnen, ich würde plötzlich eine gespaltene Schlangenzunge sehen und eine Sekunde später wäre ich schon nicht mehr.

„Weißt Du, ich fand Dich damals schon sehr nett!", flüsterte sie nun fast.

„Ja!", sagte ich und bemühte mich, den Grund für meine Lähmung herauszufinden. Wollte ich denn verschlungen werden von ihr? Ihr Blick passte so gar nicht zu dem runden, hübschen, etwas harmlosen Gesichtchen. Etwas Forderndes war darin. Etwas verzweifelt Gieriges. Ihre Pupillen sind heiße Bleikugeln, kommen immer näher, dachte ich, gleich springen sie in mich hinein, gleich, gleich...

Im dem Augenblick, als ich mich entschloß, mich in Gottes Namen doch lieber von ihr verschlingen zu lassen, als einen aufwendigen Ringkampf zu riskieren, geschah etwas völlig Unvorhergesehenes: sie dockte an.

Ihre Stirn berührte meinen Kopf und durch irgendeine plötzlich geöffnete Schleuse zischte ihre entweichende Seele in meinen Körper, der für Sekunden seinen Umfang verdoppelte, bevor dann wiederum meine Seele in ihren Körper fuhr, der wie ein leerer Luftballon an meinem Kinn baumelte. Weil nun meine Seele größer war als ihre, also deutlich mehr Raum benötigte, blähte sich ihre leere Körperhülle gewaltig auf und so hatten wir die Körpergröße mitgetauscht. Sie löste lächelnd ihre Stirn von meinem Kinn, sagte Danke! - und wünschte mir aufrichtig viel Erfolg bei meinen Tauschversuchen. Dann ging sie zufrieden aus dem Raum.

Und ich?

Fühlte mich merkwürdig matt. Ach, wie schwer wurde mir zumute, da in meiner Ecke stehend, wie abgestellt, wie von aller Welt übersehen. Obwohl ich doch hübsch war, oder? Und liebenswert, nicht wahr? Eine Prinzessin war ich, der man das Märchen gestohlen hatte! So schob ich erst mein rechtes, dann mein linkes Bein vor, dann nach einer Weile wieder mein rechtes. Jede Bewegung wurde von Seufzern begleitet. Aber der hübsche Toningenieur beachtete mich gar nicht. In jeden Seufzer legte ich die Bürde meines Schicksals, die Qual meiner magersüchtigen Tage, die Sehnsucht meines Körpers. Wie eine unreife, grüne, gallertartige Masse fühlte ich das Gewicht meiner neuen Seele in mir. Selbst meine Wimpern schienen so schwer und so bleiern. Kaum bekam ich meine Augen auf. So schob ich also wieder mein linkes Bein vor und anschließend das rechte, tat das eine zeitlang und stand endlich vor meinem Auto. Hinter der Fensterscheibe schimmerte undeutlich das Gesicht der Pianistin von Strom & Wasser. Geduldig wie ein Engel hatte sie hier gewartet. Aber auf wen? Etwa auf mich? Nein, ich war nicht lesbisch, das zumindest hatte ich schon erfahren über mich.

Dennoch lief ich einmal um das Auto herum, öffnete die Tür und ließ mich seufzend in den Sitz fallen. Ich handelte aus einem Instinkt heraus, diktiert von einer unendlichen Einsamkeit. - Borderline!

Die Frau neben mir war scheinbar schwer aus der Ruhe zu bringen. Sie saß, den Blick tief in die Weiten des Braunschweiger Horizonts versenkt, und lauschte per Kopfhörer den Fingerfertigkeiten eines brasilianischen Komponisten. Als ich sie so ahnungslos und unbescholten sitzen sah, kam mir eine Idee, das heißt nicht mir, aber einem Teil von mir, einem fast vergessenen männlichen Rest-Ich, welches plötzlich die Führung meiner Persönlichkeit übernahm. Ich packte die junge Frau auf dem Beifahrersitz am Nacken, zog sie zu mir und drückte dann mit aller Kraft meine Stirn gegen ihren Kinn, schob, was ich an Seele in mir spürte in meine Schädelfront und

brüllte: "Sesam öffne Dich!"" – aber entweder war der Spruch falsch oder die Bewegung oder einfach grundsätzlich alles – es geschah nichts, das heißt: fast nichts, natürlich geschah es, daß die plötzliche männliche Seite meines Charakters sich wieder zurückzog und es geschah, daß die dergestalt malträtierte junge Frau ausholte und mir eine schallende Ohrfeige verabreichte.
„Du hast echt einen Knall, Heinz!", sagte sie, dann rückte sie die zur Seite gerutschten Kopfhörer wieder zurecht, erhöhte die Lautstärke und versank wieder in brasilianischer Rhythmik.
„Heinz?", dachte ich. „Was für ein fürchterlicher Name für ein Mädchen!" Dann kam mir ein Gedanke und ich blickte in den Rückspiegel. Tatsächlich! Ich war ein Mann! Ich war ein Mann, der wie ein Mädchen fühlte! Und ich sah aus, wie der Sänger von Strom & Wasser! Ich war der Sänger von Strom & Wasser! Mein Gott! Das war das Borderlinigste, was ich je erlebt hatte!

In diesem Augenblick lief Nana Mouskuri an uns vorbei. Kennt ihr sie, die Schlagerikone? Und kaum erblickte ich sie, stürzte ich, wieder aus einem männlichen Impuls heraus, aus dem Auto, knallte die Tür zu und sah sie an. Nana lächelte leise, unbestimmt, wie eine leibhaftige Mona Lisa. Sie strahlte etwas Zeitloses und Geheimnisvolles aus.
„Und?", fragte ich. „Gebumst?"
„Nett, daß Du fragst", erwiderte sie, sanft, zärtlich, veilchenhaft, melodisch. „Heute habe ich ein Offday in diesen Dingen. Museum, Architektur, Stadtführung..." – weiter kam sie nicht. Mit gesenktem Kopf rannte ich auf ihr Kinn zu, meine Schädelklappe öffnete sich automatisch – da sprang Nana geschickt zur Seite, ließ mich gegen die Hauswand knallen und während ich benommen daran herabrutschte, presste sie nun ihrerseits ihren Schädel gegen mein Kinn. Prompt ging wieder dieser esoterische Molekularaustausch los, nur daß ich diesmal – ha! – mittendrin wegzog – ein fürchterliches Zischen! – und plötzlich war die Hälfte unserer Seelenmasse verschwunden, entwichen in die gute Braunschweiger Nachtluft.
„Das ist so nicht richtig!", äußerte Nana vergnügt. „Bei Dir ist nichts entwichen, im Gegenteil – du hast nun einundhalbfach! Aber ich, herrlich! – bin ganz seelenlos!" Sie lachte. „Was meinst du, was mir jetzt für Hits gelingen! Internationale Number-One-Erfolge!" Und sie sprang davon, beschwingt wie eine Fünfzehnjährige.

In mir aber startete ein seltsamer Disput.

„Du solltest jetzt weinen!", verlangte ein Teil meiner Seele. „Vielleicht kommt ein Mann und tröstet dich!"
„Bloß nicht!", mischte sich ein zweiter Teil meiner Seele ein. „Weinen ist entwürdigend! Du bist ein fast sechzigjährige Frau, ich bitte dich!"
„Ich bin fünfzehn!", rief der erste Teil wieder.
„Sechzig!", brüllte der zweite.

So ging das ungefähr eine halbe Stunde. Bis auch der Geduldsfaden meiner Beifahrerin riß, die das Fenster aufkurbelte und fragte: „Sag mal, Heinz – was machst du da eigentlich? Wollen wir nicht mal ins Hotel fahren?"

Irgendetwas Dumpfes fühlte sich angesprochen in mir, also stieg ich wieder ein, ließ den Motor aufheulen und fuhr los.
„Prima!", lobte mich die blonde Frau an meiner Seite.

Aber nichts war prima, denn die beiden Seelen in meiner Brust stritten schon wieder.
„Mein Freund, fahr links!", rief meine innere Nana.
„Links? Wer fährt denn heutzutage noch links? Du mußt selbstverständlich rechts fahren!", rief das Mädchen.
„Mensch, wohin fährst du denn?", schrie die junge Frau neben mir. Aber es war schon zu spät. Ich hatte ein gottverdammtes Stoppschild umgefahren.
„Ein Stoppschild ist nicht gottverdammt!", empörte sich meine jugendliche Seelenhälfte. „Das ist einfach ungerecht! Es ist einfach nur ein Ding, ohne Charakter und ohne Seele, etwas, das man nicht mit menschlichen Attributen belegen kann!"
„Oh nein, da liegst du falsch!", korrigierte die halbe Nana Mouskuri. „Poesie ist in allen Dingen. Die Leuchtkraft deines Wesens umschließt alle Erscheinungen, die spirituellen und die materiellen!"
„Welches Wesen?", schrie ich verzweifelt.
„Was ist los?", brüllte Fee und knallte mir eine.
„Aua!", sagte ich.
„Hey!", sagte Nana Mouskuri.
„Gut so!", sagte das Mädchen. „Fester! Schlag mich! Oh ja, bitte schlag mich!"
„Sagen Sie mal!", erklang nun eine Männerstimme, die ich in dieser bislang von Frauen dominierten Geschichte gar nicht unterbringen konnte. „Wollen Sie hier dauerhaft parken?"

Ich sah mich um und einem Polizisten direkt ins Gesicht. Blitzschnell hatte ich den Finger auf dem automatischen Fensterheber

und damit sein Gesicht zwischen Scheibe und Türrahmen festgeklemmt. Er kam gar nicht dazu, seine Waffe zu zücken oder einen Protest zu formulieren.
„Oh Gott, Heinz", rief Fee. „Womit hab ich das verdient! Warum fahr ich eigentlich immer noch mit Dir auf Tour!"
„Laß ihn los!", schrie Nana und ich fühlte, wie ihre zierlichen Künstlerinnenfäustchen gegen die Innenwände meiner Seele pochten.
„Tu ihm weh! Oh ist das geil! Tu ihm weh, mein Hengst!", stöhnte die Göre in mir.

Aber ich wußte schon, was ich tun mußte. Ich drückte meine Schädelplatte gegen das eckige Polizistenkinn und rief: „Sesam, wenn du dich nicht öffnest, dann hau ich dir was aufs Maul, Mann!"

Das also war der richtige Spruch! Die Kinnlade des Herrn Polizisten – meine Vorderstirn – welch herrliche geometrische Einheit! Kurz zischte es auf, dann war der Seelenaustausch vollzogen.
„Geil!", sagte die Göre in dem Polizisten. Ich drückte also wieder den Knopf, um diese sadomasochistische Farce endlich zu beenden, hob die Augenbrauen, lächelte, lächelte aber nur kurz: denn schließlich: ich war im Dienst, ich kannte meine Grenzen, ebenso wie ich meine Pflichten kenne. Ich sagte:
„Alles in Butter, Kollege?"

Die Antwort des Kollegen war unverständlich.

Ich sagte: „Wird schon, Kollege!"

Dann zündete ich den Motor, wünschte dem Kollegen einen ruhigen Dienst und fuhr los.

Die Frau neben mir war keine Kollegin. Ich spürte das sofort. Sie war aber auch keine Verbrecherin. Auch das bemerkte ich mit der mir eigenen moralischen Treffsicherheit. Die Person neben mir war einfach eine Person.
„Steigen Sie bitte aus!", sagte ich und hielt an der nächstbesten legalen Parkmöglichkeit.
„Was ist denn jetzt schon wieder!", stöhnte die Person. Es war ein bemerkenswerter emotionaler Ausbruch, eine ehrliche Qualeruption.
„Steigen Sie aus, ich muß jetzt meine Arbeit erledigen! Sie sind mir hinderlich!"
„Ach ja? Auf einmal?", regte sich die junge Frau auf. „Bis jetzt hat Deine Arbeit in erster Linie von meinem Klavierspiel gelebt..."
„Illegales Spielen? Spielen um Geld?", fragte ich scharf.
„Kaum der Rede wert, Du Supermann!", rief sie.

„Dann steigen Sie aus!“
„Darauf kannst Du Dich verlassen. Ich steige wirklich aus. Ab Januar 2007 siehst Du mich nicht mehr!“
„Steigen Sie bitte *jetzt* aus!“, betonte ich mit der natürlichen Autorität eines Gesetzeshüters.

Sie stieg aus, knallte die Tür zu und lief aufgeregt davon.

Ich beschloß, mich gleich mal um die wirklich schweren Jungs zu kümmern.

Mein geschultes Auge nahm einen verdächtigen Schatten wahr. Ein verdächtiger Schatten in einer verdächtigen Stadt, der in eine verdächtige Gasse einbog um eine überaus verdächtige Kneipe aufzusuchen.
„Also los!“, knurrte ich, stieg aus dem Wagen und betrat das Lokal, in dem gerade ein Livekonzert gegeben wurde.
„Scheiß Hippies!“, rief ich und zückte schon mal die Dienstwaffe, das heißt: ich hätte gerne, aber ich hatte keine, ich war scheinbar inkognito unterwegs, unbewaffnet, sicher Undercover und in Braunschweig ein absoluter Fehler! Schade, dachte ich, keine Toten! Dabei ist das hier öffentliche Ruhestörung, Drogenhandel, illegale Prostitution, Alkoholexzeß, Verführung Minderjähriger, Steuerhinterziehung, verbotenes Glücksspiel, linksradikale Terrorzelle! Na wartet, dachte ich dann, Massenverhaftung, Wasserwerfer, notfalls Schusswaffengebrauch, Zwangsrasur, Leibesvisitation, aber gründlich, sage ich: grrrründlich!! Scheiß Zecken, dachte ich dann – und stand plötzlich vor der Kasse.
„Drei Euro!“, brabbelte mich einer von den Drogensüchtigen an.
„Du kleiner Scheißer!“, sagte ich. „Ich werde dich so tief ficken, daß du nicht mehr grade gucken kannst, kapiert?“
„Äh, aber...“, sagte er. Er sagte tatsächlich „aber“!
„Schnauze!“, brüllte ich. „Sich über die deutsche Polizei lustig machen, wie? Gesellschaftlicher Abschaum! Dreckspack! Arbeitsscheue Parasiten! Sei froh, daß ich zu tun habe, ich würde Dir stundenlang in die Eier schießen, Du dreckiger Junkie, ist das klar?“

Ich ließ ihn stehen, offenen Mundes. Diese THC-Wracks vertragen einfach keine Wahrheit! Dann stellte ich mich breitbeinig in die Mitte des Raums und rief: „Keiner rührt sich – Polizei!“

Alles starrte zu mir her. Wirklich schade, daß ich meine Wumme nicht mithatte. Ich hätte sie alle abknallen können jetzt – Widerstand gegen die Staatsgewalt! Notwehrreaktion in einer lebensbedrohli-

chen Lage. Plötzlich löste sich einer aus dem Kreis der Gaffenden, lachte auf und trat mit ausgebreiteten Armen auf mich zu: „Mensch Heinz, schön, dass Du noch kommst! Wie war euer Konzert? Wir haben ..."
„Maul halten!", rief ich. „Ausweis, Führerschein, Fahrzeugschein! Überhaupt asylberechtigt?", brüllte ich den Kerl an. Er machte die Augen kugelrund, als wisse er von nichts.
„Sag mal – erkennst du mich nicht? Ich bin es doch, der Jörg von „Phrytz", ein Liedermacherkollege! Mensch, Heinz – wir hatten parallel einen Auftritt hier in Braunschweig, ihr im *Brain* und wir hier im Milchpavillion. Lustiger Zufall, finde ..."
„Nichts ist hier lustig, Kleiner! Sie duzen mich? Wie kommen Sie dazu, mich zu duzen?" Ich packte die suspekte Figur am Ohr und zog sie hinter mich her.
„Was ist das für ein dunkles Loch dort?", schrie ich ihn an. „Los, los, reden Sie schon!"
„Aua, Du reißt mir mein Ohr ab!", versuchte das Subjekt zu protestieren. Aber da war er bei mir an dem Falschen. Ich riß ihm also tatsächlich sein Ohr ab und packte dann sein anderes.
„Sie sollen mich nicht duzen!", überschrie ich sein Gebrüll. „Was ist das für ein Loch dort!"
„Das ist eine Tür!", brüllte er zurück.
„Aha!", sagte ich. Raffiniert! Ein ultramodernes Verbrechersyndikat, das mit Hologrammen arbeitet! Ein Geheimgang, getarnt als Ausgang. Aber der Ausgang, das wußte ich, sah anders aus, der Ausgang sah aus wie der Eingang und durch den Eingang war ich hereingekommen – aus der Nacht in dieses grelle Zentrum des Lasters. Hier aber sollte ich aus dem grellen Zentrum des Lasters *heraus* schreiten in die Nacht. Witzbolde! Als ob ich den Unterschied nicht bemerken würde! Arschpfeifen! Was meinten die denn, mit wem sie es hier zu tun hatten? Siffwichser!

Ich zog den Liedermaching hinter mir her. Zugegeben: die Tarnung dieses sogenannten Ausgangs war nicht schlecht: die Kopie eines verängstigten Türstehers, so was wie Original-Sauerstoff, eine sich täuschend echt anfühlende Nacht, sogar die Effekt-Cds mit dem Umgebungsgeräuschen von hoher Qualität. Ein Schauspieler mimte einen Besoffenen, zwei seiner Kolleginnen spielten ein kicherndes Lesbenpärchen, Sekretärinnen-Stil – aber ich ließ mich nicht kirre

machen. Ich stach mit meiner harten Nase in das weiche Gesicht des Liedermachings und drohte:
„Wenn Du mir nicht gleich sagst, wo ich hier Deinen Boss finde, dann bohr ich Dir meine Nase durch den Schädel!"

Das wirkte.
„Da!", rief der Verdächtigte und zeigte irgendwo hin.

Ich ließ ihn los und folgte seinem Zeigefinger. Ich war sicher, er hatte die Wahrheit gesprochen. Das sagte mir mein Polizeiinstinkt. Der irrte sich nicht. Und weil er sich nicht irrt, irre ich mich auch nie. Ich weiß, wovon ich spreche, schließlich bin ich Polizist. Deutscher Polizist! Inbegriff aller Logik! Da, wohin er gezeigt hatte, lehnte ein Schatten an der Wand. Ein weiblicher Schatten. Eine äußerst verdächtige Person. Sie machte sich Notizen.
„Erschießen!", dachte ich. „Aber ich habe keine Dienstwaffe!" So schritt ich also in die nächstbeste Telefonzelle und rief in der Zentrale an.
„Polizeihauptquartier Braunschweig-Mitte!"
„Weiß ich, Kollege", sagte ich. „Ohne Umschweife! Ecke Brauereigasse ist eine Frau, die zweifelsfrei einer terroristischen Zelle angehört. Fahren Sie bitte mit sechs Wannen vor. Einsatzkommando. Grenzschutz. Vielleicht zwei bis drei Kampfschwimmer von der Bundeswehr anfordern. Und Schützenpanzer natürlich. Wir müssen sie erledigen. Es darf nicht ein Atom von ihr übrig bleiben!"
„Wer spricht dort bitte?", fragte der Kollege.
„Wollen Sie mich verarschen, Kollege? Der Fall ist wichtig! Hier spricht ihr Kollege!"
„Welcher Kollege?", fragte der Kollege.
„Na, der Kollege!", sagte ich, langsam ungeduldig werdend.
„Gut, wir kommen!", sagte der Kollege.

Ich warf den Hörer auf die Gabel und schritt zu dem verdächtigen Geschöpf hin.
„Tja, das Spiel ist aus!", rief ich. Sie aber, sobald sie mich sah, rannte mit gesenkter Stirn auf mich zu und bevor ich noch meine Fäuste in ihr Gesicht schlagen konnte, hatte sie mir ihre Stirn an die Unterkante meines Kinns gerammt und schrie: „Sesam, wenn Du Dich nicht öffnest, dann hau ich Dir aufs Maul, Mann!"

Und dann geschah etwas mit mir, was ich absolut nicht verstand. Ich weiß nur, daß ich reichlich erschrocken dastand und vor mir saß, benommen von unserem Zusammenstoß, ein wirklich hübsches, etwa achtzehnjähriges Mädchen, das mir bekannt vorkam und dann hielten vier Polizeiwagen, aus denen insgesamt zwei Handvoll Beamte sprangen.

„Haltet ihn, Kollegen!", rief das Mädchen.

Und ich?

Mußte wieder stiften gehen, laufen, was die Beine hergaben, verfolgt von einem Dutzend Polizisten, einem Pulk Türsteher und Hippies und einem wirklich wütenden Liedermaching – mein Gott, was hatte der nur? Und – was hatte ich nur wieder angerichtet? Ich erinnerte mich keinen Millimeter! Nur eines war mir klar und beruhigte mich ungemein: Ich rannte weg vor Bullen und Musikern, vor Zuhörern und Türstehern, also konnte nichts wirklich Tragisches geschehen sein, denn es war ja, wenn man es genau nahm, wie immer.

Pforzheim Gedicht

(10.09 2000)

Von Pforzheim schreiben wir athletisch -
weil: viele Muskelprotze! Ethisch
unentschieden, selten liberal, verregnet.
Und wäre Gott ein Schwabe: abgesegnet!

In einem dieser Stern und Spiegel-Magazine
war es charakterisiert als unaushaltbar,
zwischen trostlos und sehr trostlos schaltbar,
hart-härter-härteste Kapitalistenschiene.

Von allen Monden, die um Stuttgart kreisen,
erscheint mir dieser jedenfalls sehr ehrlich.
Romantischsein ist hier bestimmt beschwerlich,
denn schwer ist es, sich durch Granit zu beißen.

Nun ja, was solls, kann ja nicht alles klappen,
deswegen bringt sich hier in Pforze keiner um.
Falls doch – es schert sich keiner drum.
Man streicht ihn schlicht aus den Finanzamtmappen.

Ach übrigens, es heißt, man würde planen,
alle bekannten deutschen Autobahnen
mal kurz durch Pforzheim gehn zu lassen,
zur, wie es heißt –

„Abschreckung aller einwanderwütigen Rassen,
samt Asylanten, samt Schotten und Mongolen...“

(die soll doch sowieso der Teufel holen!)
Das heißt: der Teufel lieber nicht,
sonst landen sie doch wieder hier.
Ist sowieso ein Scheiß-Gedicht

über eine Stadt,
die nichts zu bieten hat.
Glaubt mir!

Einen Arm verlieren in Trier

(25.05 – 13.09 06)

Das war mal eine Situation! Selbst für Strom & Wasser ungewöhnlich, sensationell, besonders peinlich, kaum zu glauben, dennoch irgendwie romantisch, aber hirnrissig war es, schicksalsverwurstelt, extrem unhöflich – als ob man den Beginn einer Männerfreundschaft nicht anders gestalten könnte! Ich hing an Konstantin Wecker dran. Und den Begriff „dranhängen" meine ich ganz wortwörtlich! Ich meine damit, daß mein Arm aus mir ganz unverständlichen Gründen an seiner Schulter festgewachsen war. Wir hatten es gerade noch geschafft, seinen Anzug über mich zu stülpen und glücklicherweise hing ich an seiner linken, also dem Publikum beim Klavierspiel abgewandten Seite fest – aber von vorn, Herr Ratz! Beginnen Sie mit dem Beginn, nicht mitten in der Mitte, wiederholen Sie bitte nicht die Fehler Ihrer katastrophalen Gymnasiastenkarriere!

Alles begann also damit, daß wir unser erstes Vorprogramm für Konstantin Wecker in Trier spielen sollten. Wir mußten von Jena aus dorthin und mein Auto hatte die so genannte mechanische Rülpssucht. Das bedeutet: bei einer Geschwindigkeit von mehr als 55 Stundenkilometern begann der Motor damit, Benzol aufzustoßen, was jedes Mal zu einer Erschütterung der ganzen Karosserie führte. Da es von Jena nach Trier doch ein Stückchen Weges ist, und wir nicht alle Zeit der Welt hatten, konnte ich nicht anders als Vollgas fahren – ohne Rücksicht auf das Rülpsverhalten meines Wagens und damit auch ohne Rücksicht auf unser eigenes Wohl. Als rasender Presslufthammer schoß also mein armes Auto dahin, von den verheerenden Folgen für unsere eigene Physiognomie ganz zu schweigen. Nach einer halben Stunde konnte ich gar nicht mehr richtig sehen, mußte also nach Gefühl fahren und des Öfteren im letzten Augenblick auf die Bremse treten. Selbstredend, daß ich gleich wieder aufs Gas stiefelte, so fest ich nur konnte, um keine Zeit zu verlieren. Dieses Fahrverhalten wirkte bereits im Rückspiegel so furchterregend, daß jeder zweite rechts ranfuhr und mich überholen ließ.

Nach sieben Stunden kamen wir in Trier an. Landeten auf dem Theaterparkplatz und stiegen aus. Nicht nur der Motor rauchte. Wir rauchten auch. Aus jeder Pore. Und zitterten und konnten selbst nicht anders, als uns nur hopsend fortbewegen. Nun, dieses Zittern war auch in uns, als wir in der Garderobe standen, Fee und ich, und im Flur die markante Stimme Konstantin Weckers vernahmen, der uns suchte, um uns zu begrüßen und den Abend mit uns durchzugehen. Mit Manfred, seinem Manager, hatten wir schon vereinbart, eine halbe Stunde Vorprogramm zu gestalten und mit einem ruhigen Lied überzuleiten in Konstantins Show.

„Ah, da sind sie ja!" – Bestgelaunt schritt Herr Wecker in unsere Garderobe, nahm erst Fee, dann mich in die Arme, fragte nach Reise und Befinden, lachte, und verbreitete eine Aura heiterer Sorglosigkeit, die uns alle Reisestrapazen vergessen ließ.

„So, noch fünf Minuten bis zur Show!", sagte er und zwinkerte mir zu. Da kam Fee auf einen verhängnisvollen Gedanken.

„Au!", fiel ihr ein. „Kann ich ein Foto von euch machen?"

Ausgerechnet jetzt, dachte ich, sagte aber: „Klar! Von mir aus!" Ich sah Konstantin an, daß er das Gleiche dachte.

„Gerne!", sagte er. „Jederzeit!"

So legte er also seinen Arm um mich und ich meinen um ihn und beide grinsten wir in die Kamera.

Na los, Fee, mach schon! Wie gerne hätte ich noch ein paar Worte mit ihm gewechselt, statt hier sprachlos auf das Foto zu warten.

Je länger es dauerte, desto peinlicher wurde mir bewußt, daß er ja auch mein Zittern wahrnahm. Für ihn vermutlich Zeichen meiner großen Nervosität. Um nicht als aufgeregter Anfänger dazustehen, wollte ich ihm gerade von der Rülpssucht meines Autos erzählen. Fee kam mir zuvor:

„Ach – ist ja gar kein Film drin! Aber bitte bleibt so, es sieht wirklich gut aus!"

„Klar!", sagten wir wie aus einem Munde.

„Wie war die Reise?", fragte Konstantin.

„Och, gut, danke – alles prima!", log ich ihn an.

Das ist der große Konstantin Wecker, dachte ich indessen. Du hast seine Lieder schon als Kind gehört. Deine Eltern haben über seine Skandale gewettert und du kennst alle seine Platten! Du hast sein Klavierspiel bewundert, als du noch keine vierzehn Jahre alt warst – das da ist Konstantin Weckers Kopf neben deinem. Ungebührend nah, nah, als wolltest du ihn gleich küssen. O Gott, Fee! Daran bist du schuld, daß wir stumm herumstehen, statt uns zu unterhalten von Mann zu Mann über Musik und Philosophie. O dieses amerikanisch-

japanische Fotobedürfnis, schon nach zwei Minuten. Fee, ich tu dir irgendwas an nach dem Konzert, irgendwas Schreckliches, ich, ich ...
„So, jetzt geht's wieder!", sagte Fee. „Könnt ihr bitte lächeln?"
„Klar!", sagten wir und lächelten.

Da durch mein weiterhin starkes Zittern meine Zähne geklappert hätten, lächelte ich nicht nur, ich biß was ich nur hatte so fest zusammen, wie ich konnte – und sah sicher toll aus auf dem Foto! Als ein schwitzender, völlig verkrampfter dummer Fan hing ich an Konstantins Schulter ...!
„Hm, irgendwie geht die Batterie nicht!", sagte Fee und warf einen seelenruhigen Blick auf die Miniaturanzeige ihrer Kamera. Dann lachte sie glücklich:
„Ich hab vergessen, den Blitz anzumachen! Ist gleich soweit! Einen kleinen Augenblick bitte!"

Es wurde ein Riesenaugenblick!

Ich beschloß, mir den Namen des Herstellers dieser Kamera zu merken und als Selbstmordattentäter in die Firma hineinzulaufen. Langsam tat mir auch mein Arm weh. Konstantin ist ja nun ein Stück größer als ich, breitschultriger sowieso und daher stand ich reichlich verrenkt neben ihm.
„Die Reise war also o.k.? Ist ja eine anstrengende Strecke von Jena aus!", fragte Konstantin wieder – weil man in dieser Situation eben auch gar nichts anderes fragen kann, Fee sei Dank!
„Ja", meinte ich. „War jut! Eigentlich ganz o.k., wirklich! Ich würde sogar sagen..." Ich suchte nach Worten – und resignierte: „ ... es war o.k.!", flüsterte ich.
„Jetzt bitte lächeln!", sagte Fee, „so ..."

Atemlos sahen wir, wie sich ihr Finger auf den Auslöser legte, er legte sich, legte sich tiefer und, es war unglaublich, es klickte und blitzte! Es blitzte tatsächlich! Beinahe hätte ich laut „Hurra!" gerufen und ich ahnte, Konstantin ging es ebenso. Ganze zwei Minuten blieben noch, um mit ihm von Mann zu Mann, etwas Kluges, wirklich Witziges auszutauschen, so ein weltanschauliches Augenzwinkern von Liedermacherherz zu Liedermacherherz ...
„Ja, Ratzi", sagte er nun und sah mich dabei ganz merkwürdig an. „Willst du mich nicht mal loslassen?"
„Klar!", sagte ich. „Logisch!" – und ich zog und hob und zerrte und oh Gott! Es ging nicht! Ich war festgewachsen!
„Du bist was?", fragte Fee.

„Ich bin festgewachsen!", rief ich und mir war, als müßte ich gleich losheulen wie ein Kind. „Tut mir wirklich leid, Konstantin, aber unser Auto hat die mechanische Rülpssucht und da hat sich durch das Karosseriegezitter, also, weil ich ja über 55 fahren mußte, und vielleicht jetzt, irgendwie, bin ja auch kein Wissenschaftler, aber wegen der Vibration, muß sich ..."

Ich war echt den Tränen nahe.

In dem Moment kam Manfred herein, Freund und Manager Konstantins, ein Mann wie die leibhaftige Bodenständigkeit, kam, sah und löste das Problem.

„Absägen!", befahl er – und als wäre er immer auf solche Eventualitäten vorbereitet, griff er in die Hosentasche und zog ... um Himmels Willen!

„Na Manfred", beruhigte ihn Konstantin. „Das ist ein junger Kollege. Er ist nur ein bißchen aufgeregt. Nicht wahr, Ratzi, das lösen wir anders!" Und er lachte beruhigend. Scheinbar hatte er oft mit Wahnsinnigen zu tun – mein Erleichterungsseufzer war vom Feinsten.

„Wir müssen ihn irgendwie unsichtbar kriegen!", wandte sich Konstantin an Manfred. „Ein Vorprogramm ist natürlich unter diesen Umständen nicht möglich."

„Gut, daß Christoph dabei ist", erwiderte Manfred. „Der wird's schon richten!"

Ich vermutete einen weiteren Amputationsexperten, aber dann stellte sich heraus, daß Christoph der Tontechniker war, kongenial auch Lichttechniker und bei Bedarf Lebenstechniker, und nun sollte ich also mit Hilfe eines schwarzen, über mich gebreiteten Anzugs und entsprechender Ausleuchtung verschwinden, unsichtbar werden für Zuschauer und Journalisten. Dazu mußte ich den Kopfbewegungen Konstantins folgen, millimetergenau nach rechts, wenn er den Kopf nach rechts drehte, und nach links, wenn er nach links blickte – es war ungeheuer kompliziert und erforderte von beiden größte Konzentration, denn wenn uns etwa ein Fehler unterlief und wir mit den Nasen zusammenstießen, daß sie das Bluten begönnen – nicht auszudenken!

„Bist bereit, Ratzi?", fragte Konstantin und ich würgte zehn Sekunden an einem Angstkloß, bevor mir ein „Jawoll!" gelang.

„Na, dann mal los!", sagte er und hob mich hoch. Das heißt: er machte seine Schultern grade. Bis jetzt hatte er aus Rücksicht auf meine geringere Körperhöhe, Statur, Schuhqualität und Muskelmasse sich so gestellt, daß ich mit der Fußspitze so eben noch den Boden berührte.

Er trug mich, als säße ein Wellensittich auf seiner Schulter, schritt kräftig aus, durch Dunkel und Hell und Dunkel – und als es dann wieder hell wurde, brandete schon der Applaus um uns her.

Konstantin schritt direkt auf das Klavier zu und setzte sich auf den Hocker. Unglücklicherweise war es kein üblicher Klavierhocker, von den allermeisten Klavierhockerfirmen in der freundlichen Zweipersonenversion angeboten. Es war ein spezieller Hocker für nur ein Hinterteil, so daß ich jetzt, während Konstantin die ersten Takte aus den Tasten drückte, wie eine am Panzer in die Höhe gehobene, hilflose Krabbe in der Luft zappelte. Noch dazu hing mein ganzes Gewicht an meinem rechten Arm und ich hatte das sehr beunruhigende Gefühl, er werde gleich abreißen – und zwar am Rumpf direkt, an der Schulter.

„Sieht seltsam aus!", hörte ich Fees Flüsterstimme, die hinter dem Vorhang saß und sich alles gemütlich ansah.

„Wir hätten ihn doch absägen sollen!", entgegnete Manfred leise, aber bestimmt.

Derweil kam ich schon ins Schnaufen vor lauter Anstrengung. Konstantin beendete gerade das erste Lied und weil er wahrscheinlich mein lautes Atmen übertönen wollte, tat er das nicht, wie üblich, indem er leiser und leiser wurde, er improvisierte vielmehr ins Bombastische und Orchestrale, ließ seine Finger über die Klaviertastatur rauschen, daß ihnen ganze Wasserfälle aus Tönen entstiegen. Doch mitten im Fortissimo der letzten Takte geschah etwas Unvorhergesehenes und Leises und ich glaube, es fiel keinem anderen als mir auf, wobei ich auch der Einzige war, der ein wirkliches Interesse daran hatte. Denn es löste sich mit einem kaum hörbaren Knacken ein Stückchen meines Armes los. Als kurz darauf das zweite Knacken den zweiten Millimeter Freiheit mit sich brachte, hatte ich begriffen: jedes Mal, wenn Konstantin das hohe Dis spielte, brachten die speziellen Luftschwingungen dieses Tons die Muskulatur meines Arms in eine ähnliche Vibration, wie es zuvor mein rülpsendes Auto getan hatte. So löste sich der Arm ganz allmählich. Vier Disse waren nötig für einen Millimeter.

Ach, nun bekam ich gar nichts mehr mit von dem schönen Konzert! Zwar folgte ich noch brav Konstantins Kopfbewegungen, zwar hockte ich noch mit berstender Bauchmuskelanspannung neben ihm in der Luft – aber meine Pupillen blieben starr auf der einen schwarzen Taste liegen, in der sich das hohe Dis materialisierte; meine Ohren hörten aus der Flut an Tönen nur diesen einen einzigen heraus und mein Gehirn dachte nur den einen Gedanken: "Er spielt es zu selten!"

Drei weitere Lieder hielt meine Geduld noch stand, dann wurde sie von meiner Verzweiflung überholt. Es geschah fast automatisch und wurde begleitet von einem moralischen Entsetzen: „Wie kannst du nur!", versuchte ich mich zu stoppen, aber da raste mein Zeigefinger schon wie ein Sturzkampfbomber auf die Klaviertaste zu. Ich fühlte die nahe Erlösung – nur noch wenige Disse waren nötig, vielleicht nur dieser eine – aber Konstantin war unglaublich. Mitten im Spiel schlug er mir mit einer blitzschnellen Bewegung die Hand weg, so schnell, daß ich es nur spürte, nicht sah und so, daß er die gespielte Melodie nicht unterbrechen mußte. Ich konnte ihn verstehen, ein Dis in der Tonlage dieses Liedes war eine musikalische Todsünde, das durfte unter keinen Umständen gespielt werden. Und doch – ich konnte nicht anders – ich versuchte es wieder – und mit dem gleichen Ergebnis. „Na warte!", dachte ich nun, von einem Ehrgeiz und einem Konkurrenzdenken beseelt, wie es nur Musiker entwickeln können und jetzt geschah etwas, das wirklich schwer zu beschreiben ist: ich versuchte wie ein Wahnsinniger mit allen fünf Fingern meiner freien Hand ein Dis zu spielen, ich ließ sie herunterhageln, so schnell ich nur konnte, während Konstantin statt Sechzehntelnoten nur noch Achtel-, und statt Achtelnoten nur noch Viertelnoten spielte, um zwischendurch in einem wahnwitzigen Tempo meinen stürzenden Zeigefinger mit seinen Händen zur Seite hin wegzuschlagen. Dennoch verließ er nie das Melodieschema und das Lied klang nur ein wenig variiert und improvisiert, kein einziger Zuschauer bemerkte, was für einen verbissenen Kampf wir da in aller Stille führten. Schließlich ging mir die Kraft aus. Ich fühlte, daß ich verloren hatte und versuchte einen letzten verzweifelten Trick: ich ließ meinen Kopf auf die Tasten fallen, ich versetzte dem Klavier eine gewaltige Kopfnuß und obwohl Konstantin meine Taktik blitzschnell durchschaute und aufsprang, um mich so noch im letzten Augenblick in die Höhe zu reißen, erreichte meine Stirn die Tasten. Ich hörte noch, daß ein entsetzlicher Akkord wie eine Bombe in die zarte Melodie einschlug, dann fiel ich in eine Ohnmacht, die sich gewaschen hatte.

Mit einer gewaltigen Beule erwachte ich in einem schönen Trierer Krankenzimmer – zwei Tage später. Die Ärzte waren nett zu mir. Die Schwestern waren nett zu mir. Fee hatte einen netten Brief an mich geschrieben. Chili schon zweimal nette SMS geschickt und auch von Konstantin, Manfred und Christoph waren ein paar sehr nette Zeilen für mich hinterlegt. Aber ich fühlte mich nicht gut. In diese letzten Takte dieses unendlich zarten Liebesliedes einen solchen entsetzlichen Tonklumpen hineinzuhauen – ich glaube, ich habe nie wieder in meinem Leben ein so schlechtes Gewissen gehabt.

Seither haben wir übrigens viele gemeinsame Konzerte mit Konstantin Wecker gespielt – und nie wieder über diesen einen Abend gesprochen, wofür ich ihm wirklich sehr dankbar bin.

Zwischen Toten laufen in Kiel

(23.06 06)

Es gibt auch in der Philosophie überraschende Momente – Erlebnisse, die mitten im Prozeß des Nachdenkens geschehen und uns Gedanken, die wir vielleicht schon lange in uns tragen, plötzlich begreifbar machen – die uns ein Bild geben, das uns alles tiefer verstehen läßt, weil nun auch das Herz begreift ...

Vor nicht allzu langer Zeit lief ich, durch tagelange Organisationsarbeit und die ein oder andere zusätzliche Sorge ermüdet, am Wasserturm in der Kieler West-Stadt vorbei. Ich hob kaum den Blick zu diesem imposanten Gebäude, ich sah stumpf auf meine Schuhe, die sich monoton in meinen Blick hineinschoben und wieder herausglitten. Noch dazu hatte ein harter Nieselregen eingesetzt, der meinen Mißmut vertiefte. Ohne Lust, irgendeinem Menschen zu begegnen folgte ich bereitwillig dem schmalen Weg in einen großen, waldigen Friedhof hinein.

Ich war sicher schon zwanzig Minuten auf den labyrinthischen Kieswegen geschlendert, bevor mein grimmiger Blick sich aus meiner Selbstvertiefung löste und mit zögerndem Interesse die Grabsteine wahrnahm, den zunehmenden Regen und die uralten Bäume, die ihre leisen Blätterdialoge hoch über meinem Haupt führten.

Eigentlich sehr schön hier, dachte ich versöhnlich und schlug den Weg zu einer etwas abseits gelegenen Lichtung ein. Dort standen in penibler Ordnung Hunderte von kleinen Grabsteintafeln, Kriegsgräber aus der Zeit der beiden Weltkriege. Und hinter der Lichtung weitere Hundert und dann eine dritte Lichtung und eine vierte – und ebenso hinter den Büschen, die mir seitlich die Sicht versperrten und schräg hinter mir, wohin der Weg sich verlor. Zehntausend gefallene Soldaten lagen hier und ich begann, um dieser schrecklichen Anonymität Gestalt zu geben, die Namen und die Geburts- und Todesjahre zu lesen. Die allermeisten waren in den Jahren 1942/43 gefallen, als die Ostfront in Stalingrad einbrach, als der U-Boot-Krieg zu einem Selbstmordeinsatz wurde. Siebzehn Jahre alt, zwanzig, fünfzehn sogar, der nächste siebzehn, wieder siebzehn, neunzehn, zweiundzwanzig – es war ein furchtbares Zeugnis für die schlachtende Menschenverachtung des Krieges.

Der Regen, wie ein Sinnbild der Gleichgültigkeit, fiel stärker und stärker. Unter den teilweise kaum noch lesbaren Namen mischten sich zunehmend die Gräber der unbekannten Soldaten hinein. Namenlos gestorbene junge Männer, deren Mütter bis zuletzt in grausamer Ungewissheit geblieben waren, die keinen Ort der Trauer hatten, um ihre Söhne zu besuchen. Ich dachte auch an die zunehmende Zahl von Neonazis in weiten Teilen des Landes. Wie konnte man nur mit all dem Wissen über diese Vergangenheit erneut einer solchen Mörderphilosophie erliegen? Und dann, mit vor Wut und Weltschmerz schon ganz trüben Blicken, entdeckte ich am Grabstein eines 1941 gestorbenen neunzehnjährigen Bootsmanns einen Strauß schöner bunter Nelken, in eine Vase gesteckt und mit einem Bindfaden am Grabstein befestigt. Die Blumen waren frisch und warfen ihre prallen Farben wie einen sehr wirkungsvollen Protest ins fahle Regenlicht. Ich erschrak fast darüber, suchte instinktiv die vielen Gräber ab – fand ganz hinten einen weiteren Blumengruß neben einer Sterbetafel, wenig später einen dritten und vierten und dann hatte eine barmherzige Seele auch ein paar blühende Vergißmeinnicht an den verwitterten Stein eines unbekannten Soldaten gesetzt.

Natürlich war das nicht viel – vier Gräber in einem Kreis von zehntausend Vergessenen. Aber hier ruhten Männer, die seit mehr als sechzig Jahren tot waren. Möglich, daß es die Hände einer hundertjährigen Mutter waren, die hier wirkten, aber viel wahrscheinlicher war, daß eine Schwester, ein Freund, ein Bruder, ein Kind, eine Geliebte, eine damals noch ganz junge Ehefrau – heute noch hier vorbeikam und ein paar Blumen daließ, als Zeichen einer lebendig gebliebenen Liebe. Und daß das möglich war, trotz dieser barbarischen Zeiten, trotz der lange vergangenen Jahre, trotz der Fülle an neuen Eindrücken und Begegnungen, wenn auch nur in vier Fällen, das berührte mich tief. So ist der Mensch eben auch, dachte ich, trotz seiner ganzen Bestialität – ein liebendes, tapferes, edles und träumerisches Tier. Und mit einer verwirrend widersprüchlichen Gemütsverfassung machte ich mich auf den Heimweg.

Hamburger Regenphilosophie

(23.09 – 16.12 05)

„Der Regen ist ein Dauerwellenvernichter. Bei den Damen ein Kurvenbetoner. Bei den Herren ein Verwilderer. Und für die Kinder der freundlichste Tropfenproduzent. Ein wenig eitel ist der Regen. Wohin er auch kommt, muß er sich sogleich Spiegel schaffen."

„Um Menschen freundlicher zu empfinden, hilft es sicher, das Kind in jedem zu suchen. In den allermeisten Fällen wird man es finden, daran glaube ich fest, und wenn nicht, dann hat man einen Geschäftsmann vor sich..."

So schreibe ich und sitze trocknend in einem Café.

„Direkt über dir, im ersten Stockwerk dieses ansehnlichen Eckhauses", so flüstert eine Erinnerung mir zu. „Haben Tanja und Frank gevögelt. Das war vor zehn Jahren, weißt du noch?"
„Klar!", antworte ich meiner Erinnerung und rühre ordentlich Sahne in meinen Kakao.
„Tanja, die Frau, die du damals liebtest. Und Frank, dein Freund und Schlagzeuger!"
„Jau, weiß ich", sage ich und schlürfe an meinem Schokoladenheißgetränk.

Die Erinnerung zieht sich zurück, beleidigt über so viel Teilnahmslosigkeit. Ein Zuckerschwall fährt in die Sahne, sickert langsam durch, verschmilzt mit der schwarzbraunen Flüssigkeit.

„So, Hamburg, du Riesenweib!", beginne ich eine Rede, zu deren Zweck ich erst einen Stuhl, und als das nicht genügt, den Tisch besteige. Die Bedienung, die mich kokett ansieht, vermutlich, weil sie eine Liebeserklärung erwartet – dieser Gedanke ist so interessant, daß ich die Rede gleich abbreche, mich wieder setze, einen Schluck Kakao zu mir nehme und notiere:

„So sehr verbunden fühlen sich die Hamburger mit ihrer Stadt, daß man nur ein halblautes „Hamburg" von sich geben muß, um ein allgemeines Stehenbleiben und Umwenden zu bewirken. Jeder fühlt sich angesprochen!"

Da mich die Bedienung noch immer ansieht, besteige ich also wieder den Tisch und beginne: „Hamburg, du Riesenweib, mit dem herrlichen Hintern, mit der Eleganz der Hüften, den sanften Püffen deiner Ellbogen, wenn du die Augen aufschlägst und mit deinem Nachtleben feuerst, Hamburg, dein sündiger Schoß, die Sehnsucht deines Hafens und deine Lippen, Hamburg, deine Lippen, mit dem melancholischen Schwung einer sehr erfahrenen Frau, träumerische Worte flüstern sie in mein Herz, so schöne, so wenig zu deinen herben Blicken passende..."

„Bist Du Süddeutscher?", unterbricht mich die Bedienung, bringt mir einen neuen Kakao, zieht mich sanft vom Tisch auf meinen Stuhl zurück und lächelt mitleidig. „Hier wehen die Sturmböen der Nordsee, mein Freund, nicht die Schwanzwaldwindchen, wirst schon sehen! Und außerdem ist Hamburg ein Mann, zumindest für mich!"

Und ihre Augen glühen, Freunde, so vielversprechend und hintersinnig, daß das Ende dieser Geschichte von dem Beginn einer neuen plötzlich überholt wird.

Die traurigen Seen von Nürnberg

(01.04 – 13.04 05)

Natürlich ist es schön, auf der Bühne zu stehen und sich die Seele aus dem Leib zu kreischen. Aber das Schönste an so einem Liederkracherdasein ist doch, hinterher mit fremden Leuten zusammenzusitzen und so zwanglos über das Leben zu plappern. Weil man so viel von sich preisgegeben hat und weil man wie ein Wind ist, der am nächsten Tag wieder nach weit weg verschwindet, sprechen auch die anderen offen von sich. So entwickeln sich vertrauliche Gespräche, die sonst erst nach langer Kennlernzeit entstehen.

Freilich trifft man die unterschiedlichsten und merkwürdigsten Menschen, nicht immer sind die Gespräche lustig und nicht immer paßt die Begegnung zusammen.

Als wir vor acht Wochen im Kunstverein in Nürnberg saßen, jeder vor seiner Kanonade Bier und die Fragen wild herumzischten, fühlte ich den dringenden Blick einer vierzigjährigen Frau streitlustig auf mir ruhen.

Auch die Ablehnung hat ihren Magnetismus und so lächelte ich ihr zu, gesprächsbereit und neugierig. Ich rechnete mit irgendeiner Form von Kritik an unserer Musik, aber sie wandte sich direkt an mich:

„Du hältst dich wohl auch für so einen ganz großen Macker!"

„Ja!", sagte ich gut gelaunt. „Für den allergrößten!"

„Sieht man!"

Ich antwortete nicht und wir sahen uns an. Sie war sicher mal sehr schön gewesen – große, langbewimperte, sanft geschnittene blaue Augen, eine kokette große Nase, ein ebenmäßiges Gesicht, volle Lippen – aber mit den Jahren hatte sich ein verbitterter Ausdruck hineingemischt, vielleicht war er auch ganz plötzlich gekommen. Und so war etwas grundsätzlich Beleidigtes und Verhärmtes in das Traurige ihrer Züge geraten.

„Du singst doch nur deshalb so ein Zeug, um dich wichtig zu machen!", startete sie ihren Angriff.

„Was für ein Zeug?", fragte ich, fühlte aber, daß ich mich nicht konzentrieren konnte, weil eine sonderbare Anziehungskraft von ihrem betrunkenen Blick ausging.

Den nächsten Satz verstand ich schon gar nicht mehr.

„Oh Gott, Heinz!", dachte ich entsetzt. „Du wirst dich doch jetzt nicht etwa vorbeugen und sie küssen?"

Tatsächlich beugte ich mich vor – aber ich küßte sie nicht etwa, nein, ich schritt kräftig aus und spazierte über einen sanften Hügel auf einen der beiden großen Seen zu. Er wurde seitlich begrenzt durch ein steil aufragendes Gebirge. Irgendeine weit entfernte innere Stimme sagte noch: du spinnst ja, Heinz, aber ich dachte nur: müde macht das Laufen, wenn ich den See dort erreiche, nehme ich ein Bad, lege mich an der Strand und schlafe ein.

Warmer Wind strich, in den sich ab und zu ein würziger Nebel hineinmischte, wie Tabakqualm, der sich gleich wieder auflöste.

Bald stand ich am Ufer des Sees. Es war eine sonderbare Landschaft hier. Alles cremefarben und glatt, ohne viel Abwechslung, trostlos. Ich beschloß, sofort ins Wasser zu springen, zog mir alle Kleider vom Leib und sprang kopfüber in die Fluten. Das Wasser war überraschend warm, fast heiß sogar. Obwohl ich unter Wasser die Augen aufriß, konnte ich nichts erkennen. Milchiges Licht überall. Ich tauchte so tief ich konnte, sah aber nicht weiter, ließ mich dann an die Oberfläche treiben und beschloß, weit in den See hineinzuschwimmen.

So tollte ich im Wasser wie ein junger Hund, kraulte, schwamm Rücken, Brust, Schmetterling, schlug Purzelbäume, bekam Wasser in die Nase, mußte husten und niesen – und wurde trotz des ganzen Radaus nicht wirklich froh. Die Stille um mich her, die gleichgültige Nachgiebigkeit des Wassers, die glatte Öde der Hügel, das diffuse Himmelslicht – all das wirkte so grundernst und einsam, daß ich mir bald lächerlich vorkam mit meinem Übermut und stattdessen wieder zu tauchen begann. Obgleich die Sicht nun besser war, konnte ich nichts erkennen als nur eine türkise, scheinbar endlose Tiefe – reglose, langweilige Flüssigkeit.

Wenn ich nicht bald etwas Aufregendes finde, dachte ich, dann werde ich genauso trübsinnig wie alles hier. Dann schlafe ich womöglich ein und gehe unter. Inmitten solcher Gedanken, entdeckte ich eine schwarze Insel, flach und nicht sehr nah, aber doch erreichbar, ohne mich zu verausgaben. Ich schwamm darauf zu. Bald jedoch mußte ich feststellen, daß der kleine Abstecher sich zu etwas sehr Mühevollem entwickelte. Das lag nicht an der falsch eingeschätzten Entfernung – im Gegenteil, die Insel lag näher als gedacht. Es hing vielmehr mit der immer zäher werdenden Beschaffenheit des Wassers zusammen. Ohne die Farbe zu verändern, wurde das Wasser sirupartiger, klebriger, von Meter zu Meter schwieriger zu durchschwimmen. Ich fühlte, wie meine Muskeln vor Anstrengung verkrampften. Panik ergriff mich. Ich würde hier jämmerlich versinken. In einer scheinbar sinnlosen Kraftanstrengung ruderte ich mit den Armen und Beinen – bis ich plötzlich mit dem Fuß auf Widerstand stieß – auch beim zweiten und dritten Tasten. Es war der flache Steinstrand der Insel. Ich konnte stehen. Beherzt watete ich durch das schwere Wasser und stand zwei Minuten später am Ufer. Ein wunderlicher, kieselglatter schwarzer Hügel stieg sanft vor mir auf – wie poliert, wie künstlich dahingestellt – mit nichts zu vergleichen, was ich an Stränden oder Seelandschaften je gesehen hatte. Und auch der sogenannte Strand: ohne jede Spur von Algen, Meeresgetier, Sand, Muschelresten – eine öde schwarze Fläche, die überall im stumpfen Winkel ins Wasser tauchte.

Ich lief vorsichtig hügelaufwärts, dann drehte ich mich um. Vor mir lag der kreisrunde See – am Horizont ein paar Stachelpalmen, immer im gleichen Abstand hingestellt. Über mir der milchige, undurchdringliche Himmel. Dann plötzlich sah ich Fische. Sie lagen regungslos und gefesselt im Wasser – Stricke und Ketten waren dicht um ihre Körper gewickelt und hinderten sie an jeder Bewegung. Und noch etwas anderes nahm ich wahr. Die Insel bewegte sich – ein plötzlicher Windzug und Wellengang wie bei einem Schiff, ein leises Rauschen. Das ging so ein paar Sekunden, dann stoppte die Insel wieder. Der See beruhigte sich. Die Fische waren verschwunden.

Ich hockte mich hin und dachte nach. Wie trostlos ist das alles hier, wie kraftlos und ohne Mut. Denn natürlich sitze ich hier auf der Pupille eines Auges und natürlich ist es eines der Augen dieser traurigen Frau. Und die Stachelpalmen da drüben sind ihre Wimpern und die gefesselten Fische ihre Sehnsüchte und die sanften Hügel dort ihre Wangenknochen und das steilere Gebirge ist ihre Nase.

Was soll ich hier? dachte ich. Was bringt das schon, nackt und betrübt auf ihrer Pupille sitzen, das bringt doch nichts! Das ist doch eine ganz und gar sinnlose Geschichte.

Und so stand ich denn auf, nickte der Erstaunten höflich zu, trank mein Bier aus und stellte es laut krachend auf den Tisch zurück.

Sie sah mich beleidigt an.

„Ach – Lärm kann herrlich sein!", sagte ich dann. „Und jetzt tanzen! Kommst du mit?"

Sie tat irgendwas mit ihrem Kopf. Wahrscheinlich schütteln. Ich kümmerte mich nicht darum. Ich hatte mich umgedreht, ein heftiges Jucken in den Beinen und schon tanzte ich, albern unter lauter Albernen. Und es war herrlich...

Konkurrenten

(in Busenbach)

(06.06 04)

Der schönste Mann von Busenbach
der kam ganz unverändert,
(ich war neun Jahre nicht mehr dort),
den Weg herabgeschlendert.

Man sah ihm an: er hat das Dorf
seither nicht mehr verlassen
und läuft als Cassanova-
miniatur durch alle Gassen.

Die Frauen aus dem Ort, so
zwischen zwölf und sechzig Jahren,
hat er (man glaubt es ihm sofort),
vernascht mit Haut und Haaren.

Hat ihn das träg gemacht? Das kann
man ganz getrost verneinen.
Er läuft so stolz und grade wie
ein Glied läuft auf zwei Beinen.

Ich durfte in der gleichen Zeit so sehr
viel schönre Frauen lieben.
Und manche ist dann auch weit mehr
als eine Nacht geblieben.

Das weiß der nicht – und wüßte er `s,
er könnt es nicht begreifen!
Drum wird sein Blick mich immer nur
voller Verachtung streifen.

Hagen von Tronje treffen am Römer

(in Frankfurt/Main)

(10.02 – 05.12 05)

Man sollte nicht mehr sagen: „Gott sei Dank!" – das ist entsetzlich altmodisch. Der moderne Mensch sagt: „Einstein sei Dank!" Seine Relativitätstheorie erst hat uns auf eine Entwicklungsstufe gestellt, die uns deutlich vom Affen unterscheidet. Böse Zungen behaupten freilich, sie unterscheide nur Einstein vom Affen, nicht uns – aber das sind so studentische Kleinkariertheiten. Wir wissen, daß die Banane, die wir fressen, relativ ist. Das weiß der Affe nicht.

Durch Einstein sind allerhand Dinge wieder möglich, die seit der Epoche der Schamanen für absolut zweifelhaft gehalten wurden und folglich auch nicht passierten.

Neulich in Frankfurt zum Beispiel traf ich am Römer mit Hagen von Tronje zusammen. Durch die Raumkrümmung zwischen Hanau und Mainz traf über Frankfurt die Zeittangente auf den Raumzeitkrümmungsfaktor φ™9 ℘, wodurch galt:

X hoch 5 durch alpha dritte wurzel betta gleich ypsilon im kubik

Und so saß ich denn zwangsläufig im Cafe Wagner dem germanischen Recken gegenüber, zwei Meter hoch und breit wie ein Ochse. Sein Beidhänderschwert lehnte am Tisch, direkt neben meinem Fünfsaiterbass. Die Zeitlinie, die unsere Dimensionen trennte, verlief genau zwischen uns, so daß ich höllisch aufpassen mußte, nicht drüber zu greifen, weil sonst meine Hand im Nullkommanix in der Vergangenheit verschwunden wäre. (Dachte ich, die Bedienung sollte allerdings wenig später meine Befürchtung widerlegen).

Hagen von Tronje kümmerte sich um solchen Firlefanz nicht, er wußte ja auch nicht, wer Einstein war. Zudem hielt er die Hände fest um den Bierkrug gefaltet und wenn er sie bewegte, dann nur, um die geballte Faust auf den Tisch zu donnern.

„Oh, diese gallischen Weiber!", rief er aufgebracht und funkelte mich an, als trage ich die Schuld an ihrer Existenz. „Hast du Erfahrung gemacht mit ihnen?"

„Reichlich!", sagte ich unbestimmt. Bei seinem Temperament hatte ich beschlossen, zunächst mal immer seiner Meinung zu sein.

„Herrliche, herrische, dicke, kräftige Weiber!", sagte er laut.
„Genau!", sagte ich und schlug mit meiner Faust auf den Tisch. Das klang allerdings so lächerlich dünn, daß ich beschloß, es – auch wegen der Schmerzen – künftig zu unterlassen.
„Rom hat einen neuen Imperator. Bei den Sachsen regiert eine Fürstin! Was sind das für Zeiten!" Er schüttelte den Kopf. „Attila, der schiefäugige Mongolenfürst frißt griechische Jungenfrauen zum Frühstück. Er vernascht sie nicht. Er frißt sie! Wenn Du mich fragst, mein Freund, die Menschheit ist auf den Hund gekommen, schlimmer: weit unter ihn. Aus irgendeinem höllischen Hundearsch ist unsere Welt gefallen und wir müssen uns auf ihr zurechtfinden!" –
„Bier!", brüllte er plötzlich quer durch den Raum. Ich sah, wie die Bedienung hüftschwingend und mit offensichtlichem Gefallen an dem bärigen Mann daherkam, kokett in engen Jeans und mit dünnem T-Shirt, unter dem ihr trägerloser Busen auf und ab hüpfte. Sie überschritt die Zeitlinie, stand plötzlich in mittelalterlicher Tracht neben dem Ritter, beugte sich vor, zeigte ihre Vorzüge, nahm ihm den Humpen ab, stellte einen neuen vor ihn hin, schritt zurück über die Zeitlinie und wackelte in Jeans wieder hinter den Tresen.
„Erstaunlich!", sagte ich.
„Wie meinen?", schnaufte Herr von Tronje und wischte sich mit seinen Riesenpranken den Bierschaum aus dem Bart. „Dürres Ding! Ihr seid nichts gewohnt, Herr! Gallische Weiber müßtet ihr kosten!"
„Jawoll!", rief ich. „Mach ich bei nächster Gelegenheit!"
„Hähähä!", Hagen von Tronje schien zufrieden. Dann runzelte er die Stirn. „Auch an unserem schönen Hofe – nur Bockmist!"
„Busch bombardiert Afghanistan und Irak, die Konservativen sind im Vormarsch, die Gewerkschaften ein Schatten ihrer selbst! Es ist nicht zum Aushalten!", schrie ich plötzlich, stand auf, hämmerte wie ein Besessener auf die Tischplatte und brüllte: „Schnaps!"
„Nicht schlecht!", nickte der Hüne. „Für einen Barden!"
„Mein Schwert und mein Schild ist das Lied!", kommentierte ich und setzte mich wieder.

„Hahaha!", lachte der von Tronje nun auf, griff kurz nach seinem Schwert, hieb mit einem einzigen entsetzlichen Streich den Tisch in Stücke, griff nach dem Nebentisch, schwang ihn, der aus massivstem Holz war, mit einer Hand über unsere Köpfe hinweg und schmetterte ihn dahin, wo eben sein Vorgänger stand, und zwar ganz exakt dort hin, wie ich an der weiterhin zwischen uns verlaufenden Zeitlinie

sehen konnte. Dann stütze er die Ellbögen auf und legte seinen Riesenschädel hinein. „Ach, beneidenswert!", sagte er. „Den ganzen Tag nichts als Geige spielen!"
„Bass!", gab ich zu bedenken. Ich mußte bleich sein wie Papier.
„Nu ja, ob ich den Feind mit dem Schwert oder mit dem Beil zerhacke. Ob ich meinen Mitmenschen mit der Geige oder dem Bass auf die Nerven gehe!" – „Bier!", schrie er auf einmal. „Zweimal!", fügte er infernalisch dazu. Ich hörte die eilig trippelnden Schrittchen der Bedienung, ihr unterwürfiges Schauen, ihre zärtliche Eile. Kaum hatte er den Schaum aus dem Bart auf seine Ärmel verteilt, blickte er zornig um sich. „Gunnar, mein stolzer kluger Herr ist liebeskrank, ist diesem Weib verfallen, der Walküre, diesem göttlichen Wesen, das er mit Hilfe dieses unerträglichen Schnösels errungen hat!" Ritter von Tronje spuckte im hohen Bogen aus. „Ein Betrug, der uns allen noch das Leben kosten wird. Ich sag Dir das! Pfui Teufel!"
„Pfui Teufel!", wiederholte ich, von dem starken Bier schon reichlich besoffen. „Die Plattenfirmen, die Radiosender, die ganze multimediale Berichterstattung nimmt Bands wie uns nicht wahr. Nur seichte Gehirnwäsche überall. Verrat am Geist, an der Seele, an der Wildheit des Menschen. Ein Betrug, der uns allen noch das Leben kosten wird!"
„Bruder!", donnerte Hagen.
„Bruder!", versuchte ich ein Echo.
„Bier!", schrie der Recke. „Bringe sie uns acht Humpen, gestrichen voll!"

Ich hörte die Bedienung aufseufzen vor Bewunderung.
„Zwölf!", wollte ich auftrumpfen, brachte aber nur ein lasches „lllfff" heraus und setzte mich wieder.
„Laß uns über Weiber reden!", schlug Hagen vor. „Schon mal mit dreien? Hähähä?"
„llllfff" sagte ich.
„Er sabbert ja!", rief Bruder Tronje entsetzt. „Nicht daß er die Tollwut habe, daß ich ihn erschlagen muß wie ein räudigen Hund! Schade wär es um den fidelen Geiger!"
„Basch! Bach, spiel ich meine, Bass! Bass!" lallte ich. „Was macht Sieg …", lallte ich weiter, um abzulenken.
„Ha! Wage es diesen Namen auszusprechen! Dieses Milchwesen, das zufällig im Blut des Drachen gebadet hat, dieses Stinktier, das meint, nur weil er unsichtbar durch die Gemächer der Jungfrauen spazieren

kann, sei er mehr als ein Wurm, der durch unsere Gärten kriecht! Braucht Tronje Hagen eine Tarnkappe, um zu Weibergemächern Zutritt zu bekommen? Braucht Tronje Hagen Drachenblut, um eine anständige Schlacht zu schlagen. Nein, Hagen braucht – Bier!", schrie diese germanische Urgewalt. Er hatte tatsächlich schon sieben der acht Humpen geleert, während ich mich nun beeilte, meinen einen Humpen halb ins Maul, halb in den Kragen zu kippen.
„Bringe sie uns weitere acht!", brüllte er und griff nach seinem Schwert. „Daß keiner im Hessischen glaube, ein Burgunde könnte nicht saufen!"
„llllfff", sagte ich. „Dasss k-k-keiner d-d-d-d, Hei-hei-heinz Rarara kö-kö ...!"

Und das war es dann wohl, denn aufgewacht bin ich unter den besorgten Blicken einer ganz und gar nicht gallischen Krankenschwester und mit einer Rechnung über siebzehn noch nicht gezahlte Bier im Cafe Wagner.
„Einstein sein Dank!", murmelte ich, „haben sie mir nicht den Tisch in Rechnung gestellt!"

Vor der höheren Physik aber habe ich seit jenem Tag einen geradezu höllischen Respekt.

Momentaufnahme in Bonn

(07.01 04)

Seit Tagen regnete es – aber der Regen war sanft, unaufdringlich, man war nicht gleich durchnäßt, wenn man zum Beispiel einkaufen oder Zigaretten holen ging. Warm war er nicht, der Regen, denn es war Januar, aber eben ganz leicht, beinahe behutsam, ein Regen alter Schule, der bescheiden vor sich hinregnete, ohne allzu sehr auffallen zu wollen. Das Straßenpflaster leuchtete, die Mädchen hatten Kapuzen auf und die Herren Hüte.

Ich saß in einer Bonner Kneipe und starrte ein paar grell erleuchtete Tulpen an, die in ihrem prallen Rot, in ihrer etwas plumpen, selbstbewußten Schönheit künstlich wirkten, während die Diskokugel, die Espressomaschine, die Bierzapfgeräte eine geschmeidige Natürlichkeit ausstrahlten.

Während ich mich abwechselnd ins nasse Straßenbild, in den farbigen Fettglanz der Tulpen und in den Roman, den ich zu schreiben versuchte, vertiefte, drangen die Gesprächsfetzen des Nachbartisches zu mir durch.

Die Kneipe war voll skurriler Typen. Männer und Frauen, die sich hier zu treffen schienen, weil fernab von Studentenleben und biederem Kneipenpublikum hier jeder hingenommen wurde, wie er war. Ein schwules Pärchen versuchte sich zu versöhnen, ein Kettenraucher hielt Monologe des Aufhörens, eine türkische Mutter lieferte für zwanzig Minuten ihre Kinder an der Bar ab, zwei Hausfrauen betranken sich systematisch, ein angeheiterter Rentner diskutierte die Tagespolitik mit einem bierernsten Punk.

Mein Nachbartisch bestand aus drei sehr unterschiedlichen Gesprächspartnern. Ein etwa sechzigjähriger Glatzkopf und Vollbart, der sich über alles und jeden ereiferte. Unterbrochen wurde er von einer energischen und ebenfalls lauten Frau, zehn Jahre jünger und offensichtliches Mitglied der Alkoholpartei. Sie war grundsätzlich nicht seiner Meinung und redete, wenn er redete und mit der gleichen Lärmausschüttung. Außerdem saß eine weitere Frau bei ihnen, die krank wirkte und mir schon am Vortag durch ihr stundenlanges dumpfes Aus-dem-Fenster-Starren aufgefallen war. Ich hielt sie für einen Junkie. Ihr Gesicht war von psychischen oder körperlichen

Schmerzen wie zugeschlossen, ihr Blick müde und dumpf und kam kaum aus ihrer Tiefe in die Welt.

Die Rede war, als meine Aufmerksamkeit zu ihnen gezogen wurde, von Schlaganfällen und Intensivstationen. Der Mann vertrat eine Theorie – welche auch immer – und leidenschaftlich hielt die Frau dagegen.

„Ach was", trumpfte der Mann auf. „Das kann man doch nicht belegen! Alle Menschen haben doch Angst vor dem Sterben!"

Da beugte sich plötzlich die Durchsichtige, Dünne vor, die Junge mit dem erloschenen Gesicht, die kein Wort gesagt hatte bisher. Ihre Züge wurden ganz sanft und mit der Spitzbübigkeit eines kleinen Kindes, das ein Geheimnis preisgibt, sagte sie leise: „Ich nicht. Ich freue mich...!"

Die alten Wege

(in Bad Godesberg)

(17.02 06)

Man kommt zurück und läuft die alten Wege
und denkt bei jedem Schritt „Ach ja!".
Selbst von den Omas kennt man, glaubt man, jede.
Man hält sich selber eine nette Rede,
wie jung und voller Traum man war.

An dieser Ecke lag man hoffnungslos besoffen,
dort in den Büschen küsste man „Brischitt".
Das Leben war nach allen Seiten offen,
man wußte alles, brauchte nichts zu hoffen
und lief der Zeit voraus mit jedem Schritt.

Man läuft und läuft, die Stadt erzählt Geschichten.
Ach, wär das schön, es liefe einer mit.
Man könnte ihm von dem und der berichten,
er bräuchte nur noch staunend beizupflichten
mit „Echt?" und „Klasse!", „Super!" und „Igitt!"

Dann plötzlich eine Botschaft, knirschend aus den Knien.
Vier Stunden treibt man schon dahin!
Und immer noch Geschichten, die vorüberziehen,
man faßt sie, wundert sich, daß sie nicht fliehen
und man verbucht das als Gewinn.

Dann, endlich müde, schreitet man gelassen
in eine altersschwache, kleine Bar.
Man spürt, man hat sich gehen lassen.
Gleich wird die Schwermut nach dem Herzen fassen.
Auch sie, denkt man, weiß, wie es war.

Wintereinbruch in Töging

(11.-18.12 04)

Diese Ecke Deutschlands war mir bis dahin ganz unbekannt. Südöstlicher als München war ich noch nie aufgetreten. Daher war ich weder überrascht, noch enttäuscht, als bei dem Lied- und Leseabend, zu dem mich Kollege Christoph Weiherer eingeladen hatte, gerade mal zehn neugierige Nasen auftauchten, blieben und Beifall bekundeten. Der Abend mündete in Gesprächen mit den Besuchern, den netten Veranstaltern und der charmanten Bedienung. Ich war aufgekratzt und wollte noch irgendwo mit den Bayern feiern, aber in Töging gab es nichts und alle Anwesenden waren auch müde, daher begab ich mich sensationell früh in meine Schlafkammer. Wobei „früh" über-, und „Kammer" hoffnungslos untertrieben ist! Es war zwei Uhr morgens und mein Schlafplatz entpuppte sich als turnhallengroßes Zimmer mit einer Deckenhöhe von fünfundzwanzig Metern. In der Mitte stand ein rot bezogenes Feldbett, das angesichts der enormen Raumgröße aussah, wie ein Märchenrelikt.
„Witzig!", sagte ich.
„Witzig!", wiederholte der Raum.

Tief unten hörte ich das Geräusch einer zuschlagenden Eisentür – dann war ich allein in dem riesigen Gebäude, im Silo 1, dem stillgelegten und als Veranstaltungsraum genutzten Teil einer Betonfabrik.

Ich blickte aus dem Fenster und sah über die weitverzweigten Fabrikgebäude hinweg. Überall brannte Licht. Und durch die erleuchteten Zimmer huschten die grotesk in die Länge gezogenen Schatten der Arbeiter. Ich erinnerte mich, daß die Veranstalter als Grund für die spärliche Zuschauerzahl die Sonderschichten angegeben hatten, die die Arbeiter zur Zeit einlegen mußten.
„Sonderschichten wozu?", fragte ich.
„Wozu?", echote der Raum, aber mein Kopf war zu müde, um nach Antworten zu suchen. Ich legte mich hin und begann von meiner Freundin zu träumen. Aber kaum war sie lachend und wild und nackt durch die Traumschleier geschritten, riß mich ein gewaltiger Krach aus dem Schlaf. Ich stürzte ans Fenster, sah aber nichts als die langen Schatten der Arbeiter.
„Seltsam!", rief ich.
„Seltsam!", rief auch der Raum.

Dann legte ich mich wieder in mein Puppenbett und schlief ungestört bis in den späten Vormittag.
„Krass!", sagte ich.
„Krass!", fand auch der Raum.
„Ist ja schon elf Uhr!"
„Elf Uhr?", fragte der Raum.

So viel Teilnahme erschütterte mich und ich ging Zähneputzen. Irgendwo in den labyrinthischen Fluren des Silos traf ich einen Mann, der mir anbot, mein Gepäck und mich zum Bahnhof zu fahren. Ich sagte ja und danke, zuvor würde ich aber gerne einen Spaziergang machen und mir Stadt und Landschaft ein wenig anschauen. Ich erntete einen befremdeten Blick, der mich nicht aufhalten konnte und ging los.

Es war ein sonderbarer Tag.

Hochnebel färbte den Himmel langweilig und grau. Frost hatte sich wie ein weißer Mantel um alle Bäume und Sträucher gelegt, bedeckte als unberührtes Pulver die Straßen und die Wiesen.
„Lustig!", dachte ich, diesmal ohne Echo. „Wintereinbruch. Keine Farben! Alles weiß und beige und grau ..."

Der Weg, den ich eingeschlagen hatte, führte ein wenig bergauf, so daß ich, als ich mich umdrehte, die Sicht über das gesamte Töginger Industriegelände hatte. Zwei Drittel davon wurden eingenommen durch das gigantische Betonwerk. Große Dampfschwaden stiegen aus den Schornsteinen und Gebäuden und da sie die gleiche Farbe hatten wie der Himmel, sah es aus, als ob sie die Quelle des Hochnebels seien. Als ich mich umdrehte, um weiterzugehen, stolperte ich so ungeschickt über einen Ast, daß ich hinfiel und auf den Knien ein paar Meter Wegstrecke wieder herabrutschte. Ich erhob mich schnell und klopfte mir den Frost von Hose und Jacke. – Auf einmal hielt ich inne. Da stimmte doch etwas nicht! Die Hose hätte doch eigentlich naß, der Frost kalt sein müssen! Stattdessen: Zementstaub, Gipspulver, irgendsowas! Ich griff noch einmal zu, ich prüfte die eisummantelten Äste der Bäume: das war kein Eis! Entsetzt blickte ich auf die Betonwerke: das konnte ja wohl nicht wahr sein! Deshalb also Sonderschichten! Aber – wozu das Ganze?

Ich stieg vollends auf den Hügel, um eine Übersicht zu gewinnen. So weit mein Blick reichte waren alle Häuser, Bäume, Straßen, Strommasten, Fahrzeuge von der gleichen schmutzig-weißen Staubschicht bedeckt. Welche Erklärung konnte es dafür geben?

Hatten die etwa...?

„Die haben den Himmel zubetoniert!“, hörte ich eine Stimme neben mir. Ein rustikaler, fein beanzugter Mann, fünfzig Jahre alt, der sein Hündchen spazieren führte. Während die Pudelmischung melancholisch im Betonstaub herumschnüffelte, schien sein Besitzer nicht weiter besorgt zu sein.

„Wegen der ganzen Ausländer!“, sagte er zufrieden. „Irgendwann muß ja wohl Schluß sein!“

Ich suchte nach einer Antwort. Mir fiel das einzige arabische Wort ein, das ich kannte: „Schukran – Danke!“ und aus meinem Spanischvokabular noch: „Hijo de puta!“ Das kannte er hoffentlich auch! Na egal, weiter in die Höhe spaziert, auf die Suche gemacht nach irgendwelchen Buntheiten. Natürlich fand ich dies und jenes: einen roten Plastikelefanten, einen gelben „Achtung! Starkstrom!“-Aufkleber, die grünen Augen der Apothekerin – aber es war wenig und es war matt und unüberzeugend. Relikte einer vergangenen Zeit. Eine sonderbare Schwermut überfiel mich hier in Töging und ich suchte, wie immer, wenn ich traurig bin, die Nähe des Wassers. Ein graues Frauchen zeigte mir den Weg: zurück zu den Betonwerken, im weiten Bogen auch um die anderen Industrieanlagen herum und dann irgendwo hinter den Büschen. Ich lief hin, über die gepuderten Straßen, zwischen den zementierten Häusern und Hügeln hindurch. Behalte du dein buntes Gemüt, sagte ich mir bei jedem Schritt, wirst schon irgendeine Art von Trost finden.

Ich hatte den Inn erreicht. Eine graue Brücke verband die grauen Ufer, aber unter ihr – wie kann ich es beschreiben – leuchteten des Inns smaragdfarbene Fluten, das satte, moosgrüne Gletscherwasser der Alpen floß völlig unbekümmert dahin – wie seit Jahrmillionen! Mein Herz und meine Augen tranken sich satt daran: der Kampf ums Glück, dachte ich plötzlich, ist noch lange nicht entschieden! Und mir war, als hörte ich aus großer Entfernung auch ganz leise das Echo meines Schlafraums: „Noch lange nicht!“

Das Roßweiner Fischwunder

(11.09 04)

So liefen wir also, ein Halbjamaikaner und ein Halbperuaner, zwei Bassisten auf Tour, durch die Straßen von Roßwein. Es war weit nach Mitternacht. Unser Begleiter sprach vom Wiederaufstieg sächsischer Nationalsozialisten, von Wahlprognosen, die allen Grund zur Sorge gaben, vom Auszug der Jugend, Arbeitslosigkeit, Gewalt auf den Straßen – rechts und links türmten sich die verlassenen Riesenbauten des ehemaligen Industriestandortes. Der Mond als magere Lampe hing schlecht gelaunt über den düsteren Gebäuden – mich aber hatte eine sorglose gute Stimmung ergriffen, auf deren glitzernden Oberfläche die Prophezeiungen unseres Wegbegleiters harmlos herumschwammen. Wie der Fluß, dachte ich, die Mulde, die gleichgültig den Müll auf ihrem Rücken irgendwohin trägt, so trägt meine frohe Laune die dunklen Mahnungen des Einheimischen. Auch Basskollege Mike schien verträumt. Unser stilles Dahingehen passte so schön zur schweigsamen Nacht, zum Gemurmel des Flusses, zu den vermodernden Häusern, den Mond und allen Dingen. Fern und einsam klangen die Worte unseres Gastgebers, wir hörten kaum zu.

Was wirkte so freundlich, hier, im vergessenen Winkel Sachsens?

Denn es war eine Stimmung, die uns von Außen überwältigte, der wir uns hingaben, keine, die aus uns selbst herausgewachsen wäre.

Am folgenden Morgen lief ich die Strecke bei Tageslicht zurück und es dauerte nicht lang, da begriff ich: die Fische waren zurück, die Fledermäuse und Schwalben, die Steinkäuze und Mauersegler und Wasseramseln und Eisvögel, das bunte Volk der Libellen und Schmetterlinge – mit dem Fortgang der Menschen, dem Niedergang der Industrie, der allgemeinen Verarmung, waren Freiräume entstanden, die die Natur mit zärtlicher Gewalt wieder übernahm.

Wie selten geschieht das, dachte ich – und wie notwendig ist das. Denn was der erwachsene Mensch dem erwachsenen Menschen antut und zumutet, ist furchtbar genug. Was der Mensch seinen eigenen Kindern antut oder der ebenso wehrlosen Natur, das ist noch weit unverzeihlicher.

Und wie gut, überlegte ich, daß dieser Triumphzug der Natur so schön leise vonstatten geht. Und leise ging auch ich wieder zurück zum Gastgeberhaus, an den Industrieruinen vorbei. Ich hatte das seltsame Bedürfnis „Danke“ zu sagen. Da sonst keiner da war, sagte ich es den Fischen. Und die Fische, so schien mir zumindest, erwiderten gelassen: „Klar, Dicker, wird schon!“

Herbstmulde

(bei Roßwein)

(29.10 05)

Dahinzugehn in all der goldnen Pracht,
vorbei an träumenden Fabrikruinen.
Die Uhren stehn auf elf oder halb acht
und eine zeigerlose schaukelt sacht
und will so wenigstens den Winden dienen.

Der Fischreichtum der Mulde: unerhört!
Die Menschen gehn. Die Tiere kommen wieder.
Hier kommt es vor, daß man noch Uhus hört
und Schlinggewächse weben ungestört
alternde Villen ein. Auch Grillenlieder

und Rhythmus der gereiften Blätter:
die klappern trocken, lösen sich und fallen.
Der Herbst zeigt sich viel farbenfetter
als Sommerblütenozean – und netter:
er feiert Abschied von uns allen.

Schon spürt man in der Schönheit Winter,
noch weiß man aber, wie der Sommer war.
Im letzten Aufglühen verrinnt er,
ein starres Schneebild steht dahinter –
und diese Mischung ist so wunderbar!

Ach Herbst, Vergänglichkeit des Lebens
und trotzige Bereitschaft zum Comeback!
Und Blütezeit des Alterns und des Gebens,
Trost der Natur: nichts ist vergebens,
auch wenn man meint, es hätte keinen Zweck.

Selenas Schmerzpaketchen

(30.05 05)

Man trifft so viele und so unterschiedliche Menschen, nicht wahr? Manchmal auch solche, die einen zweifeln lassen, ob sie nicht ein bißchen mehr oder ein bißchen weniger sind als Menschen.

Selena aus München ist so. Während sie tanzt, vergißt man, wo man ist. Nämlich frisch geräuchert auf der Bühne, ein Dörrfisch an der Baßgitarre. Man meint an der Quelle eines afrikanischen Riesenflusses zu sein, dem Kongo oder dem Niger, und in etwas Weichgewölbtes hineinzublicken, das sicher die Sonne ist oder mit der Sonne zu tun hat. Es ist Selenas weichgewölbter Körper, der durch irgend so eine trostlose Halle tanzt.

Später dann steht man an der Theke, trinkt, weil das alle so machen, seinen Johannisbeersaft und spricht mit Selena über dies und das, plappert, als ob man alle Zeit der Welt hätte. Dabei muß man in zehn Minuten wieder singen gehen.

Wir sind in der Domagk in München, einem Gelände, in dem vorwiegend Kunststudenten leben. Die Zügel bayrischer Sittlichkeit liegen hier lose herum, keiner mag sie beachten oder ergreifen, das Leben ist so leicht, so leicht, so schwer zu ertragen leicht ist das Leben. Aber immer sind die berauschenden Feste, die Drogen, der angenehme Flair bisexueller Erfahrungen, der Alkohol und die vielen Worte, die Pläne, die Projekte...

Ach, wenn das Dasein außerhalb der Domagk nicht so abstoßend kapitalistisch wäre! Von Liebe und vom Träumen füllt sich der Bauch nicht, läßt sich keine Miete zahlen und keine Leinwand kaufen. Also tastet sich die Phantasie des Künstlers mißtrauisch in die kapitalen Bahnen. Tina trägt ihr Unterhöschen intensiv und eine Woche lang. Dann schickt sie es ihrem ehemaligen Deutschlehrer, anonym an ein Postfach und für gutes Geld. Gert lernt von Tina und erfindet Eissorten mit Spezialgeschmack: Salamieis, Schweißeis, und Eis-Pervers mit Überraschungsstücken.

Und du, Selena? Worum kreist dein Leben? Kleine Neidpfeile sind abgeschossen auf dich, von Frauen, die weniger leuchten als du. Die jede Veränderung deines Körpers giftig bestarren, die auf jedes zusätzliche Kilo warten und tun, als wären es zehn. Die nicht begreifen, daß Selenas Schönheit nichts zu tun hat mit Selenas Gewicht.

Mit Kindern arbeitest du. Und wenn ihre aufgeschlagenen Knie bluten oder ihr Bauch schmerzt oder ihre kleinen Herzchen, dann sammelst du die Schmerzen ein, machst kleine Pakete daraus und schickst sie an den weitest entfernten Ort, den die Kinder kennen: nach Afrika. Denn dort, im wilden Trommelrhythmus, das weißt du, wird im Tanz der schwarzen Athleten Schmerz wieder in Freude verwandelt. Die Photosynthese der Musik.

So erzählst du – und ich tue so, als glaubte ich dir alles. Aber natürlich bin ich ein Fuchs und weiß, da ist ein Märchen im Märchen. In Wirklichkeit trägst du die Schmerzpaketchen nicht zur Post, in Wirklichkeit versenkst du sie in deinem unergründlichen Herzen. Und daß Du trotzdem so sanft in die Welt hineinblickst und so anmutig zu tanzen weißt, laß mich darin das Geheimnis deiner Schönheit vermuten.

Die Pause ist um. Strom & Wasser spielt. Morgen eine andere Stadt, andere Menschen, andere Geschichten. Mosaikstückchen eines unruhigen Lebens.

Gut so!

Den Panzerfahrer Jupiter seufzen hören
(in Hamburg)

(23.06 – 21.07 06)

„Sehen Sie, Herr Schnurz, so eine Chemotherapie ..."
„Ich heiße nicht Schnurz, Herr Doktor Fünf ..."
„Gestatten: Vier!", verbesserte mich der Arzt sofort.
„Herr Dr. Vier – sondern Ratz!", beendete ich meinen Einwand.
„Sondern Ratz was?"
„Wie bitte?", fragte ich, nun schon hochrot vor Zorn.
„So eine Chemotherapie", zwang sich der nun ebenfalls in Rage geratende Doktor zur Ruhe, „ist nicht so fürchterlich, wie Sie vielleicht denken, Herr Holz!"
„Wieso denn Holz?", brüllte ich.
„Holz ist nicht dabei!", schrie der Doktor. „Eine Chemotherapie mit Holz! Sind Sie denn von allen guten Geistern verlassen? Wie soll man Holz denn einspritzen können?"
„Herr Dr. Drei, erlauben Sie ...", begann ich von vorn.
„Dr. Zwei!", verbesserte er mich.
„Dann eben Dr. Zwei!", gab ich nach. „Ich heiße Ratz und mein spezieller Fall..."
„Ratz?", fragte der Gott in Weiß. „Ungewöhnlicher Name! Süddeutsch für Ratte, Tier aus der Gosse, die Augen gerichtet aufs Unheilvolle. Sie haben Glück, ich habe einen Faible für Namen!"
„Ach ja?", sagte ich und fand ihn plötzlich sehr nett ...

Solche und sehr ähnliche Träume hatte ich gehabt vor meinem ersten Informationsgespräch im Bundeswehrkrankenhaus zu Hamburg. Die große Koalition aus CDU/SPD/FDP/Grüne und NPD hatte vor drei Wochen eine ausgedehnte und radikale Gesundheitsreform durchgesetzt, bei der die deutsche Bevölkerung verschiedene Stufen der modernen Krankheitsvorsorge durchlaufen sollte. Diese entließ sie entweder stahlhart in eine noch härtere Zukunft oder rationalisierte sie klein durch physischen Kollaps. So wurde ich informiert, daß Körpergröße und –gewicht bei mir für eine prophylaktische Chemotherapie sprachen. Mein Einwand, doch vollständig gesund zu sein, interessierte keinen. Und da auch ich über diese typischen deutschen Gene verfüge, mich einer bürokratischen Anweisung nicht zu widersetzen, nahm ich, wenn auch widerwillig, an dem Beratungsgespräch teil. Eine durchaus attraktive Ärztin, nämlich blond, blauäugig, mit arischen Brüsten, belehrte uns über die eventuellen Nebenwirkungen dieser leider notwendigen Therapie.

Ich wandte mich an meinen Nachbarn, einen gut durchtrainierten jungen Mann, der erst vor wenigen Wochen die Grenze der Volljährigkeit durchbrochen hatte.

„Bist du krank?", fragte ich ihn flüsternd.

„Ach was!", flüsterte er zurück. „Karies am linken Eckzahn!"

„Findest Du nicht", sagte ich. „Daß man Karies nicht unbedingt mit einer Chemotherapie behandeln muß?"

„Heinz Ratz!", erklang nun die scharfe Stimme der Walküre. „Haben *Sie* Medizin studiert oder ich?"

„Schon gut!", gab ich nach, eingeschüchtert durch die vorwurfsvollen Blicke der Anwesenden. Insgeheim beschloß ich aber, auszubüchsen, sobald ich nur konnte.

„Ich danke für Ihre Aufmerksamkeit!", schloß eine Stunde später die Ärztin das Beratungsgespräch ab. „Herr Ratz, würden Sie bitte noch zwei Minuten bleiben?"

„Ja", sagte ich und blieb.

Als wir uns allein im Zimmer befanden, wandte sich die Ärztin viel freundlicher an mich: „Was bleibt uns übrig, Herr Ratz, wir haben eine neue Regierung. Und als Patrioten sind wir nun mal verpflichtet, ihren Richtlinien zu folgen. Die moderne Chemotherapie wird in der von CDU/CSU vorgeschlagenen Dosierung so etwas wie eine natürliche Auslese bedeuten. Die Starken überleben, Herr Ratz, und die Krankenversicherungen sind saniert. Ganz einfach!"

„Ja", nickte ich. „Ärzte, Politiker, Krankenversicherungsvorsitzende sind von diesem Verfahren natürlich ausgeschlossen?"

„Selbstverständlich!", lachte die Ärztin und schob mich Richtung Tür. „Jeder zukünftige Patient hat übrigens einen Mentor, so eine Art geistiges Vorbild, das stellen wir je nach Charakterprofil zusammen. Wir kennen ja nun ihre Bücher und Cds, Herr Ratz, Sie sind ja für uns kein Unbekannter!" Sie lächelte noch immer. „Ich freue mich, Ihnen Herrn Max-Adolf Jupiter vorstellen zu dürfen, Panzerführer zehnte Division – Sie werden den weiteren Tag mit ihm verbringen. Morgen früh können Sie dann wieder Ihren Geschäften nachgehen. Therapiebeginn ist in zehn Tagen. Auf Wiedersehen!"

Da stand ich nun. Ich stand im Flur. Und vor mir stand noch einer. Der Panzerführer Jupiter. Die lebende Testosteronbombe. Zwei Meter zwanzig Körperhöhe. Darüber noch ein Kopf. Alles eckig. Rechtseckig. In die Vorderstirn das eiserne Kreuz eingeschweißt. Es sah mich an mit Augen aus Granit. Wie ein Kammerjäger eine Kakerlake fixiert, kurz vorm Zuschlagen, nur daß der da den Befehl hatte, freundlich zu mir zu sein.

„Was is?", fragte er mich also freundlich.

„Nix!", sagte ich.

Aber scheinbar war das die falsche Antwort, denn er wiederholte, weit wütender diesmal: „WAS IS?"

Also versuchte ich es anders:

„Chemo!", sagte ich.

„Ha!", brüllte er vergnügt. „Chemo! Mitkommen! Das wird Spaß! Das wird Spaß!" Er rieb sich seine riesigen Hände. Dann blieb er ruckartig stehen, beugte seinen Quadratschädel zu mir herab und schnaufte mir ins Gesicht. Sein Atem roch nach Stahl und Maschinenöl.

„Erste Mal?", fragte er drohend.

„Ja!", sagte ich, ziemlich kleinlaut geworden.

„Ha!", brüllte er wieder und schlug sich mit der Faust auf den Oberschenkel. Eisen kracht auf Stein, dachte ich nur.

„Das wird Klasse", sagte er wieder und stapfte voran. Ich wortlos hintendrein, möglichst soldatisch. Drei Stockwerke, sieben Türen, zwei Stationen, und wir waren da.

Chemotherapie stand dort.

„Los! Rein!", befahl er.

„Ähm. Nur um das mal klarzustellen", versuchte ich. „Bei mir muß erst nächste Woche. Ich soll nur ..."

„WAS IS?", donnerte Max-Adolf Jupiter.

„Nix!", sagte ich, begann aber, das Zimmerchen heimlich nach Fluchtwegen abzusuchen. Zu meiner unendlichen Beruhigung kam nun eine Krankenschwester herein.

„Retten Sie mich!", flüsterte ich und sprang ihr wie ein kleines Kind an den Hals. Sie schob mich zärtlich zur Seite.

„Aber wovor denn?", sagte sie lachend. „Herr Jupiter will Ihnen nur etwas vorführen!"

„Genau!", lachte der Riese und sah mich fürchterlich an. Das eingewachsene eiserne Kreuz glühte. „Schwester, darf ich bitten?" Und er schob seine gewaltigen Arme vor.
„Herr Jupiter ist unser vorzüglichster Patient!", erklärte die Schwester. „Natürlich bekommt er eine Dosis, die mit der Ihren nicht vergleichbar ist! Aber Sie sind ja auch mit ihm in keinem Punkt vergleichbar!"
„Stimmt!", sagte ich beruhigt.
„Zunächst wird dieser Schlauch hier", zeigte Schwester Ulla (zumindest stand „Ulla" auf ihrem Namensschild), „durch die Halsvene geschoben ... Na, komm schon!" Mit einem fürchterlichen Knirschen schob die Schwester den Schlauch in die Vene. „So, bis kurz vor das Herz, ein Millimeter davor – das können Sie hier auf dem Röntgenbild verfolgen – sooo...."

Tatsächlich sah man in der Röntgenmaschine Jupiters pulsierendes Herz und den knapp davor stoppenden Schlauch.
„Da Großteile von Herrn Jupiter bereits metallisch sind, ist es nicht ganz so leicht, die Schläuche durch sein Inneres zu bewegen. Da gehört auf jeden Fall Erfahrung dazu!"
„Hö-hö-hö!", lachte Jupiter und zwinkerte mir zu, das heißt, er ließ seine Aluminiumlider kurz über die quadratischen Pupillen klappen. „Meine Eier sind aus Stahl!", sagte er nun. „Mein Schwanz ist ein Mörser. Mein Samen ist ersetzt!"
„Ach ja?", sagte ich erschrocken. „Wodurch denn?"
„Durch n Haufen Mikromillimeter-Hochpräzisionsgeschosse!"
„Und nicht nur das!", fügte die Schwester stolz hinzu. „Sein Herz ist eine Legierung aus Muskelmasse und Messing, die Knochen sind halb Titan, Bauchkammern aus Kunststoff, Ohren komplett durch sensible audioakustische Imitationen ersetzt. So können wir Herrn Jupiter nicht nur die weltbesten Nahkampfprognosen bescheinigen, er würde in diesem Zustand auch ein Alter von 420 Jahren erreichen. Heute nun wollen wir den Schwermetallgehalt in seinem Körper verdoppeln. Bereit, Panzerführer?"

Statt einer Antwort ließ Herr Jupiter ein gurrutales Schmatzen ertönen, Zeichen seiner Zufriedenheit und Vorfreude.

So sieht er also aus, dachte ich entsetzt, der Wunschtyp der großen Koalition. Das Zukunftsbild eines Politikers. Die Hoffnung unserer Bundeswehr. Das Wickelkind des neuen deutschen Patriotismus. Der homo chemotherapeuticus – weiter kam ich nicht. Die Schwester hatte den Hebel niedergedrückt – ein inneres Erdbeben durchzitterte den Riesen. Ich sah nur sein aufgerissenes Metallmaul, den stummen Schrei – und fiel in Ohnmacht vor Angst – wie er!

Zumindest reimte ich mir das so zusammen, als ich mitten in der Nacht auf einem Krankenbett an seiner Seite erwachte.

Ich hielt den Atem an und lauschte. Es war vollkommen ruhig. Sehr entfernt hörte ich ein Piepen, wie von elektrischen Maschinen. Ängstlich griff ich mir an den Hals – an die Armbeugen – an andere mögliche Einstichstellen. Nein, alles glatt und unauffällig. Man hatte mir nichts angetan. Ich erhob mich möglichst lärmlos und trat ans Fenster. Ich befand mich im ersten Stock – ein Sprung war möglich, wenn nur die Fenster sich öffnen ließen. Unten wartete ein dunkler Park. Die Pforte war passierbar, daran erinnerte ich mich genau. Vorsichtig griff ich an den Fensterhenkel – mit unendlicher Erleichterung öffnete ich! Ein warmer Sommerwind huschte übermütig herein. „Ach, Freiheit!" dachte ich, verliebt in die Welt. Da war mir, als hätte ich ein Geräusch gehört. Auf alles gefasst schnellte ich herum – aber der Panzerfahrer Jupiter lag noch da, bewegungslos, die Zimmertür war zu, niemand sonst befand sich hier.

Ich trat ans Bett dieses halbmetallischen Menschen. Ein Koloss von einem Mann. Eine Maschine. Gerade genug Hirn hatten sie ihm übrig gelassen, um den Anforderungen des Militärs zu genügen, gerade genug Herz, um die biologischen Funktionen zu erfüllen. Und dann hörte ich es noch mal – Jupiters Seufzen! Ganz schwach, ganz zerbrechlich, sehnsüchtig, wie ein Kind seufzt im Schlaf, wenn es etwas sehr Trauriges träumt, so kam es aus dem Riesen.

Ein tiefes Mitleid überkam mich. Wie einsam mußte er sein. Wer liebt denn eine Metalllegierung mit Stahlhoden? Daß er kein anderes Lebensziel mehr hatte, als immer härter zu werden... Und fast war ich versucht, ihm beruhigend die Hand auf die Brust zu legen. Aber ich kannte das Leben zu gut und Typen wie ihn sowieso. Mir war klar – er würde erwachen, sie wegschlagen, die Hand, seinen Quadratschädel über mich bewegen und in einem infernalischen Gebrüll sein „WAS IS?" loslassen – und darauf konnte ich in einer so zarten, so freiheitsversprechenden schönen Mondnacht gerne verzichten!

Bummeln in Bruchsal

(25.11-20.12 04)

„Wann fühlt man sich alt?", denke ich.
„Wenn einem die Wiederholungen des Lebens auf die Nerven gehen!", antworte ich mir.
„Ich fühle mich alt!", brumme ich daraufhin. „Ich friere!"

Und weil ich den Eindruck habe, ich würde mir nicht mit der nötigen Aufmerksamkeit zuhören, wiederhole ich entschieden: „Hier und jetzt, fünf Uhr morgens im gottverlassenen Bruchsal fühle ich mich alt!"
„Soso!", entgegne ich. „Macht doch nichts!"
„Ich will aber nicht fieren. Ich habe oft genug gefroren in meinem Leben. Nein danke! Wenn ich die frierend verbrachte Zeit ausgleichen wollte, müßte ich mich bis ans Ende meiner Tage in einer Sauna einquartieren! Wenn ich tatsächlich mal eine Biografie schreiben sollte, wird jeder Verlag sie ablehnen aufgrund von Wortwiederholung. Frieren. Und frieren. Und noch mal frieren. Ich mag nicht mehr!"
„Wichtigtuer!", beende ich meinen inneren Dialog. „Bummeln gehen in Bruchsal ist nicht das Schlimmste!"

Ich ziehe also die Schultern enger in die Höhe und erreiche die Innenstadt. Besser, als zwei Stunden lang am Bahnhof herumzulungern ist es allemal. Zu sehen ist folgendes: eine mit Lippenstift beschmierte Zigarettenkippe, die noch glüht – aber weit und breit kein Geräusch, kein Geruch, keine Ahnung eines Menschen.

Und natürlich ist es auch nur das zweifelhafte Produkt meiner Phantasie: denn die Kippe glüht seit Stunden nicht mehr. Beschließt man aber, weise gemacht durch die Not, etwas kurzsichtiger zu sein als gewöhnlich, dann glüht die Kippe noch, dann beginnt gleich ein aufgebrachtes Kramen im Großhirnrindenbereich und sofort werden Bilder produziert, bevölkern Traumgebilde die öde Bruchsaler Innenstadt: eine panisch durch die Gassen eilende lateinamerikanische Kaufmannstochter, mit nichts als einem roten Mantel bekleidet, frierend auch sie, verfolgt von einem Widerling, widerlicher als ein CDU-Kreistagsabgeordneter – und ich natürlich mit gezücktem Degen und italienischem Akzent. Wie ich diesem Ausbund an männlicher Perversität in den Weg springe, sein Paviangekeife, mein Pantherschnurren – er verjagt, sie beeindruckt – oh du Kippe am Bruchsaler Marktplatz: glühe! Glühe! Aber natürlich: sie glüht nicht! Die Hormone wandern wieder aus meiner zitternden Hülle und ich bin, was ich war: ein jämmerlich frierender Stadtstreicher. Punkt und Ende. Oder vielmehr Neubeginn, denn es ist erst kurz vor halb sechs und mein Zug trudelt erst um sieben hier ein, keine Minute früher.

Mein nächster Versuch ist eine Sparkasse, in die ich mit Hilfe meiner Bankkarte eindringen kann. Ich gehe gemessenen Schrittes, aufrecht wie eine Primaballerina, bleibe vor dem Automaten stehen, blicke das seelenlose Ding an, beuge mich dann über die Tasten, tue so, als erschrecke mich der ungepflegte Zustand und gehe dann, ohne sie zu berühren, steif und angewidert davon. Die Kameras zeichnen alles auf. Zwei Minuten später betrete ich die Bank erneut, ein zitternder Lustmolch, der sich umblickt, ob er nicht beobachtet wird, dann beuge ich mich nieder und tue so, als flüstre ich dem Geldautomaten vulgäre Worte zu. Als er mich nicht erhört, wende ich mich dem Kontoauszugsdrucker zu, falle vor ihm auf die Knie, flehe ihn an, berühre ihn ganz behutsam, dann etwas forscher, dann umarme ich ihn leidenschaftlich und küsse ihn ab. Die Kameras zeichnen alles auf. Tief befriedigt gehe ich davon. Zwei Minuten später platze ich herein: der vor Eifersucht rasende Nebenbuhler, schreie den Geldautomaten an, schüttle die geballte Faust gegen den Kontoauszugsdrucker und feuere mit Fingerpistole zwei Salven auf die beiden ab. Dazu brülle ich Worte wie „Treulose Dorfprostituierte!" und „Das hast Du nun davon!" und „Zügellose flotte Dreier feiern, während ich alleine..." Die Kameras zeichnen alles auf. Als ich mich umdrehe, um in die nächste Rolle zu schlüpfen, nämlich den am Automatenfriedhof trauernden Othello zu spielen, stoße ich mit einem Taxifahrer zusammen, der mich anstarrt wie einen Irren.
„Schuldigung!", murmle ich und gehe.

Ist doch wieder Mal typisch: braucht man einen Menschen, ist keiner da, will man seine Ruhe, kommen sie in Scharen!

Also wieder allein in der Nacht. Wie in hundert anderen Nächten. Merkwürdige Sehnsucht und Freiheit. Wildtiergefühl, eingebettet in die Nostalgie des Daseins. Nichts als ein frierender Hippie.

Und dann erlebe ich doch etwas, das mich schlagartig mit allem versöhnt: ich stehe unversehens vor einem Musikgeschäft und wie ich so den Blick über die Instrumente gleiten lasse, fällt mir ein, daß ich genau in diesem Laden nach einem Radiointerview für Luca eine Kindergitarre gekauft habe. Von den letzten 50 Euro, die ich damals hatte – und seine kleine große Freude, als ich sie ihm gab. Und wie er seither darauf gespielt hat.

Luca, mein Junge, in zwei Stunden bin ich bei dir, nach drei langen Wochen auf Tour. Dein sanftes verschmitztes kluges Jungengesicht und das verwegene Räubergesichtchen Maschas! Ach, meine Kinder – und eine Zärtlichkeit füllt mein Herz, die alle Kälte und Trübsal im Nu verjagt. Wer liebt, friert nicht, sag ich mir, und so absurd dieser Satz auch sein mag, er hat seine besondere Wahrheit.

Augenblick in Köln

(04.12 04)

Es gibt wenige Augenblicke, die so wehmütig stimmen, wie der kurze Magnetismus, der entsteht, wenn sich ganz fremde Menschen im Vorübergehen ansehen. In einem Sekundenbruchteil trägt unser Blick uns in den Blick des anderen, wir tauchen ein, erahnen etwas vom Wesen, der Gemütslage, der Sanftmut, der Wildheit der fremden Person und werden doch gleich wieder fortgerissen vom weiterlaufenden Leben. Wir ahnen: mit diesem Menschen hätten wir eine aufregende Nacht, ein gutes Gespräch, sogar eine tiefe Freundschaft haben können – vorbei!

Und doch ist es ein Wunder, wie viel Information wir in so kurzer Zeit jenseits von Worten und deutlichen Gesten, nur durch einen tastenden Blick erhalten und vermitteln können.

Jüngst in Köln, auf dem Weg zum Bahnhof, sah ich in den Lücken der Rücken der vor mir Laufenden ein bettelndes Zigeunermädchen. Sie hockte auf einer dafür höchst ungünstigen Stelle, weil die an ihr Vorübergehenden bereits auf die beginnenden Stufen achten mußten und ihr daher keine Aufmerksamkeit schenken konnten. Ich, der ich mich durch Rückenlücken drücken konnte, griff in die Tasche, befühlte die Münzen und zog einen Euro heraus.

Erst als ich sie erreichte, sah ich, wie hübsch sie war.

Ich legte ihr die Münze in die bettelnden Hände und traf auf ihren unterwürfigen Blick, leblos und stumpf, während sie dankte und auf ihren Hals wies, wohl um anzudeuten, daß sie krank sei oder der deutschen Sprache nicht mächtig. Als sie aber bemerkte, daß ich sie voller Neugierde ansah, um in ihrem weichen, aber verwilderten, verschlagenen und müden und seltsam verschlossenen Gesicht etwas von ihrem Wesen zu erfassen, da flammte in ihren Augen schlagartig ein kokettes Lachen auf. Sie war von einem Augenblick zum anderen ganz Frau geworden. Ebenso wie ich nicht mehr der Gebende und Vorbeilaufende, der Deutsche oder der Reiche war, sondern ein Mann, nichts mehr und nichts weniger.

Alles das geschah in weniger als einer Sekunde.

Die dem Bahnhof zustrebende Menge schob mich weiter. Der in zwei Minuten abfahrende Zug duldete kein Zurück. Aber im Herzen klang lange noch das Echo ihres wilden Blickes nach, als Traum, als Möglichkeit, als ein verpasstes Glück...

Der Anarchistentreff in Lüneburg

(30.06 – 01.07 06)

Ich hätte ihn auch angesprochen, wenn sein Verhalten weniger auffällig gewesen wäre. Schon deshalb, weil er so unglaublich behaart war. So einen hatte ich noch nie gesehen und ich wollte unbedingt erfahren, welche Nationalität er hatte.
„Österreicher!", stellte er sich vor. Und mit was für einem herrlichen Bariton!

Wir standen vor einem verwaisten Industriegebäude im Lüneburger Gewerbepark, besser gesagt vor dem „Relax", wo wir erst vor wenigen Tagen mit Götz Widmann gespielt hatten. Es war 12 Uhr mittags an einem Sonntag. – Was tat ich da? Und nun muß ich wohl mit einem der bestgehütetsten Geheimnisse der deutschen Musikszene herausrücken: wir Musiker sind Nasentiere! Ein jeder denkt, unser Hauptorgan sei an erster Stelle das Ohr, an zweiter der Penis, an dritter lange Zeit nichts, dann die saitenzupfende Fingerkuppe – Nein, falsch! Komplett daneben! Es ist die Nase. Wir sind wirklich darauf angewiesen. Wenn sich ein neuer Manager vorstellt, müssen wir in der Lage sein, den Preis seines Anzugs zu erschnüffeln. Wenn sich ein Mädchen in unser Bett legt, müssen wir riechen können, ob sie es aus religiösen oder sinnlichen Motiven tut und ob vom Flur aus der Haßgeruch ihres lauschenden Partners durchsickert – das kann ebenfalls sehr wichtig sein. Wir müssen am Mikrophonaroma analysieren können, welche Band vor uns mit welchem Erfolg gespielt hat, ob eher die Damen- oder die Herrentoilette besucht wird – für die Programmgestaltung unerlässlich! Wir sind Nasentiere. Und als solche den Hunden, den Aalen und den Schmetterlingen ähnlich. Das heißt: wir haben eine musikerinterne Geheimsprache, die ohne jeden Laut auskommt. Wir setzen Zeichen!

Viele Veranstalter und Tontechniker wundern sich ihr Leben lang über die Unpünktlichkeit der Musiker, ohne jemals auf den Grund zu kommen. Es ist ganz einfach so, daß wir auf der Fahrt von einem Konzert zum anderen an etlichen Orten vorbeifahren, an denen wir schon einmal gespielt haben. Das bedeutet: wo wir vor Kurzem Zeichen gesetzt haben, oder, ums ganz ohne Umschweife zu sagen: wo wir gegen eine Hausmauer urinierten. Nun suchen wir diese Orte

auf und stehen da und schauen uns scheinbar das Haus an, in Wirklichkeit nehmen wir aber eine gute Nase voll Luft und denken:
„Oha – Stoppok hat hier gespielt. Zwei Wochen her! Restlos ausverkauft! Vier Mädchen abgeschleppt! Zwölf Zugaben! Heilige Scheiße!" – „Ach was! Hans Eckard Wenzel hat seine neue Klampfe an den Start gebracht! Auch ausverk... - und, hey, wieso hat Nina Hagen dahin gestrullert? Einfach so? Sightseeing durch Lüneburg? Und wieso riech ich eigentlich nix von mir? Oh nein! Götz hat auf die gleiche Stelle gepisst wie ich, da ist natürlich nichts mehr von meiner Botschaft übrig. Und ich hab doch extra eine Nachricht für Mike Godyla gestrullert. Jetzt muß ich ihn doch anrufen!"

So in etwa, Leute, jetzt wißt ihr es!

Und das war der Grund, warum ich Sonntagmittag im Juli 2006 vorm „Relax" stand. Aber wieso stand dieser unendlich behaarte Österreicher hier? Warum kratzte er so aufdringlich mit seinen ungeschnittenen Fingernägeln an der eisernen Eingangstür.

Ich fragte ihn.

„Sie wissen wohl nicht, wer ich bin?", entgegnete er belustigt. „Lesen wohl keine Zeitung? Schauen wohl nicht fern? Sind wohl nur mit sich beschäftigt? Kurz: ein Musiker?"

„Ja!", freute ich mich. „Das war sehr scharfsinnig! Sie müssen ein berühmter Kollege sein!"

„Aha?", sagte das Haarwunder. „Na ja, ich glaube nicht. Mich gibt es quasi gar nicht mehr. Gestatten – ich bin Bruno, der Bär. Oder vielmehr – war. Wenn doch nur diese xxx-Tür aufgehen würde!"

„Ach was?", staunte ich. „Sie wurden doch gestern erschossen, oder nicht?"

„Jepp!", sagte Bruno. „Hier ging die Kugel rein ..." Er zeigte mir die Stelle auf der dichtbehaarten Brust. „Und hier wieder raus! Und dazwischen hat sie leider gehörig Unheil angerichtet!" – „Dabei hatte ich so ein tolles, starkes Herz, wissen Sie", sagte Bruno mit leisem Bedauern. „Und ich habe so gern gelebt!"

„Und nun?", fragte ich. „Was tun sie hier?"

„Das hier ist die Daseinspforte für Anarchisten. Wußten Sie das nicht? Der Übergang ins Nicht-Sein. Abends freilich ist es eine Disko, aber von 7 bis 14 Uhr ..."

„Aha!", sagte ich und fühlte einen eisigen Schrecken.

Bruno, feinfühlig genug, das zu bemerken, sah mich besorgt an. „Was ist denn? Fühlen Sie sich nicht wohl? Zu viel Hühnerfleisch gegessen?"
„Hühnerfleisch? Nein, aber ...", es brach aus mir heraus. „Muß ich da auch durch? Werde ich auch abgeholt? Meine Güte, ich bin noch so jung!"
„Sind Sie denn auch Anarchist?", staunte der Bär.
„Ja, klar!", sagte ich.
„Was haben Sie denn Anarchistisches vollbracht?", fragte er neugierig.
„Ich, ähem, hm, ja", stotterte ich. Mir fiel plötzlich der Wirbel ein, den Bruno verursacht hatte, die 35 gerissenen Schafe, die mißglückten Hetzjagden auf ihn, seine geniale Flucht durch den Stausee, als ihn die finnischen Jagdhunde umzingelt hatten, seine Ruhe, als er von Polizeihubschraubern gesucht wurde, die Blutpfützen auf dem Asphalt, nachdem ihn ein Autofahrer anfuhr – der Haß der Hotelbesitzer, der lokalen Politiker, der Jäger, der Bauern, des ganzen deutschen Spießbürgertums. Und ich? Ich sang lediglich aufmüpfige Lieder. Mit Worten war ich groß, aber Taten, Taten – ein Seufzer der Sehnsucht entrang sich meiner Brust.
„Ich glaube, Sie müssen sich keine Sorgen machen!", sagte Bruno gutmütig. „Ich kann nämlich an Ihnen gar keine Einschußlöcher feststellen!"

In diesem Moment knirschte das kleine Metalltor des Relax und aus der halboffenen Tür drang ein merkwürdig sanftes Licht, das wunderbar beruhigte und den Bären in eine überirdische Schönheit tauchte. Ohne ein weiteres Wort ging er davon. Mächtig. Männlich. Ein sanfter Riese. Der letzte Anarchist, dachte ich traurig. Ihn unter uns zu wissen, einen Tropfen Wildheit in diesem ganzen seichten, glatten, faden Meer aus grauen Wirklichkeiten – wie schön wäre das gewesen!

So ging er, ein kleiner werdender Schatten.

Bis sich die Tür hinter ihm schloß.

Für immer.

Durch München laufen

(21./22.11 03)

Durch München treiben lassen – man sollte keine allzu politische Person sein hierfür und man sollte sich von einem pubertären Knaben für zwei Stunden einen romantischen Blick leihen.

Dann freilich sind die jungen Damen wunderhübsch hier und man kann angeln gehen – Blicke angeln meine ich natürlich, denn alles andere ist sehr riskant in München. Wage es ja nicht, seliger Münchendurchläufer, deinen Blicken durch Berührung mehr Wirksamkeit verleihen zu wollen. Der Putz dieser artigen Damen könnte bröckeln und ein sehr erschrockenes oder verlebtes oder gelangweiltes oder halbtotes oder bitteres oder vulgäres Gesicht würde zum Vorschein kommen. Es könnte auch geschehen, daß die feinsten von Ihnen wie Luftballons und mit dem typischen Pfeifen von entweichender Luft davonzischen. Oder sie knicken einfach in der Mitte durch. Am wahrscheinlichsten wäre jedoch, daß ihr Blick das geschäftige Lächeln verlöre, ebenso wie den Wir-glitzern-einfach-so-vor-uns-hin-Ausdruck, stattdessen aber in ängstlichem Ekel deine Finger betrachteten – ob es wohl die Finger eines Schweinehirten sein könnten oder die eines Feierabendsäufers oder die eines Kloakenreinigers oder die eines erfolglosen Dichters.

So sauber waschen, daß du sie antippen dürftest, Junge – diese Art von Seife kann sich einer wie du doch gar nicht leisten!

Wenn man aber zum Beispiel schon ein bißchen älter ist, also nicht mehr zwanzig, sondern etwa dreißig, um den Verschmutzungsgrad seiner Fingerkuppen und die Harmlosigkeit seiner Blicke weiß, dann allerdings kann München wirklich Spaß machen.

Ich zum Beispiel sah eine afrikanische Schönheit, die edel wie ein Tropenbäumchen inmitten deutscher Stampf-Eichen stand, etwas verloren, aber mit einem Schleier der Gleichgültigkeit das Ausgesetztsein und Begafftwerden überspielend. Ach, junge Königin – mit dir hier zu wilden Trommelrhythmen tanzen, bis der Marmor platzt und die Wurzeln der Liane und des wilden Ingwer durch Gleise und Drogeriefenster brechen! Aber natürlich tanzte ich nicht, sondern steckte nur ihren Blick in mein Kuriositätentäschlein und ging davon.

Vieles sieht der, der sich treiben läßt!

Ich traf noch eine Frau, die war dünn geworden vom vielen Träumen, das viele Lesen verdarb sie und sie klapperte romantisch. Eifrige Leserin war sie von aktuellen Romanen und meinte, auch ich könnte ihr eine schmackhafte literarische Speise zubereiten. Aber was kann ich schon tun? Romane schreibe ich nicht, gnädige Frau, dafür habe ich zuviel Oberschenkelmuskulatur, ich laufe zuviel in der Gegend herum. Ich kann nur kurze Geschichten.

Was sah ich also noch in München? Da war ein Brunnen und am Brunnen stand ein feuriger Bursche und lachte – mit ihm lachte eine Zigeunerin – und was geht uns alle an, ob sie echt war oder in Wirklichkeit Jura studierte und ängstliche Gesetzbücher las? Hatte der Junge denn in Wirklichkeit Pickel und ein provisorisches Bärtchen? Hält man mich etwa für einen Aufschneider? Schuld an allem war ein ukrainischer Xylophonspieler, der so wundersanft Melodien von sich gab, daß ich mich nicht mehr genau erinnern kann, ob in dem verpickelten Jungen nicht durchaus doch ein Räuberbaron steckte und in der angehenden Juristin nicht durchaus das sinnlichste Feuerchen knisterte ...

Wußte denn der Xylophonist von der Wirkung seiner Musik? Oder dachte er nur daran, daß wieder bloß drei Euro im Hut lagen und zu Hause seine kranke Mutter auf ihren Sohn hoffte, der auch im goldenen Westen nicht genug Geld für ihre Operation verdienen konnte?

Ja, man kann auch in München vieles sehen und vieles erleben.

Man muß sich nur treiben lassen.

Eine Görlitzer Kindheit

(25.12 04 – 18.02 06)

Da wir unser Hotel in Dresden recht früh verlassen mußten, und diesmal auch keine fahrtzeugtechnischen Katastrophen eintraten, kamen wir ungewöhnlich früh in Görlitz an. Mich freute das, gab es mir doch Gelegenheit mit den netten Veranstaltern mehr als nur einen Kaffee zu trinken. So saßen wir denn, plauderten und politisierten und ich gab Anekdoten zum Besten von der letzten Strom&Wasser-Tour. Es wurde viel Kaffee geschlürft, Gemüse fürs Abendessen geschält, der Magen schon einmal mit Kuchenstücken in Gang gebracht und das Zwerchfell ausgeschüttelt. Es gibt Orte an denen man nicht wie eine Band begrüßt wird, sondern als alte Bekannte, das sind schöne Orte, denn sie geben uns vagabundierenden Musikanten ein Zipfelchen Heimatgefühl. Mitten im schönsten Gespräch fiel mir natürlich ein, daß ich noch eine wichtige e-mail abzuschicken hatte und ich fragte Sander, ob ich für ein paar Minuten an seinen Rechner könnte. Während er mir die Verbindung ins Internet einrichtete, ließ ich meinen Blick über seinen Schreibtisch wandern und blieb an einem alten, schon ganz verblichenen Klassenfoto hängen.

„Deine Klasse?", fragte ich.

„Ja", sagte Sander. „Ist schon eine Ewigkeit her. Hab das Foto gestern unter meinen alten Schulheften gefunden."

„Darf ich mal?" Ich nahm das Bild in die Hand. „Vielleicht erkenne ich dich ja!"

Ich suchte die Kindergesichter ab und hatte tatsächlich bald schon das seine erkannt.

„Hast du noch Kontakt zu den anderen?", fragte ich. Mir fiel ein, daß ich selbst zwar 16 Schulen besucht hatte, aber von keinem einzigen ehemaligen Schulbankdrücker irgendetwas wußte, nur von Iris, aber das zählte nicht, mit der war ich fünf Jahre lang quasi verheiratet gewesen und noch immer bestens befreundet.

„Na ja, zu zweien oder dreien. Aber ich will auch gar nicht zu allen Kontakt haben!"

„Jo", sagte ich. „Verstehe. Warum nicht?"

„Manche sind einfach langweilig. Andre sind Nazis geworden!"

Ich blickte noch einmal die aufgeregten Gesichtchen durch. Alle strahlten sie – das Foto war in einem glücklichen Moment entstanden, irgendein gelungener Scherz, wahrscheinlich vom Fotografen, lag spürbar in der Luft.
„Der da – der ist sicher ein Nazi!?" Ich zeigte mit dem Finger auf den einzigen ernsten Jungen.

Sander unterbrach kurz sein Getippe und blickte auf das Bild.
„Willst du mich verarschen? Das bin doch ich!"
„Ach ja", sagte ich. „Sorry!"
„Nee, aber der da!" Sander zeigte auf einen blonden Jungen, der ganz unauffällig in der hintersten Reihe stand. Er lachte, genau wie die anderen, hatte ein lustig-verschmitztes, fein geschnittenes Gesicht.
„Der?", wunderte ich mich. „Sieht absolut nicht so aus."
„Thomas Schwarz. Mehrmals im Knast wegen Körperverletzung und Waffenbesitz und antisemitischer Hetze. Ich glaube, ich kann dir im Netz auch noch ein Foto zeigen. So, der Computer muß sich nur noch einwählen..."

Wenig später starrte mich aus dem Bildschirm ein mit Hakenkreuzen und germanischen Symbolen tätowierter Riese an. Mürrisch mit erloschenen Augen, hart und mit einer Brutalität, die keine Brücke schlagen ließ zu dem lachenden Kindergesicht auf dem Klassenfoto. Erschüttert betrachtete ich beide Bilder. Wie kann aus einem solchen Kind ein solcher Erwachsener werden, fragte ich mich und fühlte die ganze Entsetzlichkeit des Lebens.

Munter plaudernd schritten wir in die Küche, das leckerste Essen östlich des Atlantiks wartete auf uns und doch mußte ich immer wieder an das für mich rätselhafte Schicksal des Thomas Schwarz denken.

Wir waren glücklich und gesättigt und bis zum Soundcheck und Bühnenaufbau blieb noch eine gute Stunde. Peer beschloss, sich noch mal kurz aufs Ohr zu legen und ich trat vors Haus, froh um ein paar Minuten Einsamkeit. Die Winternacht schmiegte ihre eiskalten Hände um meinen Kopf. Ich versuchte, mich an den Weg hinunter zur Neiße und zur polnischen Grenze zu erinnern und lief los. Vielleicht ist es Zufall, aber schon bei meinen letzten beiden Besuchen in Görlitz erschien mir die Stadt in den Abendstunden seltsam ausgestorben. Es war, als hätten die Statisten das schöne Bühnenbild verlassen und seien in eine andere Wirklichkeit gegangen, aus der sie erst morgen früh, sozusagen zum neuen Arbeitstag, zurückkämen. Die Stille wob wie eine riesige Spinne Fäden aus Schwermut in die städtischen Gassen und ich schritt, allein mit dem geringen Lärm meines Herzens, irgendwohin, ganz egal. Da bemerkte ich in einer ansonsten unbeleuchteten Gasse ein kleines helles Feuer. Ich hielt inne, betrachtete es und beschloß dann, mir das überraschende Schauspiel näher anzusehen. Dazu mußte ich durch eine Art Tor in eine Sackgasse schreiten. Rechts und links standen trümmerhafte, leer stehende Häuser, baufällige Zeugen eines einmal vorhandenen Wohlstands. Und zwischen ihnen brannten Bücher, Hefte, Zeitungen und ein Pappkarton, wenn ich das richtig erkannte. Ein Junge stand vor dem Feuer, etwa zehn Jahre alt, und mit Schrecken erkannte ich den kleinen Thomas Schwarz aus dem vergilbten Klassenfoto Sanders. Ich faßte ihn noch einmal scharf ins Auge – kein Zweifel! Das war er.

Wie konnte das sein? Irrsinnige Vorstellung! Es mußte sich um ein Kind von frappierender Ähnlichkeit handeln. Ich war ja nicht durch ein Zeittor oder einen ähnlichen märchenhaften Humbug geschritten! Und doch sagte mir ein aufgeregtes Gefühl, daß er es sei, daß ich mich im Jahr 19hundertpaarund80 befand, daß irgendetwas Übernatürliches und Unverständliches und Zauberhaftes hier vorging...! Der Junge ließ mir keine Zeit für weitere Überlegungen.
„Hast du n Feuerzeug da?", fragte er. „Kannst du reinwerfen! Knallt schön!"

Er hatte das gleiche feine Gesicht wie auf dem Foto, sah übermüdet aus und trotzig. Ihm war trotz des Feuers kalt, stand ja auch ohne Jacke in der Eiseskälte und starrte mit angespannten Zügen in die Flammen.

Mir war, als ob ich in diesem traurigen Gesicht schon seine Zukunft erahnte. Einer Eingebung folgend, fragte ich:
„Was sind das denn für Bücher?"
„Na, Schulbücher!", sagte er, ohne aufzusehen.
„Warum verbrennst du denn deine Schulbücher?", fragte ich erstaunt. „Brauchst du sie nicht mehr?"

Ein häßlicher Triumph verzerrte seine Züge:
„Das sind nicht meine! Das sind Phillips Bücher!"
„Ah", meinte ich. „Phillip kannst du wohl nicht leiden?"
„Der ist ein elender Verräter!"

Ich überlegte, wie viel Zeit ich wohl mit diesem Jungen hätte. Vielleicht nur ein paar Minuten. Ich wurde nervös – wenn das alles schon so merkwürdig war, gleichsam übernatürlich, wer weiß, vielleicht war es mir ja gegeben irgendetwas zu sagen oder zu tun, was sein weiteres Schicksal beeinflussen und ihn davon abhalten könnte, zu einem brutalen rechtsradikalen Schläger zu werden.
„Hat er dich verraten, der Phillip?"
„Ja! Wie alle! Alle haben mich verraten!"
„Was hast du denn Geheimnisvolles getan?", fragte ich wieder. Er nahm es wohl als Ironie auf, denn sein Gesicht blieb verschlossen und finster. Ein bitterer Zug spielte um seine Mundwinkel, viel zu ausgeprägt für seine zehn Jahre.
„Ich bring dich jetzt nach Hause!", sagte ich probeweise. Ich rechnete mit irgendeiner Form von Trotz, stattdessen lachte er kurz und verächtlich.
„Von mir aus!"

So setzte ich mich denn ratlos auf eine der seitlichen Steinstufen und dachte nach. Er stand derweil regungslos, blass und gekränkt, auch das spielerische Flackern des Feuers konnte nichts an der abweisenden Kühle dieses zehnjährigen Jungens ändern – vom Leben und seinen Mitmenschen verletzt und in grimmiger Entschlossenheit, es ihnen allen heimzuzahlen. Das Feuer zernagte unterdessen die Schulbücher seines Klassenkameraden.
„Weißt du", sagte ich ruhig, „wenn ich mir so die Leute ansehe, vor allem die Erwachsenen, wie die miteinander umgehen! Das kann man doch nicht nachvollziehen! Der eine tut dem anderen weh, es wird gelogen und verraten am laufenden Band, gemordet, gestohlen, geschlagen – am Ende ist jeder kampfbereit und voller Hass!"
„Genau wie ich!", unterbrach mich der Junge und blickte düster vor sich hin.
„Aber das ist doch nicht gut", missionierte ich, „daß wir so etwas Dunkles in der Seele tragen und daß wir dem Dunklen auch noch nachgeben, oder? Dann beginnen wir sogar die zu beschimpfen, zu schlagen und zu töten, die unsere Freunde sind, dann schonen wir keine alten Menschen und keine Kinder und keine Tiere, dann führen wir Krieg jeder gegen jeden – und das ganze schöne Leben geht kaputt dabei!"

Thomas sagte nichts.

„Ich zum Beispiel bin oft geschlagen worden!", sagte ich. „Von meinem Vater, von meinen Erziehern im Heim, mit der Gürtelschnalle, von meiner Tante mit einer kleinen Peitsche. Von falschen Freunden mit Fäusten und Fußtritten!"

Der Junge warf mir einen kurzen prüfenden Seitenblick zu. Dann spuckte er verächtlich in die Flammen.

„Zurückschlagen!"

„Bist ein tapferes Kerlchen!", sagte ich – und bemerkte augenblicklich, daß der väterliche Unterton ein Fehler gewesen war. Er warf ihn aus einer beginnenden Neugierde zurück in seine Finsternis.

„Du weißt gar nichts!", sagte er wütend, viel zu wütend, mit einer ganz anderen, großen, grundsätzlichen Wut. Er starrte mich an und ich erkannte, daß er sich mein Gesicht einprägen wollte, um mich als Feind verbuchen zu können. Als einer, der ihn an seiner Rache hindern wollte, der ihn wehrlos, weich, verletzbar halten wollte.

„Tut mir leid", entschuldigte ich mich. „War wohl das falsche Wort! Ich meinte eigentlich ..."

Aber es hatte keinen Zweck. Thomas Schwarz warf einen letzten zufriedenen Blick in den Asche gewordenen Bücherhaufen, dann schritt er davon, ohne mich eines weiteren Blickes zu würdigen.

Ich sah ihm traurig hinterher.

Sein kleiner, wütender, entschlossener Gang, trotzig und voll dieser erschütternden Einsamkeit, die unglückliche Kinder ausstrahlen. Da läuft er, dachte ich, in ein Leben hinein, das ihn zu einem Kriminellen macht, zu einem Schläger – ein Leben voll unsinnigem Hass, voller Gewalt und Gefängnis.

Müde kehrte ich zurück, um ein trauriges Geheimnis reicher, kehrte zurück in die grelle Welt aus Geselligkeit und Applaus, großen Gesten und bunten Worten, in die schöne Illusion, etwas bewirken und bewegen zu können mit den Bildern und Metaphern, die mir aus der Seele fließen.

Winter in Berlin

(08.02 05)

Eine rätselhafte Ansicht, in der die meisten meiner Freunde übereinstimmen, ist die, daß wir im Sommer schöner seien als im Winter. Vermutlich rührt das daher, daß wir uns freier bewegen, ohne einen Kleiderberg um uns herum und daß wir uns permanent liebkost fühlen vom Wind und von der Sonne, Berührungen, tausendmal leichter als die einer streichelnden Hand, aber doch als Berührung irgendwie wahrnehmbar.

Auch daß wir Haut zeigen, uns also irgendwie öffnen, verletzlicher sind und sinnlich erfahrbar – das alles bewirkt, daß wir uns schöner finden.

Schaut man aber genauer hin und achtet ein wenig aufs Detail, dann beherrscht doch der Winter die Kunst des Verschönens viel feinsinniger und wirkungsvoller als der Sommer. Färbt der Sommer Gesicht und Leib stets großflächig mit Brauntönen und zeigt sich nur im Frühsommer durch gelegentliche Sonnenbrände experimentell, so verteilt der Winter sein sehr viel gesünderes Apfelbackenrot in die Gesichter, malt die Finger rot, blau oder gar ins Grüne hinein, zaubert selbst in kalte Augen ein paar Tränchen und sorgt auch in verhärmten Gesichtern für lustige Tropfnasen. Der Sommer macht uns eitel und gestelzt, der Winter macht uns kindlich und nimmt uns den Ernst.

Als ich dieser Tage bei minus zwölf Grad durch Berlin lief, konnte ich allerhand sehen: ein vornehmer Herr, durch seine laufende Nase in eine Art Seenot geraten, gerettet von einem türkischen Dreikäsehoch, der ihm von seinem Taschentuchreichtum großzügig abgab. Eine Frau, der vom Leben jeder sanfte Zug aus dem Gesicht gewaschen und nur das Felsenhafte und Harte gelassen wurde, die frierend neben mir stand und plötzlich so schöne Augen bekam, weil die kalte Zugluft sie aussehen ließ, als hätte sie geweint, also Gefühl gezeigt in irgendeiner Form. Ein schwerkranker alter Mann, dem von der Kälte kirschrote Backen und eine entsprechende Nasenfarbe aufgemalt wurde, Leihgaben des Dezembers, die ihn lebenslustig und jung wirken ließen. Und dann dieses ruhige Fallen des Schnees in die gehetzte Metropole und wie sich einzelne Flocken in die schwarzen Haare einer Spanierin und auf die alberne Mütze eines Streifenpolizisten einnisteten – wie der große Lärm gedämpft wurde und in den Augen der Kinder ein stilles Glück wuchs...

Hier in Berlin, wartend an einer Straßenbahnhaltestelle, dachte ich, daß er einen schlechten Ruf habe, der Winter, aber insgesamt ein größerer Menschenfreund sei als die anderen, viel freundlicher besungenen Jahreszeiten.

Ein Lutterbeker Gelächter

(27.03 05)

Es gibt sie noch, auch wenn alle möglichen architektonischen Großoffensiven gegen sie gestartet werden: die magischen Orte.

Einen davon findet man an der Kieler Förde, in einem kleinen Örtchen namens Lutterbek, als Veranstaltungsort getarnt. Man muß sich ja schützen gegen die moderne Sachlichkeit, aber magischen Orten fällt das nicht schwer: sie lügen sich ein klein wenig ins Schlichte und Bescheidene zurück, tun so, als wären sie Theater oder Ruinen, Verwaltungsgebäude oder Einfamilienhäuser und schon ist alles gut, selbst unter den strengen Blicken schleswig-holsteinischer Ordnungshüter. Der norddänische Pirat Zornack zum Beispiel hat sich hier einquartiert – die kühnen Blicke quer über alle Zeiten gelegt, das dichte graue Haar noch von den nordischen Meerwinden zerzaust – lebt hier, nennt sich Wolfgang, baut mit behaglichem Chaos an dem Haus, kümmert sich um die Tontechnik, geht hundertundeintausend Projekten nach, trinkt Wein und Whisky und raucht einen Tabak, den er vor 215 Jahren spanischen Kaufleuten geraubt hat. Seine unendliche Liebschaft mit der See setzt er beim Segeln fort, seine unendliche Liebschaft mit der Sonne durch das Zusammensein mit Strupp – Tochter eines Sonnenabgeordneten und einer Küstennixe – die das Haus, das Dorf, die ganze Kieler Förde leicht und warm durchstrahlt und von einer sehnsüchtigen Leidenschaft für die Geheimnisse der menschlichen Seele ergriffen ist. Die sonderbarsten Exemplare holt sie als Gäste zu sich, leiht ihnen Bühne und Publikum. Kabarettisten kommen, Dichter, Musiker, Schauspieler, Maler, Bildhauer – exzentrische Sonderlinge, Seelen in Schieflage, interessante Köpfe, Seiltänzer des Lebens. So findet die Kunst ihr Zuhause in Mythos und Magie – so blühen kakteeische Herzen auf in Sonne und Wildheit.

Eine andere Geschichte ist die, daß ich im Laufe der Zeit feststellen mußte, daß eigentlich jeder ernstzunehmende Musiker unter einem Trinitus leidet. Das ist sozusagen eine durch Überlastung bedingte Gehirnschädigung in Cis-moll, ein Dauerton, der als treue Hintergrundmusik alle Ereignisse des Lebens begleitet. Zu meiner Schande mußte ich mir eines Tages zugestehen, keinen solchen Trinitus zu haben und seither bemühe ich mich inständig, dieses dauernde Cis-moll in meine Ohren zu bekommen. Meine Ohren sind allerdings zwei große weiche Lappen, die jedem Lärm mit einer geradezu sträflichen Gutmütigkeit gegenüberstehen. Nette Schüsseln, in die man jeden Krach hineinlegen kann.

Ich versuchte mich also zusätzlich in einen totalen Streß zu bringen, um dann im Augenblick eines verzweifelten Ausrastens, Fernseher, Stereo, Ghettoblaster, Toaster, Mixgerät, alles, was ich greifen konnte, auf Anschlag aufzudrehen, selber brüllend durch die Wohnung, auch die brüllenden Nachbarn reinlassen... Ach, es nutzte alles nichts! Meine Ohren reagierten sanft und gelassen. Sie hörten einfach zu.

Der oft wiederholte Versuch, ein Cis-moll zu hören, wo gar kein Cis-moll war, führte aber zu einer anderen, ganz ungewollten Eigenschaft: nämlich begann ich mit der Zeit Stimmen zu hören, wo sonst niemand Stimmen vernahm.

Und nun schließt sich der Kreis.

Ende März 2005 saß ich im Lutterbeker in Lutterbek und beobachtete eine ziemlich dicke, ziemlich berühmte Frau. Das unrhythmische auf und ab ihrer Hinterbacken, der kleine schroffe Mund, der unbarmherzige schlecht gelaunte Augenausdruck und die Geschicklichkeit der kleinen fetten Hände strahlten etwas Gewalttätiges aus. Sie vermied es, mich anzusehen oder anzusprechen, obwohl wir allein im Raum waren und wirkte auf eine dumme Art arrogant.

Da sie über die mangelnden Probemöglichkeiten meckerte, ging ich davon aus, daß sie eine empfindsame und sicher sehr begabte Künstlerin sei. Der Pirat, der ihr die Bühne einrichten sollte, hatte allerdings beschlossen, auszuschlafen, und gegen den Schlaf eines 400jährigen Seeräubers schmilzt natürlich die Wichtigtuerei einer singenden Pomeranze auf etwas sehr Klägliches zusammen. Ich gestehe freimütig eine gewisse Schadenfreude ein.

Aus dem kleinen, an Gaststätte und Bühne angeschlossenen Laden drangen zwei dünne Stimmchen an mein Ohr.

„Wer glaubt, etwas zu sein ...", sagte die eine.

„... hat aufgehört, etwas zu werden!", schloß die andere ab.

Komisch, dachte ich, ist doch gar keiner drin im Laden. Dann fiel mir meine trinitüssische Fehlbegabung ein und ich erhob mich, um nachzusehen.

„Sieh mal einer an ... „ sagte der eine.

„... hört, was keiner hört!", sagte der andere.

Und ich starrte zwei Holzfiguren an, etwa so groß wie mein Unterarm, die mit einer unbeschreiblichen Lässigkeit im Schaufenster standen. Es waren zwei Schwarze mit Frack und Melone, der eine gelb, der andere blau beanzugt, beide mit weißer Hose. Der Gelbe die Hände in den Hosentaschen versenkt, leicht krumm gestellt, eine Art Vorarbeitercharme, absolut unbeeindruckt in eine schief konstruierte Welt hineinblickend. Der um einen Kopf kleinere Blaue mit zusätzlicher Aktentasche und einem Bierbäuchlein.

„Hallo!", grüßte ich. „Ich bin Heinz!"

„Dämlicher Name", sagte der eine.

„Extrem unsexy!", sagte der andere.

„Seid ihr Philosophen?", fragte ich.

„Philosophie dient der Lebensbewältigung...", erwiderte der gelbe, größere.

„... wir aber müssen nichts bewältigen!", ergänzte der kleinere blaue.

„Was seid ihr dann?", fragte ich, um einen höflichen Tonfall bemüht.

„Holzfiguren!", sagte der eine.

„Sieht man doch!", sagte der andere.

„Also – kann man euch kaufen?"

„Wieso solltest du etwas kaufen..." fragte der Gelbe, der anscheinend immer zuerst sprach.

„... was du schon hast?", vervollständigte der Blaue.

„Aha!", machte ich ungläubig.

„Tief in dir...", sagte der eine.

„... wo du uns nicht haben willst!", – der andere.

„Jeder hat uns!"

„Keiner will uns!"

„Ist uns egal ..."

„... wie vieles andere auch!"

„Wie heißt ihr denn?", fragte ich.

„Pritt!", sagte der Gelbe.

„Pratter!", stellte sich der Blaue vor.

„Und warum sollte ich euch nicht wollen?", fragte ich neugierig.

„Der Mensch will Trost...", sagte Pritt.

„... nicht Wahrheit!", sagte Pratter.

Ich blickte die beiden an. Ein trotziger Widerspruch formte sich zu Worten, aber ich brach ihn ab, denn er war ja nur aus beleidigter Eigenliebe geboren. Vielleicht haben sie Recht, dachte ich. Wir suchen so lange die Wahrheit, bis wir den Trost in ihr gefunden haben, bis wir uns irgendwie in ihr zu Hause fühlen. Und dann hören wir auf, weiterzufragen. Sucht auch der glückliche Mensch nach Wahrheit oder nur der unglückliche? Nur der bedrohte oder auch der in sich ruhende? Wollen wir uns kennen, weil wir uns lieben oder weil wir Angst haben vor uns selbst? Erstaunliche kleine Wesen, dachte ich dann, bringen soviel durcheinander. Und wirken tatsächlich so merkwürdig unbeteiligt und fremd, als ginge sie das alles gar nichts an.

„Er denkt jetzt nach ...", hörte ich Pritt sagen.

„... ob er sich uns leisten kann!", sagte Pratter.

Und beide lachten.

Vielmehr: lachten gar nicht selbst, sondern alles um sie herum wurde zum leisen Gelächter. Und auch ich kam mir auf eine sympathische Art lächerlich vor.

„Nette Frisur!", bemerkte nun Pritt.

„Kannst du Leute mit erschrecken!", kam es von Pratter.

„Na, dann guckt euch doch selber mal an!", erwiderte ich, griff kurzentschlossen nach ihnen und drehte sie zueinander hin.

„Hübscher Kerl!", sagte Pritt.

„Sieht gut aus!", sagte Pratter.

„Prima Ausstrahlung!", sagte Pritt.

„Angenehmer Charakter!", sagte Pratter.

„Dufte Aktentasche!", sagte Pritt.

„Phantastischer Anzug!", sagte Pratter.

Ich ahnte, daß sie einen selbstgefälligen endlosen Monolog starteten, griff also noch einmal zu und drehte sie nun Rücken an Rücken.

„Welt ist Welt ...", sagte nun Pritt.

„... egal wie man uns stellt!", sagte Pratter.

„Alles ist ...", sagte Pritt.

„... wie es ist!", sagte Pratter.

Dann schwiegen sie.

Vielleicht sollte ich die Gunst der Stunde nutzen, dachte ich, und sie irgendetwas Besonderes fragen. Eine Frage, auf die ich seit Jahren keine Antwort finde. Etwas, das mich quält, hilflos macht, nicht in Ruhe läßt. Ich begann nachzudenken, ob ich einen solchen inneren Quälgeist besitze, da rief plötzlich Pritt: „Da alle Fragen aus Dir kommen ..."

„... trägst du auch alle Antworten in dir!", ergänzte Pratter.

„So leicht ist es nicht!", widersprach ich.
„Ein Stein, der ein Stein sein will ...", sagte Pritt.
„... fühlt sich leicht!", sagte Pratter.
„Aber ein Stein, der ein Vogel sein will ...", fuhr Pritt fort.
„ ... fühlt sich schwer!", schloß Pratter.
„Und wie fühlt ihr euch so?", fragte ich.
„So cool wie wir, mein Freund", sagte Pritt.
„... möchtest du auch mal sein!", sagte Pratter.

Und wieder erzitterte der ganze Raum in einem leisen Klirren.

Plötzlich hörte ich ein Räuspern hinter mir. Ich drehte mich um und sah die dicke Komödiantin wieder. Offensichtlich hielt sie mich für einen Angestellten. Jedenfalls raunzte sie mich an: „Schläft denn Wolfgang immer noch? Ich muß proben! Die Bühne ist voller Gitarren. Überall Gitarren! Kann denn keiner Wolfgang wecken?", rief sie.

Und ich muß zu meiner Entschuldigung sagen, daß ich tatsächlich antworten wollte. Ich wollte ihr sagen, daß der Schlaf eines Piraten eine heilige Sache sei und jede Störung ein lebensgefährliches Unterfangen. Ich wollte ihr sogar in Pritt-und-Pratter-Manier eine anständige Weisheit mitgeben, aber aus irgendwelchen, mir völlig unerfindlichen internistischen Gründen, kam statt einer Rede nur ein gewaltiger Rülpser über meine Lippen – ein so entsetzlich lauter, daß ich aus Angst, ein zweiter könnte folgen, nicht mal eine Entschuldigung versuchte, sondern panisch an ihr vorbei und aus dem Raum schritt. Leise im Hintergrund aber hörte ich das lachende Vibrieren Pritts und Pratters.

„Nicht schlecht, die Antwort!", meinte Pritt.
„Kurz und gehaltvoll!", meinte Pratter.

Und dann, zeitgleich diesmal, rülpsten auch sie. Niedlich klang es, wie das leise Knarren eines Bäumchens oder das zärtliche Knarzen von Wellensittichen.

Kronach

(14.07 06)

Mein Rücken schmerzt und zeigt mir: du bist nicht mehr jung!
Nun laß gefälligst dieses ewige Marschieren!
Über die Stadt fällt wie aus Samt die stille Dämmerung
und ein paar alte Fenster applaudieren!

Wie aber soll ich stoppen, Füße, der ich mich
in allen Gassen so klar wieder finde?
Der ich verliebt dort Richtung Schwimmbad schlich
und ihren Namen eingrub dort in diese Rinde.

Ich war zwölf Jahre alt, ein Vagabund
schon damals, frech und gierig nach dem Leben,
und mein Revier ablaufend wie ein junger Hund
und jedem dummen Einfall hingegeben.

Ich stieg halsbrecherisch die Festungsmauer auf,
stahl meinen Eltern Geld für Flipperautomaten.
Im WEKA-Einkaufszentrum ist mein Hundertmeterlauf
ganz sicher noch notiert unter „geglückten Attentaten"!

Als ich die Pornos meines Vaters endlich fand
und großzügig verteilte in der siebten Klasse,
da brachte ich das Städtchen kurz um den Verstand
und zog herum mit triumphierender Grimasse.

Ich weiß so viel noch: wie ich einsam war
und lernte, mich zum Mittelpunkt zu machen.
Das Traurige erschien mir immer traurig zwar,
doch brachte es mich damals schon zum Lachen.

So viel Erinnerung an jeder neuen Straßenecke.
Sogar ein Groschenautomat, der da noch steht.
Und wie genau ich wieder mich in mir entdecke –
nur daß der Kindskopf jetzt auf längren Beinen geht.

Ich bin der, der ich war und werde so wohl bleiben,
natürlich nehmen meine Macken immer weiter zu:
zum Beispiel so versponnen durch ne Stadt zu treiben
wie Kronach – liebes, altes Städtchen, du …

Spazierengehen in Neustadt/Orla

(01.11 – 21.11)

Zuerst ein kleiner Spaziergang durch die Tannenwälder von Lichtenau – bei mäßigem Sonnenlicht, aber bunt wie ein Märchenbild: die spärlichen Stämme, die viel Platz lassen für die goldenen Farne, eingebettet in einem dicken, saftigen Moosteppich – grüner kann nichts sein auf der Welt! – aus dem sich, platzend vor Leuchtlust, Hunderte von Giftpilzen rot und orange hervorwölben...

Denn nach Neustadt, wo wir in einem kleinen Jugendklub mit Strom & Wasser ein feines apokalyptisches Konzert spielen sollten. Der Klub lag hinter einer Baustelle, wir wurden nett empfangen, stimmten Bass und Gitarre und warteten auf die Zuschauer. Es war aber so, daß nicht etwa Gäste hereinströmten, sondern daß sogar die anwesenden Organisatoren nach und nach verschwanden – mitsamt dem Tontechniker, den helfenden Jugendlichen, bis wir uns schließlich ganz allein im Club befanden.

„Komischer Laden!", brummte Peer, war aber nicht von seiner Gitarre zu lösen, so daß ich alleine loszog, um nachzusehen, wo sie denn alle geblieben waren. Ich trat hinaus in eine sonderbare Stille – der Himmel war bizarr beleuchtet von Mond und Straßenlaternen, und zwischen den Lichtquellen rasten die Wolken. Wie große Klumpen ragten in dieses Schwarzweiß die leer stehenden Häuser und Ruinen Neustadts. Solche halbleeren Städte sind ja in Ostdeutschland leider nichts Seltenes mehr – in Neustadt/Orla schienen sie aber noch trostloser und bedrohlicher als sonst. Ich lenkte meine Schritte zwischen die Bauten, visierte die Innenstadt an und lief eine gute Viertelstunde, bis ich auf dem Marktplatz stand.

Keinen einzigen Menschen hatte ich bis dahin gesehen und so beschloß ich denn, tiefer in die Gassen zu laufen. Endlich sah ich zwei Mädchen, die sich an einem Fenster gegenüberstanden. Sie waren schlank und weiß und ihre leise Unterhaltung klang wie das Girren von zärtlichen Tauben. Gleich flattern sie davon, dachte ich und bevor das passieren konnte, sprach ich sie an:
„He", rief ich. „Sagt mal, könnt ihr mir sagen, wo alle sind?"

Erschrocken starrten sie mich an, dann nahm die eine die andere hastig in die Arme und zog sie ins dunkle Innere zurück. Ich blieb stehen:

„Will ja nur wissen, wo alle sind?", rief ich. Keine Antwort!

Na schön, dachte ich wütend, lauf ich eben zum Club zurück und spiele vor niemandem. Eine plötzliche Sorge ergriff mich, auch Peer könnte verschwunden sein und unsere Instrumente.

„Blödsinn!", brummte ich, suchte nach dem Rückweg und mußte nach zwanzig Minuten einsehen, daß ich mich in der verwinkelten Stadt verlaufen hatte. Das von den Wolken unruhig gemachte Mondlicht trug noch zu meiner Verwirrung bei. Ich fasste den Plan, die Stadt ganz zu umrunden, um so auf die große Bundesstraße zu treffen, die zu dem Club hinführte. Plötzlich bemerkte ich, wie der Wind nachließ und ganz zum Stehen kam. Ich blickte unwillkürlich zum Mond hinauf und blieb erschrocken stehen: auch Tausende von Metern über mir hatte sich der Wind verabschiedet. Alle Wolken lagen regungslos im Himmel. Einige von ihnen hatte der Zufall so um den Mond herum gruppiert, daß sie wie Hut und Mantel um ihn lagen, daraus griesgrämig sein fettes Gesicht leuchtete.

Und tatsächlich stieg er nun herab, der Mond, sprang mitten auf den Marktplatz, keine fünfzig Meter von mir entfernt und schien es sehr eilig zu haben, denn er bog gleich in eines der Neustädter Gässchen ein.

Das war natürlich sensationell, keine Frage, und so stürzte ich ihm ohne jedes Besinnen hinterher. Er wirkte leichtfüßig und geheimnisvoll wie ein Spion, sein Gesicht strahlte so hell, daß er es als Scheinwerfer benutzen konnte, um den Weg zu beleuchten. So war es, trotz seines hohen Tempos, sehr einfach, ihm zu folgen. Er schien genau zu wissen, wohin er wollte, denn er lief, ohne sich einmal zu besinnen. Niemand kennt sich schließlich besser aus auf der Welt als der Mond, fiel mir mir ein, der jedes Dorf seit Jahrtausenden studiert. „Ob er wohl eine Geliebte besucht?" überlegte ich romantisch und stellte mir vor, wie viele Frauen gerade alleine schliefen und gegen den nächtlichen Besuch dieses bleichen Aristokraten nichts einzuwenden hätten.

Im nächsten Augenblick stolperte und stürzte ich. Eine Katze war mir vor die Füße gesprungen. Während sich das Tier geschickt abrollte und statt meiner dem Mond folgte, fiel ich auf meine Knie und blieb benommen liegen. Ich sah, wie mich ein paar Dutzend Katzen, zwei herrenlose Hunde und eine nicht bestimmbare Anzahl an Ratten überholte. Der eilende Mond sorgte überhaupt für viel Lärm: überall hörte ich das hysterische Gebell von Hunden, das Weinen kleiner Kinder und junger Käuzchen. In manchen Häusern konnte ich die verunsicherten Gesichter alter Menschen erkennen.

Ich hatte mir das Knie geprellt und auch zu viel Zeit verloren, um ihn einholen zu können. Die ihm nacheilenden Tiere wiesen mir jedoch zuverlässig den Weg.

Nach etlichen Richtungswechseln sah ich am Ende der aktuellen Gasse plötzlich ein rot-grünes Licht, das flackernd auf den Ruinen tanzte. Ich humpelte darauf zu, so schnell es ging und tauchte in ein atemberaubendes Szenario ein. Auf einer verlassenen Baustelle stand der Mond vor einem überdimensionalen Flipperautomaten und hämmerte leidenschaftlich auf die Tasten. Der Wolkenhut war ihm halb vom blanken Schädel gerutscht, so daß er mit der Helligkeit seines Hinterkopfes die ganze Landschaft in ein gespenstisches kaltes Licht tauchte, durchzuckt nur von den roten und grünen Blitzen des Flippers. Um ihn herum die reglos starrende und staunende Tierwelt, inmitten der Tiere, mit blutenden Knien, ich, der staunende Vertreter der Menschheit. Dem Mond schien es völlig gleichgültig, ob er Zuschauer hatte oder nicht, er hing fanatisch über den Apparat gebeugt und lachte lautlos, während das rot aufleuchtende Display die Millionen addierte.

Ich sah ihm fünf Minuten zu, dann begann ich mich zu langweilen. Ein spielsüchtiger Mond ist bei weitem nicht das Unterhaltsamste, was man sich vorstellen kann. Und wiedermal typisch, dachte ich. Wo man Großartiges erwartet, erlebt man Belanglosigkeiten und nur im Nebensächlichen findet man das Großartige! Mir fiel mein eigenes Konzert wieder ein und dann die unfreundliche Rede, die mir der Mond vor einigen Wochen in Pforzheim gehalten hatte. Ich drehte mich um und ging zurück, schon wieder völlig orientierungslos in Neustadt/Orla. Eine gute halbe Stunde brauchte ich, um den Jugendclub zu finden. Dort hatten sich mittlerweile rund dreißig Leute eingefunden, Peer wartete in der Küche, grinste und hielt einen enormen Joint in der Hand. Er fragte nicht, wo ich gewesen sei und das war gut so, ich hätte nicht gewußt, was ich ihm erzählen sollte. Nur später dann, während des Auftritts, kamen mir unsere Lieder, selbst die wirklich grotesken, eher fade und harmlos vor im Vergleich zu den Geschichten, die man hier erlebt, hier in Neustadt an der Orla.

Jenaer Rede

(21.-23.09 04)

Jüngst saß ich in einem kleinen Kreis erlauchter Geister, die die große Politik und das Schicksal der Menschheit mit viel Bildung diskutierten. Es war ein unterhaltsames, in raschem Schlagaustausch geführtes Gespräch, an dem ich nicht teilnahm, weil mir erstens die Fachkenntnis fehlte und zweitens der Rotwein einen dumpfen Riegel vor meine Sprechlust geschoben hatte. So folgte ich also den Geistesblitzen der lebenserfahrenen Männer, mußte jedoch feststellen, daß in mir ein wachsender Protest aufkeimte: als ob bereits im geistigen Fundament dieser Herren etwas Entscheidendes fehle. „Du bist ein grüner Junge", dachte ich. „Sei lieber ruhig!" Aber ich hatte unversehens schon zu sprechen begonnen: „Ich glaube, das Problem liegt tiefer", sagte ich und brüskierte ungewollt die Runde. „Ich glaube, daß der einzelne Mensch, der die Nachrichten in TV und Zeitungen verfolgt, unweigerlich zu dem Schluß kommen muß, die Menschheit sei unsympathisch. Kriege, Unterdrückung, Hungersnöte, Umweltzerstörungen, Folter, Kindesmißbrauch, Lügen, Gewalt überall. Kein Zweifel: die Menschheit ist unsympathisch und gefährlich. Und vielleicht ist das Verhalten einer sich selbst unsympathisch findenden Menschheit mit dem Verhalten einer sich selbst unsympathisch findenden Person gleichzusetzen. Ein Mensch, der sich nicht mag, behandelt weder sich, noch seine Umgebung gut. Die Spirale aus Zerstörung und Selbstzerstörung beginnt. Jede Tat gegen sich und gegen andere bestätigt ihm aber die üble Meinung, die er von sich selber hat!"

Ich stockte. Die Herren schwiegen. Um zu vermeiden, daß einer von ihnen mit wohlwollendem Unterton darauf hinweisen könnte, diesen Gedanken hätte ja schon Spinoza oder Schopenhauer oder Hemingway oder Mark Twain geäußert, fuhr ich rasch fort:
„Man müßte demzufolge die Menschheit dazu bringen, wieder ein bißchen stolz auf sich zu sein, sich nett und freundlich zu finden und somit eine neue Lust an ihren guten Eigenschaften, statt eine wachsende Unlust an ihren Bestialitäten zu entwickeln. Je mehr Tadel die Menschheit verdient, umso mehr braucht sie das Lob!"

Wieder war Stille und wieder fürchtete ich eine spöttische Bemerkung, die mich als lediglich christlich oder hinduistisch oder lächerlich hinstellen würde.
„Könnten wir nicht", beeilte ich mich, weiterzureden, „statt uns mit Mißtrauen und Ablehnung und vorbeugender Gewalt vor der Bosheit der anderen zu wappnen, das ganze umdrehen: ich meine damit, statt uns ständig nur zu bemühen, vor dem Niederträchtigen im Menschen Schutz zu suchen, uns lieber bemühen, die Sehnsucht nach dem Guten zu wecken?"

Ich wagte einen Blick in die Runde. Die Gesichter waren ernst und aufmerksam, aber ich wurde den Eindruck nicht los, sie betrachteten mich, wie ein Astronom etwa ein Kind betrachtet, welches ihm erklärt, die Sterne seien die Schweißperlen der Sonne.
„Es wäre nicht schwer, den Anfang zu machen", sagte ich. „Wir sollten dort beginnen, wo wir unsere Schwäche am deutlichsten spüren: im Umgang mit unseren Kindern zum Beispiel, mit Tieren und Pflanzen, mit unserem Heimatplaneten – mit allem, was uns wehrlos ausgeliefert ist. Hier Achtung üben, Verzicht auf Macht und Vorteile – würde uns das nicht gleich etwas stolzer auf uns machen?"

Ich lehnte mich zurück und starrte gedankenverloren mein halbleeres Glas an. Eine plötzliche Sehnsucht ergriff mich, aufzustehen, die philosophische Runde zu verlassen und den nächsten schönen Mädchenmund zu küssen. An Mündern standen aber nur bärtige, männliche zur Verfügung und ich malte mir die Überraschung der Herren aus, wenn ich meine Rede damit abschlösse, einen von ihnen zu küssen – schüttelte den Gedanken aber gleich aus dem Kopf, wollte fortfahren, war stattdessen einfallslos und mußte auch gleich feststellen, daß die Herren ihr unterbrochenes Gespräch wieder fortgesetzt hatten. Vielleicht hatten sie es aber auch nie unterbrochen, fiel mir ein und ich hatte mir meine Rede nur eingebildet?

Halb verdeckt von einem der Schriftsteller, saß am Nachbartisch ein Mann mit einem eigentlich belanglosen Gesicht und sah freundlich zu mir her. Und ich nickte ihm zu wie einem Gleichgesinnten, obgleich ich mir fast sicher war, daß er kaum ein Wort von meiner nicht gehaltenen Rede verstanden hatte.

Nichts los in Oldenburg

(07.05 06)

Auf Bänken sitzen, einfach Zeit genießen,
Ideen rennen lassen, tropfen, fallen, fließen,
den Fäulnisduft von fernem Müll beschnuppern,
gelegentlich den Schweiß der Stirn betuppern.
Mal dieses denken, lange nichts, dann das,
am Ende aber gar nicht wissen was.
Weil dick geworden, sich dick fühlen,
im Großstadtteich die Füße kühlen,
wenn Omas kommen böse brummen,
bei Punks gemütlich Schlager summen.
Zwar denken, aber ohne Zweck und Sinn,
mal kratzen und mal SMS an Linn.
Nur sein – das aber sehr schnell öde finden,
die Stadt vergleichen mit zum Beispiel: Minden,
Minden aber gar nicht richtig kennen.
Mädchen treffen, die sehr seltsam rennen.
Dicke Fliegen einfach landen lassen,
sich selbst vertraulich an die Knie fassen.
Aufstehn, strecken, gähnen, weiterlatschen,
ein wenig mit dem Stadtbach tratschen,
dann seufzen, Leben einfach irre finden,
stolpern, fallen, aufstehn, Schuhe binden,
an einem Klärwerkwasser plötzlichen schlafen
und einen Traum erleben, einen braven.

München Hauptbahnhof

(14.12 04)

Als ich mich am Fahrkartenschalter umdrehe, sehe ich auf den mächtigen Rücken eines Polizeibeamten. Er steht mit ein paar Kollegen um eine osteuropäische Familie gruppiert. Der Vater sucht hektisch im übermäßigen Gepäck, die junge Mutter steht aufgeregt und verwirrt zwischen zwei steingesichtigen Polizisten. Die etwa vierjährige Tochter sitzt auf dem Gepäck. Sie sieht müde aus und blickt ängstlich auf ihren Vater. Der scheint nicht zu finden, was er sucht. Ich beschließe, dem Mädchen eine Tafel Schokolade zu schenken, die ich zufällig in der Tasche trage. Als ich herantrete, befiehlt mir der Beamte, dessen Rücken ich zuerst sah, stehen zu bleiben.

„Ich will dem Kind etwas Schokolade schenken!", sage ich freundlich.

„Sie dürfen da nicht hin!", entgegnet er.

„Das darf ich nicht?", frage ich erstaunt. „Warum nicht?"

„Illegale!", sagt er knapp, als ob mit diesem Wort alles erklärt sei.

„Also, in meinen Augen sitzt da ein kleines müdes Kind, das bestimmt keine Verbrechen begangen hat!" Ich lächle den Beamten an. „Es würde sich sicher über etwas Schokolade freuen!"

Als ich weiterlaufe, der strenge Ruf: „Bleiben Sie sofort stehen!"

Ein zweiter Beamter tritt hinzu: „Ihren Ausweis bitte!"

„Gleich!", sage ich und nicke dem Kind zu. Aber ich kann nicht weitergehen. Der Polizist hält mich am Arm fest.

„Wenn Sie mir Ihren Ausweis nicht zeigen, nehme ich sie fest!"

„Nur weil ich dem Kind ...?"

„Ärger, Bernd?", tritt ein dritter Polizist hinzu.

Mir wird klar, daß ich das Kind nicht erreichen werde.

„Schokolade?", halte ich daher dem Dazugekommenen die Tafel vor die Nase. Er hat einen ruhigen, mitleidlosen Blick – stahlhart nennt man das wohl in seinen Kreisen. Dieser Blick im Vergleich mit dem ängstlichen Blick des Kindes – tolles Land! denke ich, hat sich ja viel getan in den letzten fünfzig Jahren! Und ich gehe mit dem bitteren Gefühl davon, nichts daran ändern zu können.

Intermezzo auf der A7

(14.– 29.08 06)

Man sollte als Musiker in Kassel wohnen oder in Erfurt oder in Köln – man sollte nicht in Garmisch wohnen, nicht in Trier, in Görlitz oder in Kiel. Es sei denn, man liebt das Zug- und Autofahren über alles, dann bitte ich die betreffenden Kollegen das eben Geschriebene mit einem umgekehrten Vorzeichen zu versehen. Und doch ist dieses Heimkehren gerade in Kiel doppelt schön. Vielleicht, weil ich das Gefühl habe, es liege gar nicht mehr richtig in Deutschland. Vielleicht, weil es so schön spröde reagiert, weil alle hochtrabenden Phrasen kurz hinter Hamburg abgefallen sind und man mit einer gewissen Nüchternheit empfangen wird, weil meine Kinder warten, die wilde Chilonka und alle Nachbarn gleich wissen: der Typ mit dem unsäglichen Kombi ist zurück, weil der Fan von gegenüber grüßt, der, der sowieso alles von mir weiß. Überhaupt Hamburg – als ich vor etwas über einem Jahr nach Kiel zog, wunderte ich mich jedes Mal, daß es hinter Hamburg noch weiterging – und zwar ordentlich: eine gute Stunde Fahrt noch bis Kiel. Es dauerte Wochen, bis ich meinen Endlich-Zuhause-Seufzer lange genug zurückhielt.

Für die Kilometerfresser unter den Autofahrern, zu denen ich mich ja leider auch zählen muß, ist es eine geradezu sinnliche Erfahrung. Man rast den halben Tag dichtgedrängt, Blech an Blech, auf der berstenden A7 an Hamburg heran und durch die Verkehrsaterie „Elbtunnel" hindurch und an drei, vier Ausfahrten vorbei – und plötzlich ist man alleine! Eine unendliche Stille um einen herum, Wiesen statt Beton, unendliche Wiesen, dann wieder Wiesen, dann Pfützen, dann Felder, wenige Wälder, aber Wiesen – oh schleswig-holsteinische Nacht, einsam vom Fernlicht meines Fords durchschnitten! Schon eine Ahnung vom Meer – es ist einfach herrlich und entschädigt für die gut und gerne 30.000 zusätzlichen Kilometer, die man im Jahr fahren muß.

Manchmal kehre ich aber schon nachmittags zurück oder am frühen Abend und da ist die Autobahn etwas voller, gebe ich zu, und man erlebt weniger Friedliches – wie auf Autobahnen üblich, diesen Treffpunkten eines heimlichen Bürgerkriegs.

Vor ein paar Wochen zum Beispiel – doch halt! Ich muß zuvor ein A7-typisches Phänomen erklären. Bei großer Streckenauslastung wird nämlich per digitaler Verkehrszeichenführung der Parkstreifen aufgehoben und in eine Fahrbahn verwandelt, so daß aus der eigentlich zweispurigen Strecke eine dreispurige wird, die dann allerdings keinen Nothalt mehr erlaubt.

Das war auch so an jenem Märztag 2006, als plötzlich von der Überholspur linksaußen eine teure, jeepartige Limousine, ein silbernes PS-Monster, erst die mittlere Spur kreuzte und dann vor mir auf die rechte, die eigentliche Parkspur, schoß. Ich selbst fuhr satte 150, aber das Fahrzeug bremste mich schlagartig auf Null herunter. Null hieß Stand, Stand hieß Gefahr, denn die, die hinter uns fuhren, fuhren deutsches Durchschnittstempo, was ja bekanntlich das allerschnellste der Welt ist. So saß ich denn, ziemlich unruhig halb den Rückspiegel, halb den Wagen vor mir betrachtend. Im Rückspiegel sah ich, wie sich irritierte LkW-Geschosse im Überholen versuchten, und dem Wagen vor mir entstieg eine Frau und rannte auf mich zu. Sie stellte sich an meine Fahrerseite. Ich kurbelte schnell das Fenster herunter und sagte: „Da würde ich mich nicht hinstellen! Das ist lebensgefährlich! Kommen Sie doch auf die andere ..."
„Helfen Sie mir bitte! Oh Gott! Bitte, bitte! Haben Sie ein Handy? Ich muß ihn anrufen! Oh bitte!"

Sie war die pure Verzweiflung – und bot einen merkwürdigen Anblick. Sehr körperbetont gekleidet, bauchfrei mit Nabelschmuck und tätowiert, mit einer knalleng die Formen ihres Hinterns umschließenden weißen Hose – braungebrannt, absolut fettfrei, fast dürr, drahtig, das Gesicht nicht mehr so jung, etwas verlebt, hart, großäugig – jetzt wie ein hilflos verwirrtes Kind oder eine hysterisch überdrehte Puppe.
„Mein Handy ist leer", sagte ich wahrheitsgemäß. „Ich werde jetzt an Ihrem Wagen vorbeifahren und vor Ihnen halten, damit im Notfall die LkWs erst das leere Fahrzeug zerschmettern und dann uns!"
„Oh Gott! Bitte! Lassen Sie mich nicht allein! Bitte! Bitte!" Sie weinte.
„Na gut, ich mach mal Platz auf dem Beifahrersitz, da kannst du dich dann hinsetzen!" Ich musste aussteigen und mich selbst der Gefahr aussetzen, von einem überholenden Fahrzeug ergriffen zu werden, um sie, die zitternd und gelähmt dastand, zur Beifahrertür zu bringen. Als ich dann wenig später in einer mörderischen Überholaktion den stehenden Jeep passiert hatte, fühlte ich mich etwas sicherer und sah sie an.

Sie wischte sich mit ihrem dürren Handrücken die Tränen und suchte nach Fassung.
„Was ist denn passiert?“
„Ich habe nichts getan“, sagte sie. „Er hat nicht getankt, die Anzeige geht nicht. Er wollte tanken und hat es nicht getan. Er hat auch nicht gesagt, daß ich tanken soll. Was wird er jetzt – helfen Sie mir bitte! Ich weiß gar nicht, was ich machen soll. Entschuldigen Sie ...!“
„Wir können uns ruhig Duzen“, sagte ich. „Sind ja ungefähr im gleichen Alter.“

Überrascht sah sie mich an. Sonderbar erloschene Augen, in denen wie in einem erloschenen Vulkan das Irrlicht der Angst tanzte. Sie schien jetzt erst wahrzunehmen, wie ich aussah.
„Ja“, sagte sie gehorsam.
„Wenn es nur das Benzin ist“, versuchte ich sie zu beruhigen. „Das ist kein Problem! Das passiert mir auch ständig. Dumm ist nur, wenn die Polizei das mitkriegt, weil man ja eigentlich dafür sorgen muß ...“
„Wieso Polizei?“, unterbrach sie mich. „Oh mein Gott, was mach ich nur? Was mach ich? Er hat mir das nicht gesagt! Er hat mir nichts davon gesagt!“

Ich begriff, daß ihre Angst vor allem um dieses „Er“ kreiste. Es strahlte schon nach so wenigen Sätzen etwas Gewalttätiges und Mächtiges aus. Wer weiß, dachte ich, bei dem Auto, bei dieser Art von Angst – ich hatte den plötzlichen Einfall, diese von Furcht geschüttelte, aufgetakelte, schöne, aber erloschen wirkende Frau könnte eine Prostituierte sein, mit dem Auto entweder ihres Zuhälters oder eines unbarmherzigen Kunden unterwegs. Vielleicht auch klang hier das Echo einer schrecklichen Ehe durch. Sie tat mir jedenfalls leid.
„Wir rufen jetzt den ADAC an. Dazu fahr ich an die Notrufsäule da vorne und...“
„Bitte, ich habe das noch nie gemacht!“
„Ist nicht so ...“
„Können Sie das für mich tun? Bitte?“

Und so tat sich das für sie und sprach auch mit den Herren, buchstabierte ihren Namen und gab meine Mitgliedsnummer, weil sie keine hatte, wartete mit ihr, bis plötzlich ein Streifenwagen hielt. Ihr allmähliches Beruhigtsein war sofort dahin, sie beugte sich ins offene Polizeiwagenfenster und beantwortete hektisch die Fragen.

„Wir kümmern uns jetzt darum!“, verabschiedete mich der Polizist und so ging ich denn, nutzlos geworden wieder auf mein Auto zu.

Ihre dünne Stimme rief mir hinterher. Ich drehte mich um und sah, wie sie auf mich zugerannt kam. Es war eine Szene, wie aus hunderttausend Filmen, in denen jetzt ein Schuß ihr Laufen und ihr Leben beenden müßte, ein Schuß, abgefeuert aus der Waffe eines falschen Polizisten, der in Wirklichkeit CIA-Agent war und verhindern wollte, daß diese letzte Zeugin eines schrecklichen Politverbrechens ... Aber glücklicherweise war das kein Film!

Sie erreichte mich und hatte mich im nächsten Augenblick umarmt und geküßt. Es währte nur eine Sekunde und sie war mit einem „Danke!“ wieder fort und zurück zu den grinsenden Polizisten, die sich ihren Teil denken mochten. Aber ihr nervöser, drahtiger Körper, die unerwartet weichen Lippen an meinem Mund, das seltsam anmutende warme Aufleuchten des Blicks, in diesen nicht mehr sehr lebendigen Augen – das blieb noch als ein Echo aus Berührung und Erstaunen fühlbar und verlor sich erst allmählich im Laufe der Fahrt.

Kiel – 23 Kilometer, las ich auf einem der blauen Schilder, hatte den Wagen auf 160 beschleunigt und lächelte über dieses Intermezzo auf der A7. So hatten wir jeder dem anderen geschenkt, was wir am Besten können: meine Ruhe in aufgeregten Situationen, ihre flüchtige Berührung, die so angenehm nachklang. Es sind nicht immer die Prachtgewächse des Lebens, die es zu besingen gilt, es sind oft genug die versteckten kleinen Blüten, die uns alles entschlüsseln.

Erklärungen und Entschuldigungen

Friedberg – *Kreisstadt in Hessen, ca. 25.000 Ew., 159 m ü.M.*
Einziger Auftritt bisher als Vorprogramm für Götz Widmann im Januar 2004 im „Kaktus". Die Geschichte ist noch dort entstanden, beseelt von einigen Erlebnissen, die in die Rahmenhandlung durchaus einfließen.

Pforzheim – *Baden-Württemberg, ca. 110.000 Einwohner, 245-487 m ü.M., neuzeitliche Industriestadt.*
Hier lebte ich von Oktober 1993 bis Sommer 1995 und noch einmal von Februar bis Dezember 1997. Auftritte im – mittlerweile geschlossenen – JZ „Schlauch", im „Kupferdächle", „Exil", Kulturzentrum „Osterfeld". Sogar in der „Stadthalle Pforzheim", anlässlich eines von mir organisierten Benefizkonzerts für krebskranke Kinder. In PF gründete ich meine erste Band „Krakatit", eine dreisprachige Jazz-Rock-Hardcore-Combo, produzierte im Inner-Ear-Tonstudio vier Hörbücher und drei Musik-Cds.
Trotz heftiger Versuche, die Stadt zu mögen, ist mir das bisher nicht gelungen.

Bremen – *Freie Hansestadt, ca. 560.000 Ew., zweitwichtigste dt. Seehafenstadt*
Zwischen August 1995 und Januar 1997 lebte ich halb in Augsburg, halb in Bremen, ganz in der Nähe des Weserstadions. Eine freundliche Großstadt, die Vieles zulässt und Einiges zu bieten hat. Auftritte im „Jungen Theater", im „Tower", am „Güterbahnhof", im „Lagerhaus", Open-Air am Wall und das unvorstellbare Konzert im „Verein für Lebensfreude", das im totalen Wahnsinn endete.

Kassel – *Stadt in Hessen, ca. 200.000 Ew., 138-536 m ü.M., umrahmt vom Habichtswald.*
Rein architektonisch könnte man Kassel für eine Schwester Pforzheims halten, aber bei den zahlreichen Besuchen dort empfand ich die Stadt immer als viel angenehmer. Im Winter sogar mit Schneegarantie. Unser erster Auftritt im „Haus" war der erste Auftritt des neuen Projekts unter dem Namen „Strom & Wasser", damals noch mit dem Gitarristen Tino Valenta. Er wurde bestimmt von radikal-

feministischen Attacken auf „Macho Heinz". Seitdem spielen wir im „Schlachthof" und haben uns überzeugen können, daß Kassler Frauen nicht nur lebensgefährlich, sondern auch sehr charmant sind.

Zwickau *– Sachsen, ca. 120.000 Ew.*
Um keine Zweifel aufkommen zu lassen: der Zwickauer Teufel heißt Andreas und ist tatsächlich ein sehr netter, hochgebildeter Musikfreund mit einem enormen historischen Wissen. Er war so freundlich, mich nach unserem Konzert auf diesen Mitternachtsspaziergang durch Zwickau mitzunehmen. Was ich von der Stadt weiß, weiß ich von ihm und ich weiß mehr über diese Stadt als über irgendeine andere auf der Welt. Daß ich ihn im Nachhinein zum Teufel machte, mag er meiner überschäumenden Phantasie und meinem fraglichen Charakter verzeihen. Auftritt im „Alten Gasometer".

Zugspitze *– höchster Berg der dt. Alpen, 2963 m ü.M.*
Ein entweihtes Heiligtum gehört zu den traurigsten Anblicken, die es gibt – noch dazu wenn es von ganz unheiligen Touristenmassen Tag für Tag entseelt wird, zu denen man zu allem Überfluß selbst dazugehört. Mir fiel es schwer, in dieser Umgebung die Schönheit der Alpen zu genießen. Lucas klarer Blick und der Reichtum seines Kindergemüts blieben trotz der Menschenmassen empfänglich für die stille Majestät des Hochgebirges.

Jena *– Thüringen, ca. 100.000 Ew., 145-350 m ü.M.*
In Jena lebt mit Martin Straub der größte Literaturfreund, dem ich begegnet bin und mit Lothar König der wildeste Pfarrer den ich kenne. Seine junge Gemeinde ist ein Zentrum des Widerstands gegen alles, was auch nur im Entferntesten nach Bürgerlichkeit riecht. Punk und Protestantismus. Selbstredend, daß wir hier am häufigsten spielten. Außerdem Auftritte in „Rosenkeller", im „Ricarda-Huch-Haus", im „Romantikerhaus", im „Zapata", gemeinsam mit Konstantin Wecker im „Anger-Gymnasium" und demnächst im „Kassablanca". In Jena bin ich sehr gerne. Es scheint mir die zur Zeit in dieser Größe lebendigste und abwechslungsreichste Stadt Deutschlands zu sein.

Lichtentanne *– Sachsen, ca. 4000 Ew.*
Ich kenne diesen Ort tatsächlich nur von diesem einen Umsteigeerlebnis am Bahnhof. Mit anderen Worten: ich kenne nur der Bahnhof,

aber ich halte es nicht für ausgeschlossen, daß ich durch die ausführliche Kenntnis des Bahnhofs auch einen genauen Eindruck von der ganzen kleinen Stadt gewonnen habe.

Lindau – *Bayern, ca. 25.000 Ew., 400 m ü.M., Bodenseestadt*
Es ist ein sonderbares Gefühl von der Ostsee an den Bodensee zu kommen, von Kiel nach Lindau. Es erscheint einem, als hätten freundliche Feen aus einer verblassenden Erinnerung heraus mit kindlichen Händen und in Ermangelung eines Lego-Bausatzes ein Klein-Kiel bauen wollen – und wären dabei gescheitert. Alles ist ihnen zu süß und zu schön gelungen, selbst das Wasser, und daher ist es auch immer angenehm gefüllt mit konservativen Touristen, wohlhabenden Lindauern und Bodenseemöven, die von ihren norddeutschen Vettern schwärmen. Ein kleiner Bevölkerungsanteil entstammt allerdings alpenländischen Barbaren, ist drogensüchtig, gewaltbereit, langhaarig und unheimlich nett. Ihr berüchtigter Treffpunkt ist der Club Vaudeville und wenn sie besonders gut drauf sind, laden sie sich auf mit „Strom & Wasser". Dort ist natürlich unser erster Anlaufpunkt für Live-Konzerte, außerdem auf dem Stadtfest und bei Bernie im „New Orleans".

Greiz – *Thüringen, ca. 30.000 Ew., 262 m ü.M., ehemalig unter der Herrschaft des „Reußen von Plauen", jetzt selbstständig.*
Die Stadtbibliothekarin hat tatsächlich eine magisch-angenehme Stimme und hat uns sehr engagiert und freundlich empfangen. Sie ist eine große Freundin junger Literatur, eine belesene und gut aussehende Frau und es ist moralisch völlig unverzeihlich, wie ich im Folgenden über sie geschrieben habe. Auch den Grundschuldirektor kenne ich nicht, vom Pfarrer ganz zu schweigen. Was ich über das Konzert und die Pension schrieb, stimmt auch nur so ungefähr. Von etwaigen Prozessen bitte ich jedoch abzusehen. Geldstrafen kann ich nicht zahlen und die Gefängnisse lehnen mich ab. Auftritte im „Cafe Lebensart".

Köln – *Nordrhein-Westfalen, ca. 1.000.000 Ew., im Februar Zentrum des Frohsinns, aber auch sonst sehr lustig.*
Trotzdem ich oft in Köln zu tun hatte, feiernd oder arbeitend, ist es mir nicht gelungen, einen vernünftigen Bezug zu der Stadt zu entwickeln. Wahrscheinlich weil weder ich noch Köln besonders vernünf-

tig sind. Es ist die sicher dichtgepackteste Stadt der Republik und wenn hier lauter Berliner wohnen würden oder Würzburger oder Darmstädter, wäre die Stadt berühmt für ihr tägliches Blutvergießen. Glücklicherweise leben hier aber Kölner und die lachen sich über alles hinweg. Auftritte im „Low Budget", in der „Kantine", im „Wohnzimmertheater", im „Arttheater" und im Mühlheimer „Kulturbunker".

***Stein** – Dorf bei Pforzheim, in dem Chili und ich wegen des Diebstahls eines Rosenkohls nach langer Straßenjagd von der Polizei überwältigt wurden.*
Was viele Mädchen an Pferden so anziehend finden, habe ich nie begriffen. Faszinierend finde ich nur die Stutenhinterteile. Ob das für oder gegen meine Erotik spricht oder mit tiefenpsychologischen Ängsten zu tun hat, weiß ich glücklicherweise nicht und will ich auch gar nicht und werde ich daher nicht wissen.

***Kiel** – Hauptstadt von Schleswig-Holstein, ca. 250.000 Ew, 1 m ü.M. Im Jahr 1918 Ausgangspunkt der Novemberrevolution.*
Das Mädchen, das mir ihren ersten Milchkaffee zubereitete, arbeitet noch heute dort und gehört mittlerweile, was die Milchkaffeeproduktion angeht, zu den absoluten Profis. Noch weiß sie nichts von diesem Gedicht, aber sobald dieses Buch veröffentlicht ist, werde ich ihr ein Exemplar schenken.
Die beiden Frauen der folgenden Geschichte habe ich tatsächlich an einem Nachmittag getroffen und es erinnert mich an ein Erlebnis in Augsburg, bei dem ich in einem Bus mit zwei alten Menschen saß, die beide an der gleichen Krankheit litten: die Frau nickte unentwegt und der Mann schüttelte dauernd seinen Kopf! Die ewige Bejahung und Verneinung der Welt in einem Augenblick vereint. Die Welt, in die ein jeder blickt, bleibt die gleiche, aber der eine meint in eine Hölle zu blicken und der andere in ein Paradies. In Kiel Auftritte in der „Schaubude", in der „Pumpe", im „Prinz Willy" und im „Unrat".

***Leipzig** – Sachsen, ca. 500.000 Ew.*
Auch diese Geschichte ist in ihren wesentlichen Teilen so geschehen. Natürlich wurde sie von meinem Doppelgänger schön ins Größenwahnsinnige gezogen, aber man sollte nicht glauben, was das Leben an grotesken Überraschungen parat hat. In Leipzig Auftritte im

„Theater fact", auf der Buchmesse, mehrfach in der „Moritzbastei" und in der Giszlerstraße im besetzten Haus.

Berlin – *Hauptstadt, ca. 3.300.000 Ew., 35-60 m ü.M., Spreemündung in die Havel, schnellste Stadt Deutschlands*
Aus einer seelischen Notwehr heraus und einer kaum zu bewältigenden Flut an Eindrücken, fällt das Schreiben hier nicht schwer. Wenn ich die Summe meiner in Berlin entstandenen Texte betrachte, dann dominiert die Melancholie, was mir logisch erscheint. Bei aller Faszination möchte ich hier nicht leben. Auftritte u.a. im „Cafe Zapata", im „Schokoladen", „Cafe Burger", in der „Wabe", im „Tempodrom", „Acud", „Dunkerclub" und mindestens 20 anderen, größtenteils nicht mehr existierenden Clubs.

Halle – *Sachsen-Anhalt, ca. 240.000 Ew., in der Leipziger Tiefebene*
Halle gehört zu den Städten, in denen durch komplett leer stehende Straßenviertel die Folgen der deutschen Wiedervereinigung am deutlichsten zu sehen sind. Auf das Gemüt der Hallenser scheint sich das aber nicht auszuwirken. Ich habe hier sehr viele lebensfrohe junge Menschen getroffen und einen lebendigen, kritischen Geist. Auftritte im „VL Ludwigsstraße", im Plattenbaugebiet Halle-Neustadt, in der Berufsschule Halle-Neustadt, im „Objekt 5".

Deizisau – *kleine Stadt bei Plochingen, Wohn- und Wirkungsstätte Bernd Chudallas*
Deizisau kenne ich nur, weil ich Bernd Chudalla kenne. Er ist für mich der Inbegriff eines Liedermachers. Ein wunderbarer Sänger, der sehr viel bekannter sein sollte – und ein Meister des „Steins". Der besagte Kopf existiert wirklich und ich hoffe, ihn mit meiner Beschreibung gut getroffen zu haben.

Windsbach – *Bayern, bei Ansbach, ca. 4.500 Ew., bekannt durch seinen Knabenchor*
Zu Windsbach fällt mir nicht sehr viel mehr ein, als was ich bereits schrieb. Außer, daß man auch dort die Hoffnung nie aufgeben sollte. Vielleicht findet sich ein todesmutiger Italiener, der das kulinarische Windsbach mit einer anständigen Pizzeria bereichert.

Karlsruhe *–Badische Fächer-Stadt, ca. 270.000 Ew., 116 m ü.M. Gründungsstadt von Strom&Wasser.*
Zu Karlsruhe habe ich ein besonderes Verhältnis. Zunächst mochte ich die Stadt nicht und boykottierte sie nach Möglichkeit. Wir zogen im September 2000 dorthin, als wir aus finanziellen Gründen Glasgow verlassen mußten, weil ich nicht in der Lage war, mit meiner Musik genug Geld für unsere kleine Familie zu verdienen, um im teuren Schottland zu überleben. Damit war zum zweiten Mal der Versuch gescheitert, in Großbritannien Fuß zu fassen. Erst nach zwei Jahren entschloß ich mich zu einem ersten Auftritt in Karlsruhe und begann, ein paar Karlsruher kennenzulernen. Dann wurde dort meine Tochter geboren, was mein Verhältnis zu der Stadt schlagartig änderte und als wir 2005 nach Kiel zogen, stellte ich fest, daß ich die Stadt mittlerweile gern gewonnen hatte. Auftritte im „ZKM", „Badischen Staatstheater", „Jubez" und im „Auerhahn".

Braunschweig *– Niedersachsen, ca. 260.000 Ew., 70 m ü.M.*
Die in dieser Geschichte beschriebene junge Dame war absolut nicht unsympathisch, hatte allerdings ein großes Nähe-Bedürfnis. Dergestalt in einer angenehmen Bedrängnis, kam mir die Idee mit dem Seelentausch. Bisweilen kann man sich aus allerlei Verlegenheiten sehr gut mittels einer kleinen Phantasiebrücke helfen. So ist der Geist mit anderem beschäftigt und die Seele entspannt sich, während der Körper standhaft bleibt. Der Rundblick vom Braunschweiger Hbf sollte allen studierwütigen Architektur-Erstsemestlern zur Abschreckung dienen. In BS leben die sehr netten Kollegen von „Phrytz", die uns häufiger Asyl gaben. Die blutrünstige Szene im Nachtklub ist also frei erfunden. Da Jörg meinen Humor kennt, hoffe ich, daß er mir entsprechende Ausschmückung nicht übel nimmt. Auftritte in „Brain" und im „Nexus".

Trier *– Rheinland-Pfalz, ca. 100.000 Ew., 123 m ü.M.*
Meinen ersten Auftritt in Trier hatte ich in der „Produktion" als Gast eines Poetry Slams. Diese Slams, in denen jeder Lesende eine kleine Zeitspanne bekommt, seine Texte vorzutragen und dann entweder vom Publikum hochgejubelt oder niedergebuht wird, besuche ich selten und ungern, weil sie doch sehr oft auf Prinzipien der Schadenfreude aufgebaut sind – sehen, wie andere sich blamieren – und eben niemals der stille Text, sondern immer der grelle und laute gewinnt.

Trotzdem las ich, erst grell und laut, und dann still und ernst, wodurch ich alle die, die sich in mich schon verliebt hatten, bitter enttäuschte. Im Anschluß ging ich mitternächtlich spazieren und hatte den Eindruck, Trier bestünde wirklich nur aus Parkhäusern und Sexshops. Lustig war, daß ich damals schon sehr oft den Namen „Konstantin" las: als Friseurladen, als Bäckerei, sogar ein Parkhaus hieß so – ohne zu ahnen, daß wir ein Jahr später unser erstes Strom & Wasser Vorprogramm für Konstantin Wecker in Trier spielen sollten. Auch die absurd lange, durch Fees suspekten Fotoapparat bedingte Umarmung in der Garderobe fand statt. Daraus mußte ich einfach eine Geschichte machen. In Trier Auftritte vor Konstantin Wecker im „Staatstheater", und ohne ihn im „Exhaus", in der „Produktion".

Hamburg *– freie Hansestadt, ca. 1.700.000 Ew., für Hamburger das Zentrum des Universums, für Auswärtige nicht ganz.*
Hamburg hat, umgekehrt proportional zu seiner Größe, nur dieses kleine philosophische Portrait abbekommen. Aber was soll man machen, wenn man beim Philosophieren immer von netten Hamburgerinnen unterbrochen wird? Und das wahre Leben ist und bleibt der grauen Theorie unbedingt vorzuziehen. Auftritte auf dem „Trojanischen Schiff", in der „Prinzenbar", im „Logo", der „Schilleroper", im „Fools Garden".

Nürnberg *- Bayern, Mittelfranken, ca. 500.000 Ew., bis zu 350 m ü.M.*
N. gehört zu den Städten, in denen die konservative Faust niemals den letzten Rest Anarchie aus den Gassen pressen kann. Ob das genetisch bedingt ist, weil auf 100 konservative Franken ein rebellischer Franke kommt? Man meint immer, sie streiten sich – aber das ist wohl die Nürnberger Art, Zuneigung zu zeigen. Unvergessen ein Radio-Interview, während dem sich in jeder Funkpause die Moderatoren gegenseitig anschrieen. Auftritte im „K4" und im „Kunstverein".

Busenbach *– kleiner Ort südlich von Karlsruhe*

Frankfurt/Main *– größte Stadt Hessens, ca. 650.000 Ew., 90-140 m ü.M.*
Geldstadt, herbe Stadt, gute Stadt – mit einem etwas zu großen Gewaltpotential auf den Straßen. Hier treffen die größten sozialen Kontraste klar aufeinander. Sicher nicht jedermanns Sache, aber ich mag

die ungeschminkten Facetten. Meine Geschichte hat freilich mit der Stadt wenig zu tun. Auftritte im „Elfer", im „Nachtleben", im „Bett" und bei den tollen Leuten vom „Waggong e.V." in der Germaniastraße.

Bonn – *NRW., ehemalige dt. Hauptstadt, jetzt Nebenstadt mit ca. 280.000 Ew.*
Bonn ist meine Geburtsstadt, besser gesagt, das im Gedicht beschriebene Bad Godesberg. Hier lernten sich meine Eltern kennen, hier wurde ich 1968 geboren, lebte dann vom Sommer 1986 bis Sommer 1987 dort und vom März 1988 bis Sommer 1993 – wenn man von einer einjährigen Obdachlosenzeit absieht. Vieles Entscheidende ist hier geschehen – von einer völlig vermurksten Schulkarriere, über Totalverweigerung, über die Anfänge meiner Schriftstellerei bis hin zu berauschend schönen und/oder tragischen Liebesbeziehungen – Bonn ist eine Stadt, die auf eine sanfte Art auch wilde Geschichten zulässt. Ich bin immer wieder gerne dort und oft dort und wohne dann in der Regel in Mike Godylas Liedermacherdachstubenbude. Diese kleine Augenblicksgeschichte ist genau so geschehen im „Pawlow", einer alternativen Kneipe in der Bonner Altstadt. Auftritte im „Köller", im „Bla", im „Live", im „Pantheon", in der „Jazzgalerie" und der „Mausefalle", im „Bazooka", im „Cafe Tiferet", im „Kult 41", im „Anno Tubac" und in der „Harmonie".

Töging – *Oberbayern, ca. 8400 Ew., Aluminiumindustrie am Inn*
T. kenne ich nur von diesem einen Auftritt, möchte aber jedem Musiker, der im Silo1 auftreten möchte, davon abraten, mit der Bahn zu kommen und etwa die Strecke zu Fuß bewältigen zu wollen. Das dauert gute 20 Jahre und wenn es schneller geht, so zahlt man mit geistig-seelisch-körperlichen Erschöpfungszuständen einen sehr bedenklichen Preis dafür.

Roßwein – *Sachsen, ca. 10.000 Ew., 205 m ü.M.*
Als wir das erste Mal im Jugendhaus vor ca. 30 Zuschauern spielten, fragte ich im Anschluß die Veranstalter, wo denn die ganze städtische Jugend geblieben sei, woraufhin ich die erstaunliche Antwort bekam: „Wieso? – Es waren doch alle da!" Am Tag darauf konnte ich mich überzeugen – die trostlose wirtschaftliche Lage hat nicht nur für eine generelle Armut mit Entvölkerung und leer stehenden Bau-

ten gesorgt, sondern vor allem für eine Abwanderung der Jugend. Die allermeisten Einwohner sind hier 60 und aufwärts. Ein gespenstischer Anblick und ein deutliches Zeichen für den Kahlschlag, den die durch westdeutsche Interessen bestimmte Wiedervereinigung geschlagen hat. Daß sich bei Abwanderung von Mensch und Industrie die Tier- und Pfanzenwelt erholt, ist einerseits eine traurige Wahrheit, aber andererseits ein Trost und eine große Hoffnung.

***München** – bayrische Hauptstadt, ca. 1.350.000 Ew., 530 m ü.M.*
Ein berüchtigtes Gelände – die Domagk. Ehemaliges SS-Hauptquartier mit über 50 Häusern, die zum großen Teil leer stehen, zum anderen Teil von einer Künstlergemeinschaft ebenso genialer wie zerkrachter Existenzen bevölkert wird. Die Bundespolizei hat sich einige Gebäude gesichert. In anderen leben Junkies ihr unsichtbares Dasein. Außerdem eine Großraumdisko und mehrere KfZ-Werkstätten. Die Künstler und Künstlerinnen der Domagk sind auffallend hübsch, aber die Schwermut des Zerfalls, die das ganze Gelände beherrscht, läßt sich auch schon in ihren jungen Gesichtern entdecken und beherrscht ungut ihr Tun. Unempfindlich dagegen sind scheinbar nur die zehntausend Hasen; von schwermütigem Hoppeln kann jedenfalls keine Rede sein. Wir spielten hier zwei Mal mit „Wildwuxx" und es war tatsächlich das einzige Mal, daß meinem Aufruf zu einer perversen, riesigen Orgie auch entsprechende Taten folgten. In drei Jahren soll das Gelände abgerissen und von Bürokomplexen ersetzt werden. Schade. In München außerdem Auftritte im „Atomic Cafe", im „Schlachthof" und im „Substanz".

***Hamburg** – freie Hansestadt – siehe oben*
Im Mai diesen Jahres erkrankte ich zum zweiten Mal an Hodenkrebs und nachdem ich mein eines Ei ja schon vor sieben Jahren in Bonn entsorgen mußte, sagte ich „Aha" und „Ja!", als ich von dem auf Hoden hochspezialisierten Bundeswehrkrankenhaus in Hamburg hörte, wo mir die Ärzte nicht auch noch das zweite herausnehmen würden – was mir in Ermangelung eines dritten doch unpassend schien – sondern lieber das verbleibende nochmals halbieren. Als grundsätzlicher Optimist und durch die guten Erfahrungen als Eineiiger, rechnete ich damit, daß der Ratzsche Qualitätshoden unabhängig von seinem Gewicht auch in einer kleineren Portion seine Arbeit gut erledigen würde. Natürlich war es seltsam, als Totalverweigerer und

Radikalhumanist ausgerechnet im Bundeswehrkrankenhaus zu liegen, aber ich bin den Operationskünsten des Dr. Pottek zu tiefstem Dank verpflichtet, und auch für meinen riskanten Weg an der Chemotherapie vorbei, zeigte man dort mehr Verständnis als an anderen Krankenhäusern.
Dennoch kann ich mich nicht mit der Institution Bundeswehr anfreunden und werde immer ein Gegner einer Organisation bleiben, deren Hauptzweck das Töten ist. Aus all diesen Widersprüchen heraus entstand diese Geschichte, wie überhaupt der Surrealismus der eleganteste Weg ist, sich den widersprüchlichen Rätseln des Lebens zu nähern.

Bruchsal *– Badische Stadt, ca. 37.000 Ew., 114 – 144 m ü.M.*
Auch diese Geschichte ist in groben Zügen so geschehen. Mich würde ja interessieren, wie viele Stunden, Tage und Wochen ich schon so verbracht habe: einsam wach, frierend und wartend in einer schlafenden Stadt. Und wie viele meiner Geschichten und Lieder haben ihren Ursprung in diesen seltsamen Stunden! In Bruchsal trat ich noch nie auf. Aber vielleicht passiert sogar das einmal. Man kann nie wissen.

Köln *– Nordrhein-Westfalen – siehe oben*
Wir sind als Menschen glücklicherweise so begrenzt, daß es uns erspart bleibt, den Reichtum des Lebens als etwas Unerträgliches zu empfinden. Alles Glück liegt in der Begrenzung. Was macht schließlich das Glück des Verliebten aus? Daß sich sein Blick auf nur einen Menschen konzentriert und er die tausend anderen Verlockungen, Leidenschaften, Glücksmomente gar nicht wahrnimmt, die ihm das Leben jede Sekunde verspricht. Unsere größte Sehnsucht gilt einer glücklichen Bescheidenheit. Aber keiner weiß, wie das geht. Also überlassen wir uns dem gröbsten Instinkt: unserer Gier. Nie wird uns die Liebesbereitschaft vieler Frauen (und Männer) die Liebe einer Frau (oder eines Mannes) ersetzen können – und doch ist dieses sekundenlange Erkennen eines möglichen neuen Glücks auch etwas überaus Angenehmes und Schönes und Tröstendes. Und ich glaube, eine der wohlschmeckendsten Beigaben des Lebens.

Lüneburg *– Niedersachsen, ca. 65.000 Ew., 17 m ü.M.*
Ist bestimmt eine hübsche Stadt und man kann bestimmt gut Eis essen hier. Man kann sich sicher auch in eine hübsche Eisverkäuferin vergucken, vier unglückliche Liebesgedichte an sie schreiben, von denen man eins verliert, zwei für sich behält und eins unter den Scheibenwischer ihres Autos klemmt, wo es wenig später von ihrem cholerischen Vater entdeckt wird. All das kann man in Lüneburg erleben – und ich hab es versäumt, weil ich nur jeweils zwei mal vier Stunden hier war. Einmal im „Jekyll & Hyde" und einmal im „Relax".

München *– bayrische Hauptstadt – siehe oben*

Görlitz *– Sachsen, ca. 85.000, 220 m ü.M.*
Fünf Konzerte haben wir mittlerweile in Görlitz gegeben, immer in anderen Clubs. In zwei Wochen spielen wir wieder dort und es wartet der sechste Club. Ich bin sehr gespannt, wie das weitergeht. Vorausgesetzt, ich erreiche ein Alter von 620 Jahren, werde ich in jeder Görlitzer Straße einmal gespielt haben. Torsten Bähler, der die wunderbaren Illustrationen und das Titelbild zu diesem Buch beitrug, stammt aus Görlitz. Wir spielten im Teeraum einer Schule, deren Namen ich leider vergessen habe, im „Basta", im „Apollo", in der „Maus" im der „Hospitalstraße" und spielen bald im „Camillo".

Lutterbek *– kleiner Ort hinter Laboe an der Ostseeküste*
Lutterbek ist seit meiner Kieler Zeit ein zweites Zuhause für mich geworden. Der „Lutterbeker" wird ja in der Geschichte ausführlich beschrieben und ist einer der schönsten Veranstaltungsorte, die ich kenne. Allen Kollegen wärmstens zu empfehlen!

Kronach *– Bayern, Oberfranken, ca. 12.000 Ew., 370 m ü.M.*
Hier lebte ich im Alter von 12-14 Jahren von 1980 bis Sommer 1982. Erste große Liebe, als Schüler immer kurz vorm Rausschmiß, schlechte Noten, leidenschaftlicher Flußforscher, insgesamt eine glückliche Zeit, die ich versucht habe, in ein paar gereimte Zeilen zu fassen.

Neustadt an der Orla – *Thüringen, ca. 10.000 Ew., 310 m ü.M.*
Es gibt Orte, in die man wohl nie kommen würde, wenn man nicht gerade Musiker geworden wäre. Neustadt an der Orla ist so ein Ort. Man hat diese Städte automatisch gern – gerade weil sie nicht im Mittelpunkt eines kulturellen oder touristischen Interesses stehen, sind sie etwas Besonderes. Wenn man in polyglotten Kreisen zusammensitzt und die anderen erzählen von Tokio, Shanghai, Sao Paulo, Mexico City, Sidney und New York, so kann man ein Maximum an Wirkung erzielen, wenn man beispielsweise mit tödlich gelangweilter Miene eine Viertelstunde erst zuhört und dann unterbricht: „Naja, New York – aber kennt einer von euch Neustadt/Orla?" Auftritte im „Wotufa-Saal", im „Fatal" und im „Exil".

Oldenburg – *Niedersachsen, ca. 130.000 Ew., Universitätsstadt*
Oldenburg ist eine sonnige Stadt, gastfreundlich und unkompliziert und von einer friedlichen Trägheit, die einem sehr wohl bekommt, wenn man Tag und Nacht die Republik durchpflügt. Als ich einmal keinen Übernachtungsplatz hatte, nahmen mich ein paar Punks bedenkenlos mit auf ihren Wagenplatz und ich durfte mir einen Bauwagen mit einem lauten morgendlichen Huhn und einem leisen nächtlichen Traum teilen. Auftritte im „Jazzclub Aluvium", im „Salon Jürgens" und im „Unikum".

Zum Autor:

Heinz Ratz – geb. 1968, führt mit 47 Umzügen ein Leben von rekordverdächtiger Unruhe. Er lebte u.a. in Spanien, Peru, Argentinien, Schweiz, Saudi-Arabien und Schottland, besuchte 16 Schulen, ging über eine Totalverweigerung in eine einjährige Obdachlosenzeit, stand über 1500 mal mit Konzerten und Lesungen auf der Bühne und veröffentlichte in den letzten Jahren neun Bücher, neun Musik-Produktionen und fünf Hörbücher.

Auftrittstermine & Kontakt unter

www.heinzratz.de
www.strom-wasser.de

Literatur:

1993 *Doppelt laut*, Lyrik, Landpresse-Verlag (vergriffen)
1994 *Tanz den Tod! Die Uhren hämmern!*, Lyrik, Landpresse-Verl. (vergriffen)
2000 *Am Abgrund aller guten Gründe*, Lyrik, Geest-Verlag (vergriffen)
2000 *Die große Schwangerschaft*, monströse Geschichten, Alkyon-Verlag
2002 *Ich bin des Regenbogens angeklagt*, Hörbuch, Audiobuch-Verlag (vergriffen)
2002 *Das RR-Projekt*, Hörbuch, Hörzeichen-Verlag
2003 *Hitlers letzte Rede*, Theatermonolog, Edition AV
2003 *Das erfundene Leben*, Hörbuch, Hörzeichen-Verlag
2004 *Nachts auf Tour*, Hörbuch, Bastard-Records
2004 *Die Rabenstadt*, Ein Mythos in siebzig Gesängen, Edition AV
2004 *Apokalyptische Lieder*, Lyrik, Edition AV
2005 *Der Mann der stehen blieb*, 30 monströse Geschichten, Edition AV
2006 *Tourgeschichten*, Edition AV
2006 *Leuchtet ihre Uhr des Nachts?*, Hörbuch, Traumton-Records

Musik:

1993 *Schöne Gegend*, Krakatit (vergriffen)
1994 *Kotzender Frohsinn*, Krakatit (vergriffen)
1998 *Grauer Mann tanzt*, Krakatit
1999 *The devil travels first class*, Krakatit (vergriffen)
2000 *Billy*, Die Kinder (vergriffen)
2002 *Leisetreter*, Strom&Wasser (vergriffen)
2004 *Randfigurenkabinett*, Strom&Wasser
2005 *Spielt keine Rolle*, Strom&Wasser
2006 *Gossenhauer*, Strom & Wasser, Traumton-Records

Gesamtverzeichnis Verlag Edition AV

Anarchie ♦ Theorie ♦ Pädagogik ♦ Literatur ♦ Lyrik ♦ Theater ♦ Satire ♦ Geschichte

Gwendolyn von Ambesser ♦ Die Ratten betreten das sinkende Schiff ♦ Das absurde Leben des jüdischen Schauspielers Leo Reuss ♦ 3-936049-47-5 ♦ 18,00 €

Gwendolyn von Ambesser ♦ Schaubudenzauber ♦ Geschichten und Geschichte eines legendären Kabaretts ♦ 3-936949 – 68-8 ♦ Preis 18,00 €

Yair Auron ♦ Der Schmerz des Wissens ♦ Die Holocaust- und Genozid-Problematik im Unterricht ♦ ISBN 3-936049-55-6 ♦ 18,00 €

Alexander Berkman ♦ Der bolschewistische Mythos. Tagebuch aus der russischen Revolution 1920 – 1922. ♦ ISBN 3-936049-31-9. ♦ 17,00 €

Franz Barwich ♦ Das ist Syndikalismus ♦ Die Arbeiterbörsen des Syndikalismus ♦ ISBN 3-936049-38-6 ♦ 11,00 €

Ermenegildo Bidese ♦ Die Struktur der Freiheit ♦ Chomskys libertäre Theorie und ihre anthropologische Fundierung ♦ ISBN 3-9806407-3-6 ♦ 4,00 €

Ralf Burnicki ♦ Anarchismus & Konsens. Gegen Repräsentation und Mehrheitsprinzip: Strukturen einer nichthierarchischen Demokratie ♦ ISBN 3-936049-08-4 ♦ 16,00 €

Ralf Burnicki ♦ Die Straßenreiniger von Teheran ♦ Lyrik aus dem Iran ♦ ISBN 3-936049-41-6 ♦ 9,80 €

Michael Bootz ♦ Besser wird nischt ♦ Neue Wertschöpfungsgeschichten ♦ Satiren ♦ ISBN 3-936049-63-7 ♦ 12,50 €

Cornelius Castoriadis ♦ Autonomie oder Barbarei ♦ Ausgewählte Schriften, Band 1 ♦ ISBN 3-936049-67-x ♦ 17,00 €

Helge Döhring ♦ Syndikalismus im „Ländle" ♦ Die Freie Arbeiter-Union Deutschlands (FAUD) in Würtemberg 1918 – 1933) ♦ ISBN 3-936049-59-9 ♦ 16,00 €

Wolfgang Eckhardt ♦ Von der Dresdner Mairevolte zur Ersten Internationalen ♦ Untersuchungen zu Leben und Werk Michail Bakunin ♦ ISBN 3-936049-53-x ♦ 14,00 €

Magnus Engenhorst ♦ Kriege nach Rezept ♦ Geheimdienste und die NATO ♦ ISBN 3-936049-06-8 ♦ 8,90 €

Francisco Ferrer ♦ Die Moderne Schule ♦ Herausgegeben und kommentiert von Ulrich Klemm ♦ ISBN 3-936049-21-1 ♦ 17,50 €

Moritz Grasenack (Hrsg.) ♦ Die libertäre Psychotherapie von Friedrich Liebling ♦ Eine Einführung in seine Großgruppentherapie anhand wortgetreuer Abschriften von Therapiesitzungen ♦ Mit Original-Tondokument und Video auf CD-ROM ♦ ISBN 3-936049-51-3 ♦ 24,90 €

Stefan Gurtner ♦ Das grüne Weizenkorn ♦ Eine Parabel aus Bolivien ♦ Jugendbuch ♦ ISBN 3-936049-40-8 ♦ 11,80 €

Stefan Gurtner ♦ Die Abenteuer des Soldaten Milchgesicht ♦ Historischer Roman ♦ ISBN 3-936049-62-9 ♦ 14,00 €

Michael Halfbrodt ♦ entscheiden & tun. drinnen & draußen. ♦ Lyrik ♦ ISBN 3-936049-10-6 ♦ 9,80 €

Fred Kautz ♦ Die Holocaust-Forschung im Sperrfeuer der Falkhelfer ♦ Vom befangenen Blick deutscher Historiker aus der Kriegsgeneration ♦ ISBN 3-936049-09-2 ♦ 14,00 €

Fred Kautz ♦ Im Glashaus der Zeitgeschichte ♦ Von der Suche der Deutschen nach einer passenden Vergangenheit ♦

Ulrich Klemm ♦ Anarchisten als Pädagogen ♦ Profile libertärer Pädagogik ♦ ISBN 3-936049-05-X ♦ 9,00 €

Ulrich Klemm ♦ Freiheit & Anarchie ♦ Eine Einführung in den Anarchismus ♦ ISBN 3-936049—49-1 ♦ 9,80 €

Markus Liske ♦ Deutschland. Ein Hundetraum ♦ Satire ♦ ISBN 3-936049-25-4 ♦ 16,00 €

Markus Liske ♦ Freier Fall für freie Bürger♦ Eine Sozialgroteske ♦ ISBN 3-936049-65-4 ♦ 11,80 €

Subcomandante Marcos ♦ Der Kalender des Widerstandes. Zur Geschichte und Gegenwart Mexikos von unten ♦ ISBN 3-936049-24-6 ♦ 13,00 €

Stefan Mozza ♦ Abschiet ♦ Roman ♦ ISBN 3-936049-50-5♦ 16,00 €

Jürgen Mümken; Freiheit, Individualität & Subjektivität. ♦ Staat und Subjekt in der Postmoderne aus anarchistischer Perspektive. ♦ ISBN 3-936049-12-2.♦ 17,00 €

Jürgen Mümken ♦ Anarchosyndikalismus an der Fulda. ♦ ISBN 3-936049-36-X. ♦ 11,80 €

Jürgen Mümken (Hrsg.) ♦ Anarchismus in der Postmoderne ♦ Beiträge zur anarchistischen Theorie und Praxis ♦ ISBN 3-936049-37-8 ♦ 11,80 € ♦

Abel Paz und die **Spanische Revolution**. Interviews und Vorträge. ♦ ISBN 3-936049-33-5 ♦ 11,00 €

Wolfgang Nacken ♦ auf'm Flur ♦ Roman ♦ ISBN 3-936049-28-9 ♦ 11,80 €

Rudolf Naef ♦ Russische Revolution und Bolschewismus 1917/18 in anarchistischer Sicht ♦ Aus vielen Originalquellen ♦ ISBN 3-936049-54-8 ♦ 14,00 €

Stefan Paulus ♦ Zur Kritik von Kapital und Staat in der kapitalistischen Globalisierung ♦ ISBN 3-936049-16-5 ♦ 11,00 €

Abel Paz & die Spanische Revolution ♦ Bernd Drücke, Luz Kerkeling, Martin Baxmeyer (Hg.) ♦ Interviews und Vorschläge ♦ 3-936049-33-5 ♦ 11,00 €

Alfons Paquet ♦ Kamerad Fleming ♦ Ein Roman über die Ferrer-Unruhen ♦ ISBN 3-936049-32-7 ♦ 17,00 €

Dietrich Peters ♦ Der spanische Anarcho-Syndikalismus ♦ Abriss einer revolutionären Bewegung ♦ ISBN 3-936049-04-1 ♦ 8,80 €

Benajmin Péret ♦ Von diesem Brot esse ich nicht ♦ Sehr böse Gedichte ♦ ISBN 3-936049-20-3 ♦ 9,00 €

Oliver Piecha ♦ Roaring Frankfurt ♦ Ein kleines Panorama der Frankfurter Vergnügungsindustrie in der Weimarer Republik ♦ ISBN 3-936049-48-3 ♦ 17,00 €

Pierre J. Proudhon ♦ Die Bekenntnisse eines Revolutionärs. ♦ ISBN 3-9806407-4-4 ♦ 12,45 €

Michel Ragon ♦ Das Gedächtnis der Besiegten ♦ Roman ♦ ISBN 3-936049-66-1 ♦ 24,80 €

Manja Präkels ♦ **Tresenlieder** ♦ Gedichte ♦ ISBN 3-936049-23-8 ♦ 10,80 €

Heinz Ratz ♦ **Der Mann der stehen blieb** ♦ 30 monströse Geschichten ♦ ISBN 3-936049-4445-9 ♦ 18,00 €

Heinz Ratz ♦ **Die Rabenstadt** ♦ Ein Poem ♦ ISBN 3-936049-27-0 ♦ 11,80 €

Heinz Ratz ♦ **Apokalyptische Lieder** ♦ Gedichte ♦ ISBN 3-936049-22-X ♦ 11,00 €

Heinz Ratz ♦ **Hitlers letzte Rede** ♦ Satire ♦ ISBN 3-936049-17-3 ♦ 9,00 €

Massoud Shirbarghan ♦ **Die Nacht der Heuschrecken** ♦ Roman aus Afghanistan ♦ ISBN 3-936049-30-0 ♦ 11,80 €

Nivi Shinar-Zamir ♦ **ABC der Demokratie** ♦ Demokratie-Erziehung für Kinder vom Kindergarten bis zur 6. Klasse ♦ 3-936049-61-0 ♦ 29,80 €

Oliver Steinke ♦ **Das Auge des Meerkönigs** ♦ Historischer Roman ♦ ISBN 3-936049-46-7 ♦ 14,00 €936049-29-7 ♦ 14,00 €

Oliver Steinke ♦ **Der Verrat von Mile End** ♦ Historischer Roman ♦ ISBN 3-936049-18-1 ♦ 14,00 €

Oliver Steinke ♦ **Füchse der Ramblas** ♦ Historischer Roman ♦ ISBN 3-936049-46-7 ♦ 14,00 €

Sulamith Sparre ♦ **Eine Frau jenseits des Schweigens** ♦ Die Komponistin Fanny Mendelssohn- Hensel ♦ ISBN 3-936049-60-2 ♦ 12,00 €

Sulamith Sparre ♦ **Denken hat kein Geschlecht** ♦ Mary Wollstonecraft (1759 – 1797), Menschenrechtlerin ♦ ISBN 3-93604-70-x ♦ 17,00 €

Katalin Stang ♦ **Freiheit und Selbstbestimmung als behindertenpädagogische Maxime** ♦ ISBN 3-9806407-5-2 ♦ 8,40 €

Leo Tolstoi ♦ **Libertäre Volksbildung** ♦ Herausgegeben und kommentiert von Ulrich Klemm ♦ ISBN 3-936049-35-1 ♦ 14,00 €

Rubén Trejo ♦ **Magonismus** ♦ Utopie und Praxis in der Mexikanischen Revolution 1910 – 1913 ♦ ISBN 3-936049-65-3 ♦ 17,00 €

Kurt Wafner ♦ **Ausgeschert aus Reih' und Glied** ♦ Mein Leben als Bücherfreund und Anarchist ♦ Autobiographie ♦ ISBN 3-9806407-8-7 ♦ 14,90 €

Kurt Wafner ♦ **Ich bin Klabund. Macht Gebrauch davon!** ♦ Biographie ♦ ISBN 3-936049-19-X ♦ 10,80 €

Lily Zográfou ♦ **Beruf: Porni [Hure]** ♦ Kurzgeschichten ♦ ISBN 3-936049-71-8 ♦ 16,00 €

Immer aktuell unter:
www.edition-av.de